「新自由主義」の妖怪

資本主義史論の試み

稲葉振一郎

SHINICHIRO INABA

亜紀書房

「新自由主義」の妖怪

資本主義史論の試み

目次

はじめに

本書の元になった連載にあたっての版元からのご依頼は「新自由主義とは何か？」という題目で論じよということでしたが、私自身としてはこの題目、ことに「新自由主義（Neo Liberalism）」という言葉を使うことにためらいがありました。どういうことかというと、この言葉多分に実体がない——具体的にまとまったある理論とかイデオロギーとか、特定の政治的・道徳的立場を指す言葉というよりは、せいぜいある種の「気分」を指すもの、せいぜいのところ批判者が自分の気に入らないものにつける「レッテル」であって「ブロッケンのお化け」以上のものではないのではないか、という疑いがどうしても抜けなかったからです。しかしながらせっかくの機会ですから、本書ではやや新しい角度からこの問題について見ていきます。

結論を先取りしていえば、我々はマルクス主義に匹敵するような体系的イデオロギーとして「新自由主義」なるものがあるとは考えるべきではない、ということになります。むろんマルクス主義だって一枚岩ではありませんし、その中で非和解的な対立や論争もあります。ただキリスト教やイスラーム、あるいは仏教が多くの宗派に分かれつつも、それでもそれら宗派をまとめて「同じ宗教の中の様々な宗派」とみなすことに我々は違和感を覚えません。同様のことはマルクス主義についてもかなり当てはまる、と我々は考えます。しかしながらいわゆる「新自由主義」に対しては、それは当てはまらない、というわけです。それはどういうことでしょうか？

以下、少々長い旅になりますが、どうかお付き合いください。

第1章 マルクス主義の亡霊

時代	段階	リーディングセクター	政策大系
17〜18世紀	重商主義	特許独占貿易・植民企業	保護貿易、植民地主義、特定産業奨励
		↓ 産業革命	
19世紀	自由主義	繊維産業	規制緩和、自由貿易
		↓	
19世紀末〜20世紀初頭	帝国主義（独占資本主義）	重工業	寡占、市場介入
		↓ 第1次大戦	
世界恐慌以降	国家独占資本主義?	重工業	寡占、市場介入／労使協調、福祉国家化

↓ × 社会主義の到来

↓ 「新自由主義」という「段階」?

我々が日々感じる生きにくさの「元凶」として、とかく槍玉に挙がるのが「新自由主義」あるいは「ネオリベ」という言葉です。しかしこの言葉は、使う人によって微妙に定義のズレがあります。「新自由主義とグローバリゼーションが私たちの生活を破壊する」「ネオリベ政権の大企業・富裕層優遇が格差を拡大する」といった批判にはどこまで正当性があるのか、その検証のためには、まず「新自由主義」なるものの正体を見定めなければなりません。

そこでここからしばらくは、マルクス主義が唱えた「発展段階論」の枠組みを使って、「新自由主義」なる言葉はいったい何を意味することになってしまうのか、について考えてみます。マルクス主義の流れをくむ論者が現代の資本主義を主導するイデオロギーとして指弾するこの「新自由主義」ですが、本来のマルクス主義の歴史理論の枠組みの中には、どうにも位置を見つけることができないのです。

1 「新自由主義」は社会主義前夜なのか？

「新自由主義」という「段階」？

「新自由主義」という言葉について論じるのが憂鬱になる理由の一つは、その用いられ方の混乱もさることながら、そこに漂う行き詰まり感です。ことにそれは、この言葉がマルクス主義的な意味合いで用いられるときです。

「新自由主義」という言葉自体はごくごく普通に用いられているものですが、マルクス主義者が使う場合には、そこに独特の意味合いが込められます。それは「資本主義」や「独占」あるいは「国家」といった言葉も同様です。これらはごく普通の日常語ですが、マルクス主義の理論体系内では、その理論の中に位置づけられることによって独特の意味を持ちます。そして一見意外に思われるかもしれませんが、実のところ**世間一般での「新自由主義」という言葉遣いは、このマルクス主義的な文脈によって引っ張られてしまっている**のです。

こんな風にいうと、多くの方は「冷戦が終わって二〇年以上もたって、かつての共産党もどんどん看板を付け加えているというのに、今更マルクス主義？」と思われるかもしれません。もちろん、現実的な政治勢力としてのマルクス主義には、今更大した力はないでしょう。しかしながらその「**思考の型**」とでもいうべきものは、案外と根深いもので、それは政治的なイデオロギーの境界を越えて、つまりはいわゆる「右」にも「左」にも、保守にもリベラルにも、広く分け持たれているのです。そのことについては本書全体を通じて明らかにしていきたいと思います。しかしさしあたりこの章とそれに続く何章かでは、ここでいうマルクス主義的な「思考の型」全般ではなく、その「型」の原点であるところの、二〇世紀の、狭い意味でのマルクス主義について少し細かく見ていきます。

「新自由主義」という言葉がマルクス主義的な用語として用いられる場合には、それは大体二つの意味合いで用いられます。一つは、**ある種の政治的なイデオロギー、世界観、政治思想上の特定の立場を指す言葉**としての用いられ方です。このような使い方は、マルクス主義の外側でも普通になされます。

もう一つの用いられ方は、単なるイデオロギーにとどまらず、そのようなイデオロギーの基盤となった、あるいはそのようなイデオロギーによって主導された、**実体としての資本主義経済社会の新しい発展段階を示す言葉**としての用いられ方です。このような使い方は、よりはっきりと、狭い意味でマルクス主義的である、つまり先に述べた意味での「思考の型」をより如実に表したものであるというべきでしょう。繰り返しますが、それについては本書全体の中でより詳しく見ていきます。しかしとりあえずここでは、みなさんに注意を喚起しておきたいことがあります。興味深いことに、この「新自由主義」という言葉をそのような「資本主義の新たな発展段階」という意味で使うことは、実はそれ自体マルクス主義にとって一種の敗北宣言にほかならないはずなのです。それに気がついている人は、あまりいないようですが……。

マルクス主義の社会科学における資本主義の発展段階論では、伝統的には、産業革命以前の一七〜一八世紀を「**重商主義**」、一九世紀を「**自由主義**」、一九世紀末から二〇世紀初頭を「**帝国主義**」と区分してきました。この段階分けのメルクマールは大体において「支配的な資本の蓄積様式」——平たくいえば経済におけるリーディングセクター、経済成長の軸となる主導的な産業と、そこにおける企業の経営スタイル——と、国家の経済政策の枠組み、更にそうした政策を主導する政治思想・イデオロギーとを折衷したものでした。

重商主義段階については、リーディングセクターは国家の重商主義政策の担い手である、東インド会社などの特許独占貿易・植民企業であり、政策体系はまさに「重商主義」——保護貿易、植民地主義、特定産業奨励等々——とされました。

それに対して、自由主義段階におけるリーディングセクターは、産業革命によって機械制大量生産を取り入れた繊維産業とされ、政策体系は、こうした新成長産業の優先政策——ではなく、そもそも特定の産業を優先しない規制緩和であり、対外的には自由貿易政策であった、とされます。

続く帝国主義段階では、リーディングセクターは鉄鋼や化学工業などの重工業とされます。これらのセクターにおいては巨大企業が主役となり、少数の大企業が市場を独占し、競争圧力が弱まります。そしてそれに対応して、国家の経済政策も国策によって市場に介入する方向にシフトする、というものです。

マルクス経済学の古典的な教科書的文献では、帝国主義段階は第一次大戦の前あたりまでで、その後、第一次大戦以降——遅くとも、一九二九年の世界恐慌以降には「**国家独占資本主義**」という新しい体制がやってくる、とされるのですが、厄介なことにこの「国家独占資本主義」が資本主義の新しい発展段階か、といわれると、これがどうもすっきりしないのです。人によってはあっさりこれを「資本主義の新段階」と認定してしまうのですが、それに対する反対も決して少なくありません。

ポイントはこうです。まず一つには、そもそもこの「国家独占資本主義」が新しい段階だとしても、いつから、どこからそれが始まるのか、いかなる現象、出来事を以てその始まりとするのか、とにかく段階の区切りがはっきりしないこと。

先に「マルクス経済学における資本主義の発展段階論においては、段階区分のメルクマールとしては「支配的な資本の蓄積様式」という軸と社会経済政策体系という軸が折衷的に用いられている」と述べました。

それでは政策という軸に注目してみますと、第一次世界大戦の「総力戦体制」、前線の兵士のみならず、銃後の労働者、農民や女性、青少年まで含めての一般大衆の広範な戦時動員と、戦後もこの総動員が全面的には解除されず、ある意味で継続するということ——とりわけ、戦争協力を取り付けるための労働組合の合法化、職場での労使交渉の制度化、労組リーダーの政権への参画といった労使の対等化、更には公的な医療保障や老齢年金などの社会保障の整備、つまりは福祉国家化あたりがメルクマールになります。

しかし「支配的な資本の蓄積様式」に注目すると、「国家独占資本主義」における産業構造や企業の経営スタイルは、帝国主義段階とあまり変わらない、とされました（「帝国主義」なる言葉はマルクス主義者の専売特許ではないですが、マルクス主義的な意味での「帝国主義」は「独占資本主義」と大体同義です）。

「二つの軸のうち一つにおいて質的、構造的な変化が見られるならば、それを以て新段階への突入とみなしてよい」とするならば、「国家独占資本主義」は資本主義の新しい発展段階ということになりますが、「二つの軸の双方において重要な変化が起きていなければ、新しい発展段階への突入とはいえない」とするならば、「国家独占資本主義」はせいぜい「帝国主義（独占資本主義）段階」の新局面以上のものではない、ということになります。

それ以上に困るのは、本来のマルクス主義の歴史観からすれば、「国家独占資本主義」の時代は資本主義のある特定の発展段階というより、**「資本主義から社会主義への過渡期」として位置づけられるはずだった**、ということです。それは「資本主義の末期」とさえいいがたい。そうした考え方からすれば、資本主義の末期、没落期は既に「帝国主義」段階で始まっており、「国家独占資本主義」の時代は、第一次大戦中のロシア革命からソビエト連邦の成立、そして一九三〇年代における世界不況をしり目の高成長（その陰で何があったかは、また別の問題ですが）の時代として、「資本主義の末期」というよりも「**社会主義の揺籃期**」という風に世界史的には位置づけられるはずだったのです。

以上のごときマルクス主義的段階論の構想からすれば、**「新自由主義」を資本主義の新たな発展段階とみなすということは、マルクス主義の歴史観のほぼ全面的な否定になりかねません**。つまりそれは帝国主義から国家独占資本主義が、資本主義の最終局面——社会主義への移行期であることの否定になってしまうからです。もともとマルクス主義の理論において帝国主義・国家独占資本主義は、資本主義の基本的なメカニズムとしての、自由な市場経済の自己調整機能がうまくいかなくなり、国家介入による場当たり的な手なおしが必要になる、という局面として理解されていました。しかしそうした場当たり的な対症療法は早晩行き詰まり、社会主義への移行が必要となる、という議論がなされていたのです。しかしながら「新自由主義」の概念は、ことにそれが単なるイデオロギーにとどまらず、実際に国家レベルでの経済政策に成功裏に取り込まれているならば、この段階論の枠組みには収まってくれません。

マルクス主義の歴史神学の失効

現実の経済体制としてではなく、理論・思想としての、つまり社会経済政策体系、あるいは政治イデオロギーとしての「新自由主義」のラベルの下にくくられる諸潮流の中には実は様々なものがあり、一括することは難しいのですが、総じていえばそれはかなり強い反・社会主義の構想です。

このような広い意味での「新自由主義」思想の中には、第二次世界大戦後の旧西ドイツの社会経済政策思想である、「社会的市場経済」を唱えたフライブルグ学派のオルド自由主義も含まれますが、反・社会主義ではあっても反・福祉国家とはいえません。

それに対してアングロ・サクソン系のそれ、英米に亡命したオーストリア学派やその影響を受けたシカゴ学派の経済政策思想は、福祉国家に対しても社会主義への「滑りやすい坂」の上にあるものとして警戒を緩めません。

しかしながらいずれにせよ、こうした「新自由主義」思想がリードする体制としての「新自由主義」段階の資本主義が、「国家独占資本主義」以降の資本主義の新たな発展段階であることを認めるならば、それは社会主義からはむしろ遠ざかるものであることになってしまいます。

既に見たようにマルクス主義本来の発展段階論は、「支配的な資本の蓄積様式」の変化のみならず、それによって市場メカニズムがどのように限界に達し、社会主義への移行を余儀なくされるのか、という尺度で歴史を理解するものでした。ですから、仮に「新自由主義」を資本主義の新段階として位置づけてしまうならば、**「社会主義への接近の度合い」という尺度**は意味をなくしてしまいます。

もちろん、この「社会主義への接近の度合い」という尺度を放棄してしまってもよいのです。というよりおおむね八〇年代以降、少なくともソ連東欧や中華人民共和国の「現存する社会主義」への期待を完全に放棄してしまった西側世界のマルクス主義者は、実際にはそうしてしまっていた、といえます。

ただ、そのことへのきちんとした総括はなされないままでした。そしてうがった見方をすれば、そのような総括がきちんとなされなかったからこそ、マルクス主義的な「思考の型」は、冷戦終了以降、現実的政治勢力としてのマルクス主義の凋落以降も、(後で詳しく述べますが)知識人界に生き残ったマルクス主義者はもとより、反マルクス主義者や保守派の間にまで強固に根を張って生き延びているのだ、といえましょう。

それにしても元来マルクス主義は、単なる社会科学の方法論や政治思想であることを超え、歴史の意味やその中での個人の生きる意味までをも与える包括的な世界観、世俗宗教でもありました。ですからその中での資本主義の発展段階論も、単なる歴史科学上の便利な枠組みにとどまらず、資本主義という問題を抱えた社会経済体制の克服への展望を与える歴史神学でもあらねばなりません。しかし、資本主義の発展段階として「新自由主義」を認めてしまうということは、そういう歴史神学――人類史は社会主義に向けて進んでいる――を捨ててしまうことになります。資本主義が危機に陥り、社会主義に移行するはずが、古典的な資本主義に回帰してその危機を克服する、なんてストーリーは本来認められないはずです。いや、認めてしまってもよいのですが、その場合はあの歴史神学は捨てなければなりません。

そこでやや迂遠ではありますが、マルクス経済学の枠組みにおける、資本主義の発展段階論についてて振り返ってみるところから始めます。

これまでのまとめ

- 現在の多くの「新自由主義」批判は（意識的あるいは無意識に）かつてのマルクス主義の「思考の型」に規定されている。
- マルクス主義の発展段階論によれば、帝国主義の次に来る「国家独占資本主義」段階で、市場の自己調整機能が失われ、社会主義への移行が始まるはずだったが、実際には反・社会主義志向の強い「新自由主義」が到来している。
- もし、国家独占資本主義の次の段階が「新自由主義」であるとするならば、「人類史は社会主義に向けて進む」とする発展段階論はそもそも意味をなさないものとなる。

では発展段階論とはどのようなものだったのか——？

2 資本主義に「外部」は必要なのか?

マルクスの唯物史観とはどんなものか

私見では、マルクス経済学が二〇世紀社会科学に及ぼしたインパクトの核心は、『資本論』体系そのものにではなくむしろその周辺、**独自の政治学（政治経済学）構想と発展段階論**に求めることができます。その影響力はそれこそ、その批判者の間にさえ、批判対象としてのマルクス主義者との間に共通了解、共通の土俵を設定した上で批判する、という所作を強いるものでした。このようにして「型」は確立し浸透していったのです。

政治学に対する貢献は、それ自体としては古典派経済学のそれと大差ない階級社会論を階級闘争論と結びつけ、階級を、利害を共有する（潜在的な）政治主体とするところにありました。すなわち、マルクス主義者たちは、資本主義社会においては経済的・社会的に上位に立つ支配階級である資本家たちが、同時に政治的にも支配エリートであり、資本主義の下での国家は、社会全体の公共の利益のためにではなく、もっぱら資本家階級の利益によって動かされる、と主張しました。非常に偏ったものの見方ではありますが、社会経済構造と政治過程とを結びつける一

マルクスの唯物史観

時代	段階	所有関係
有史以前	原始共産制	無階級社会
古代	奴隷制	一部の権力者が財産も人間も支配
中世	封建制	領主が農奴ごと土地を所有
近代	資本制	財産は所有しても人間は所有しない

貫した理論枠組みとしてなかなか啓発的です。

二〇世紀の主流派の政治学における、利益集団論をはじめとする集団理論的アプローチはそれへの応答であり、克服の試みとして見ることもできます。すなわち、現代的政治学は、近代社会内におけるアクティブな社会集団は資本家階級と労働者階級だけではないこと、また政治活動を目的とする団体、更に国家の官僚組織は、その基盤となる階級の利害からは独立した利害関係や価値関心を以て自立すること、を主張してマルクス主義を批判します。

これが更に二〇世紀後半の、スターリン主義を批判して「人間の顔をした社会主義」を目指す西洋ネオマルクス主義に跳ね返って、「ヘゲモニー」「国家の相対的自律性」といった、経済に還元されない政治の独自性を論じるための問題設定が出てくるのはご愛嬌です。

発展段階論は、始祖マルクスとエンゲルスのキャリアの初期において、『ドイツ・イデオロギー』『共産党宣言』に見られるごとく、階級闘争史観としての唯物史観の基本形は完成しています（上図）。それによると、有史以前の、はっきりした権力者がいない原始共産制の共同体社会から、文明化とともに、一部の権力者が人間までをも財産として支配する、古代の奴隷制生産様式を基軸とする古代社会へ、更にそこから農奴制に立脚する中世封建社会へと移行し、ついには市民革命を経て、人間は財産の所有者にはなっても他人の財産にはならない、資本主義市場経済に立脚する近代市民社会となります。

近代市民社会においてはついに政治権力と経済制度は分離し、生産力はかつてない高度な発展を遂げるが、それもまたいずれは限界に達し、資本家と労働者の階級闘争を経て革命が起こり、そして社会主義に移行する——という図式が既にできています。それによれば、歴史の各段階において、生産手段たる富、土地と資本を所有する者と、それを実際に用いて労働し、生産する者とは常に分断され、前者が政治権力を握る支配階級として君臨してきました。この**支配者階級と生産者たちとの対立＝階級闘争が歴史のダイナミズムの根源にある**、というのが階級闘争史観としての唯物史観です。

サブ発展段階論による唯物史観のアップデート

しかしながら二〇世紀社会科学へのインパクトにおいてより重要なのは、このロングレンジでの発展段階論よりは、よりショートレンジでの、資本主義市場経済の中でのより下位の発展段階論の方です。これはマルクス没後の、マルクス以降の世代による展開です。

マルクス没後、ドイツ社会民主党やその他各国の社会主義運動、労働運動においてマルクス主義は一定の影響力を確立しますが、**一九世紀末から二〇世紀にかけての現実社会の歴史的展開は、マルクスの『資本論』や唯物史観の説得力を疑わしめる**ようなものを含んでいました。『資本論』は資本主義市場経済の下での、市民社会全体の資本家と労働者への二極分解と格差のより一層の拡大、労働者の貧困化を予想しましたが、一九世紀末における資本主義の先進社会と思しき西欧諸国では必ずしもそうはならず、労働者の生活水準が一定の改善を見せる一方、小農民・中小零細業者も減少しこそすれ、社会階層としての消滅は見ず、更にホワイトカラーや高技能労働者など一部賃金労働者が「新しい中間層」としての成長を見せていました。

またマルクス、エンゲルスは近代市民社会での国家機構を「市民階級＝ブルジョワジーの執行委員会」として支配階級により私物化されたものとみなす「国家道具説」をとっていましたが、一九世紀末のいくつかの国での労働組合の成長と、何より普通選挙に向けての選挙権の拡大の順調な進行は、階級闘争の先鋭化の予想をも揺るがしていきます。その中で社会主義運動の中でも「**修正主義**」、のちにそれこそが「**社会民主主義**」と呼ばれる、資本主義を暴力革命によって転覆するのではなく、合法的な議会政治と漸進的な政策的介入による社会主義の実現を目指す路線が有力となってきます。

そうした趨勢のもとで、オーソドックスなマルクス主義を堅持しようとする立場においても、こうした近代社会の展開を無視するのではなくそれに相応の説明を与えた上で、政治路線としての社会民主主義を拒絶してマルクス主義の本義を守るための理論武装が必要であることが認められるようになります（いわゆるマルクス＝レーニン主義がその端緒です）。

それは経済学のレベルでは、当時マルクス主義陣営外においても影響力を持って流通していた「帝国主義」の概念を、独自の解釈で取り込むという形で行われました。

すなわち、そこでは一九世紀以降の資本主義の新たな展開を、株式会社制度や大銀行の発達を前提とした金融資本主義、あるいはそうした金融資本化によって巨大化が可能となり、市場において独占的影響力を発揮できるようになった大企業に主導される独占資本主義として捉えます。

そしていわゆる帝国主義、すなわち当時の西欧列強による植民地獲得競争を、そうした独占資本による政治的要請に根拠を持つものとして説明します。現下の展開を、依然として西欧諸国の経済は資本家と労働者の二大階級の対立に立脚した資本主義ではあるが、マルクスの時代のそれから見ると一定の転形を見たもの、新たな段階に入ったものとして位置づけるのです。

つまり「封建制から資本制へ」という大きなスケールでの発展段階移行ではなく、**資本主義段階内でのサブ発展段階移行**が、そこに認められたわけです。

独占資本主導の市場経済においては、その自然な展開においても、独占資本＝大企業によって市場が支配されて歪められ、市場が十分に競争的な場合に比べて供給過剰＝需要不足となり、売り手による買い手からの超過利潤の搾取（競争的水準に比べて価格が割高となる分、売り手が得をして買い手が損をする）が行われ、**経済全体としては過剰生産、過剰投資気味となる**、とされます。重商主義への回帰とも呼びうる対外経済政策、すなわち保護貿易や植民地主義は、そのような過剰生産対策として独占資本セクターによって要請された、とされます。

ただこうした超過利潤の分け前にあずかる「独占資本セクター」には、広く見るならば帝国主義本国の強力な労働組合に属する労働者までが含まれます（いわゆる「労働貴族」論）。こうした利益配分が、階級闘争の緩和、労働者の体制統合を可能としています。

逆にそこから跳ね返って、マルクスの時代である一九世紀中葉の資本主義は「自由主義」段階として位置づけなおされます。個人信用を基盤とし、比較的小規模で、市場をコントロールする能力を持たない企業を主体とし、十分に競争的な、歪みのない市場経済がそこでは実現され、政府による社会経済政策も「小さな政府」志向のもと、それをあまり歪めない自由貿易政策などの自由主義的な政策が行われる段階である、とされます。

そこからなぜ独占資本主義に移行したかといえば、基本的には経済発展、工業化が進んで、リーディングセクターが農業から工業、更に工業の中でも資本装備率が高い重化学工業に移行して、企業経営の規模も大規模化していったからです。そして生産力の発展の結果、もともとはそれを促していたはずの市場メカニズムが、逆に歪められていくことになります。

こうした展望はもともとマルクス自身にもあり、その意味では必ずしもオーソドックスなマルクス主義からの逸脱ではありません。つまり独占資本主義＝帝国主義は、自由主義段階に比べれば、資本主義がより行き詰まり、社会主義への移行に近づいた局面であるとみなされます。独占資本（大企業）における市場支配力の向上や、内部における官僚組織の発展も、社会主義計画経済への準備段階とみなされるのです。

しかしながら独占資本主義は同時に、**労働者階級の抱き込み、体制への統合**の可能性も高めているのであり、行き詰まりは同時に爛熟でもあって、必ずしもわかりやすい「資本主義の末期・

資本主義段階内でのサブ発展段階移行

時代	段階	特徴
19世紀中頃	自由主義	競争的市場と自由貿易 「小さな政府」志向
		↓ 工業化
20世紀	独占資本主義 （帝国主義）	独占資本による不完全競争市場 過剰生産による保護貿易と対外拡張 大企業による搾取と労働者への利益配分 「大きな政府」志向
		↓ 資本主義の行き詰まり
未来社会	社会主義	無階級社会

崩壊前夜」というわけではありません。またこのように見れば、マルクス主義者が社会民主主義者・修正主義者をややもすれば保守主義者以上に嫌う理由もわかるでしょう。マルクス主義者からすれば社会民主主義者は裏切り者なのです。

　この「自由主義段階から帝国主義段階へ」「一九世紀から二〇世紀へ」、あるいは一昔前の言葉遣いを用いれば「近代から現代へ」の移行についての大きくわかりやすい図式を提供したことこそが、マルクス主義の二〇世紀社会科学に対する最大の貢献、あるいはそれを全面的によきものとして手放しで肯定できないとしても、最大のインパクト、くらいにいうことは許されるでしょう。

　もちろん「マルクス主義の発展段階論」というときには、我々はこのレーニン以降の資本主義の発展段階論だけではなく、もともとの唯物史観の、より長期的な展望のことも忘れるわけにはいきません。マルクス主義者は「近代市民（ブルジョワ）社会が自明の当たり前のものではなく、歴史的に起点があり、また終わりもあるはずだ」と主張します。そしてマルクスの経済学（ないしは経済学批判）の優位性を、この近代社会、資本主義市場経済の歴史的特殊性、相対性への自覚と、それが置かれたより広い歴史的コンテクストについての理論を持ち合わせていることに求めます。

しかしながら冷静に考えるならば、このようなマルクス主義のプライドが単なる夜郎自大であることは、既にマルクスの時代においても明らかであったはずです。そもそも生産力の発展段階理論らしきものであれば、既にアダム・スミス『国富論』に見出すことができます。一八世紀啓蒙思想の中での「歴史の進歩」への気づきを過小評価するのはおろかなことです。

それでも、マルクスによる貢献ではなく、マルクスのフレームワークからはずれる歴史的展開を、マルクスのフレームワークの核心を崩さない形で説明しようという後続世代のレーニン、ヒルファディング、あるいはローザ・ルクセンブルクらの貢献、資本主義の中での発展段階論は、マルクス本来の総合社会科学的なアプローチの継承と相まって、**二〇世紀社会科学の虚の中心**ともいうべきものを形成したといってよいでしょう。

ローザ・ルクセンブルクと資本主義の「外部」

ここでとりわけ重要なのは、ロシアにおいてソビエト政権を確立したがゆえに正統派を形成することとなったレーニンの系譜とともに、純粋に理論的な観点からは、党内闘争に敗れて逃亡の果てに殺されたトロツキー以上の異端であり、のちのマルクス主義異端、西側のネオマルクス主義、新左翼の源流ともいうべきローザ・ルクセンブルクです。

苛烈で英雄的、悲劇的な人生が注目されがちなルクセンブルクですが、あえて経済理論家として単純化するならば、彼女の問題提起は『資本論』をベースとするマルクス主義の経済理論に、大胆に異質性・複合性を導入しようとするものです。

レーニンを含めオーソドックスなマルクス主義者は、一九世紀の、とりわけイギリスの資本主義の現実は『資本論』によって適切につかまれており、それはおおむね価格メカニズムが作動していた自由主義段階として捉えられる、とします。

それに対して一九世紀以降の帝国主義は独占資本主義段階であり、大企業が主役となった市場経済は価格メカニズムを歪められ、不況や大量失業を見るようになった、とされます。

すなわち一九世紀資本主義は、景気循環による繁閑、それゆえの失業者の発生、といった「矛盾」を抱えつつも古典派経済学の描いたようなそれなりに効率的なメカニズムを以て自律的な再生産を順調に遂げていた、と考えられ、独占資本主義はいわばそこからの逸脱であり、資本主義の衰退局面＝社会主義への過渡期と位置づけられました。

ここで注意すべきは、不確実な未来を予言するいかがわしさだけではありません。正統派のマルクス主義者は、実は彼らなりに「正常」な資本主義についての判断基準を持っていた、ということです（すなわち自由主義段階の市場経済がそれに当たります）。

それに対してルクセンブルクは、帝国主義のみならず自由主義段階を含めた資本主義全体をもっと「不純」なものとみなします。自由主義段階の資本主義経済も、決して自律的なものではありえず、**外側にバッファとしての産業予備軍、すなわち失業者の群れを抱え込んで**いなければ、景気循環を通じて作動できない、とルクセンブルクは考えます。

オーソドックスなマルクス主義の産業予備軍論

まずはマルクス自身を含め、オーソドックスなマルクス主義者の産業予備軍論から見ていきましょう。

マルクス自身、そして多くのマルクス主義者は、景気循環を資本主義経済の克服しがたい宿命と捉え、それゆえに労働力という商品＝生身の人間たる労働者の供給は景気循環に、変動する需要に素早く適応できない、と考えました。すなわち、好況のときには完全雇用は実現可能だが不況の際にはどうしても失業者が発生するのであり、またそうした失業者は、景気回復、好況局面の労働需要に対応するためにはいなくなってもらっても困る。これがマルクスの発想でした。**資本主義は一定の失業者のプールを絶えず必要としている**、というのです。

この「産業予備軍」論はマルクス自身の体系の中では多義的な意味合いを持っていました。一つにはマルクスは先行する古典派経済学者たち同様、資本主義市場経済の下では労働者の賃金の上昇には限界がある、と考えていました。

スミスやリカードウらの場合にはいわゆる「マルサス法則」、賃金上昇が結婚の増加、ひいては出生率の上昇につながって労働供給を過剰にし、賃金を抑え込む、というロジックがとられていたのですが、このような理解をマルクスは拒否します。これは一面ではおそらく、マルサス法則的理解が通用するのは農業社会までであり、産業革命以降の、労働者の世代交代のペースより景気循環のペースが速い、工業中心の資本主義の下ではそれは成り立たない、という事実認識から来るものであったでしょうし、他面ではもっとイデオロギー的な「マルサス法則は労働者に人間としての尊厳を認めない発想であり許せない」といった反発から来るものでもあったでしょう。すなわち、産業予備軍論はある意味で**「資本主義経済の下では賃金上昇には限界がある」という想定**のために提示されたものでした。

問題はこの産業予備軍たる失業者たちが、失業中はどうやって生存し続けるのかです。その辺についてはむろん様々な可能性が考えられます。

『資本論』が書かれた当時のイギリスであれば、公的な失業保険制度こそありませんが、各地域コミュニティに貧民の救済を義務づける近世以来の救貧法システムが存在していました。[※1] 一九世紀にはまさに古典派経済学的な「小さな政府」思想[※2]によって合理化のプレッシャーを受けつつも、救貧法システムは実態としてみれば、まさにマルクスの時代前後にようやく全国をカバーし、専

※1　国庫ではなく地域レベルでの行財政にゆだねられるが、そうした制度の設置は国家により地域コミュニティに強制的に義務づけられた。

※2　財政規模が大きくなると民間経済への負担が大きくなるし、救貧サービスは賃金水準を高止まりさせ、労働市場を歪める、といったロジックのこと。

任のスタッフを備えた中央政府の官僚機構として整備されていました。のちの社会保障、福祉国家システムの前提となるこうした公的救済機構の存在は、もちろん考慮されていたでしょう。

またそれ以上に重要なのは、まだ十分に資本主義化されていない、すなわちひたすら利益を目指す営利企業にではなく、生存維持を主目的とした家族経営に支えられ、様々な共同体的規制・相互扶助に守られた伝統セクターとしての農業部門、農村部の存在でしょう。日本における近代化の例を見ても、農村セクターが、こうした過剰人口の受け皿として意識されることは普通です。しかしマルクスの場合には、イギリスにおける農業の資本主義化の進行に鑑みてか、バッファとしての農村部の役割についてはさほど関心がないようでした。

マルクス自身は大体において産業予備軍を以下のように考えていた、と思われます。すなわち、不況になると失業者が発生し、好況期にはそれが吸収されて失業者は減る。しかしながら資本主義経済においては、常に競争圧力が技術革新、それによる合理化、労働節約的な新技術の開発と採用が持続するため、好況期における労働需要の増大、失業者の吸収は、基本的には不況期における失業者の排出を上回ることはない、と。すなわちマルクスは、資本主義経済においては、完全雇用は成立せず失業者が常時存在するものの、そうした失業者たちは資本主義セクターの外にほうりだされるのではなく、それこそ「産業予備軍」として資本主義セクターの中に、その一部分としてシステマティックに取り込まれているのだ、と考えていたのです。

しかしルクセンブルクの議論はこうしたマルクスの予定調和的な議論を拒絶し、**産業予備軍の本態は資本主義セクターの外側、農村部や植民地などに存在**しており、資本主義セクターによってはコントロールされていない、と考えます。そしてルクセンブルクの見立てでは、資本主義は、この産業予備軍の許す範囲内でしか成長しえません。それが尽きれば、資本主義の成長は停滞し、崩壊せざるをえないのです。

このような議論はマルクス、正統派のマルクス主義経済学はもちろんのこと、その前提としての古典派経済学の総体に否を突きつけるものであり、当然のことながらレーニンをはじめとして多くのマルクス主義者たちから批判を浴びました。しかしながらそれは、第二次大戦後に一部のネオマルクス主義者たちによって先駆として再評価され、よみがえります。いわゆるA・G・フランクらの**従属理論**や、イマニュエル・ウォーラーステインらの**世界システム論**がそれに当たります。

しかしそれにしても、この再評価は本当にそれほど意義があるものだったのでしょうか？ レーニンら正統派による批判は、果たして不当なものだったのでしょうか？

更に、ありていにいえばエスタブリッシュメントとして確立して以降のマルクス主義の陣営内においては、全体としてのマルクス主義者の正しさ、そのライバルとしての資本主義現体制を容認するブルジョワ思想に対する優越は自明のものとなり、マルクス主義陣営外の議論はあらかじめ根本的なレベルで誤っているとして真剣な批判の対象に（公式的には）なりえませんし、逆にマルクス主義の外側からもその内部における細かな違いに対しては些末な「コップの中の嵐」としてまじめに取り合われることもありませんでした。

それゆえにルクセンブルクに対するオーソドックスな経済学（当時は既に新古典派が勃興して

きていたはずですが）からの真剣な批判もさほどなかったのです。しかし、もし仮にそれがあったとしたらどうでしょうか。あるいは、後世のルクセンブルク継承者たちに対する批判を、後知恵的にそこに当てはめるならば？

ここで簡単にそれを試みます。

ルクセンブルクの短絡

ルクセンブルクの議論の特徴を、「**資本主義は外部なしではやっていけないが、その外部を自ら掘り崩す形でしかやっていけない。それゆえいずれは行き詰まる**」というものだとして、その「外部」とはどのようなものなのか、どのような機能を資本主義に対して果たしているのか、また古典派やマルクス主義正統派がルクセンブルクのように考えないのはなぜか、と考えるならば、とりあえず以下のように考えるとわかりやすいといえます。

ルクセンブルクのいう「外部」には二つの契機が入り込んでいます。彼女は「外部」に対して二つの機能を割り当てており、かつ**その二つの機能が同じ一つのものに押しつけられている**――すなわち、「外部」を単なる資本主義の「外部」のなんだかわからないものたちの総体、としてではなく、まとまった一つのシステムとして実体化しているようです。しかしもちろん、そんな風に考える必要はありません。

ルクセンブルクのいう「外部」の二つの機能のうち、一つは**マルクス的な「産業予備軍」**であり、いま一つは**ケインズ的（？）な有効需要不足の転嫁先**です。そして冷静に考えるならば、この二つの機能が同じ一つの実体によって担われる必要は別にありません。もちろんこの二つの機能は、ある意味で同じ理由によって要請されるものであるので、ルクセンブルクがこんな風に短絡してしまったのも理由のあることでしょう。しかし短絡は短絡です。

このルクセンブルクの議論を新古典派風に後知恵で批判するのは赤子の手をひねるように簡単です。マクロレベルでのものであろうと労働市場においてのものであろうと、需給不均衡は要するに価格メカニズムが不全だから起きるのだ、と考えればいいわけです。ルクセンブルクがどこまで考えていたかはともかく、彼女の主張を合理的に解釈しようとすればそうするしかない、と、とりあえず決め打ちすればこうなります。

総需要が足りないのに物価が下がらないので総供給過剰が解消せず、労働市場でも失業が発生する。あるいは、不均衡は労働市場でのみ発生しているのであってもよいでしょう。賃金が何かの理由で下げ止まれば、労働の供給過剰は止まらず、失業が発生する。これが破綻に至らないためには、市場経済セクターの外側から何らかの手当てが必要になる、という理屈はわかります。しかしそれはどういう手当てでしょう？　更に、物価水準を下げずに過剰な総供給を吸収できる購買力を発生させる「外部」とはそもそも何でしょうか？　資本主義セクターの外側の、生産力もまたそれに対応しての購買力もさほど高くないであろう農村セクター、植民地にどうしてそれほどの需要が発生しうるというのでしょうか？

あるいは問題は最終需要のレベルにではなく、労働市場のレベルにあるとしましょう。新古典派風に考えるならば、失業は賃金が高止まりの場合に生じることになります。しかしこの想定は、古典派の発想を引き継いで「賃金は均衡状態で既にほぼ下限、生存維持水準に張り付けられている」とするマルクスのそれとはうまくかみ合いません。むろんマルクスの発想は逆に「産業予備軍＝失業者の存在が賃金を下限に押し下げる」というものですが、そうなるとどうしても失業者の生存を支える仕組みが必要となるはずです。マルクスが『資本論』で描いたのは、合理化による失業者の発生と成長によるその吸収のメカニズムであって、失業者が失業期間中にどうやって生存を維持するのかの分析はありません。※3

たとえばのちの社会政策論においては、救貧法などの公的救済制度、のちには社会保障制度、福祉国家がその生存維持のシステムとして登場します。この仕組み自体は、先に見たように中央集権的な国家という形ではなくとも、近世において――あるいはもっと古くから、本格的な資本主義経済の確立以前に――既に成立していて、一定の機能を果たしていました。

あるいは総需要＝総供給というマクロレベルでの不均衡に対しても、結局は国家による財政出動がその受け皿になる、という議論も登場してきます。すなわちケインズ政策です。植民地も結局は帝国の一部なのだから、貧困な農村部がではなく、インフラ構築を行う植民地政府が需要の源となるのだ、となれば相応にもっともらしくなります。

しかしルクセンブルクの議論はそういう社会政策論、福祉国家論とは微妙に異なります。むしろ戦後初期の開発経済学で著名となった**W・A・ルイスの無制限労働供給モデルの方に近い**といえましょう。

ルイスのこのモデルは、産業化途上の低開発国の農村部においては、もし仮にそこに近代的な労働市場が持ち込まれれば顕在化するはずの膨大な偽装失業者が存在する、と想定します。そうした偽装失業者は、労働市場がないゆえに、家内労働や共同体の相互扶助の中に埋め込まれています。

ここで同国内の都市部などに近代的な資本主義セクターが発展すれば、労働市場による吸引圧力がはたらき、この偽装失業が顕在化します。しかしこの偽装失業は膨大であり、発展の初期局面においては近代的労働市場によって十分に吸収されえず、賃金は生存水準ギリギリ——あるいは「これだったら村に帰った方がまし」——レベルに抑え込まれます。経済発展の初期局面における偽装失業者の存在は、このようにして賃金水準が抑え込まれて資本蓄積の原資となるが、産業化が進むとこの偽装失業のストックが枯渇し、賃金の上昇圧力が生じるようになる、というわけです。ただしルイスの場合は「**ここで資本主義がストップする**」と結論するのではなく「**この転換点以降の成長のためには労働生産性の上昇が必須となる**」と論じるだけであることに注意せねばなりません。

先に見たようにマルクスの産業予備軍論のご都合主義は「資本主義企業の省力化努力による失業者の排出が、好況期における労働需要の追加とおおむねバランスするように収まる」という想定にありましたが、好意的に解釈すれば、ルクセンブルクの議論はそのご都合主義を突くものと

※3　しかもそれが全体として不完全であることは拙著『不平等との闘い』（文春新書）などを参照。

ルクセンブルクの資本制と外部の図式

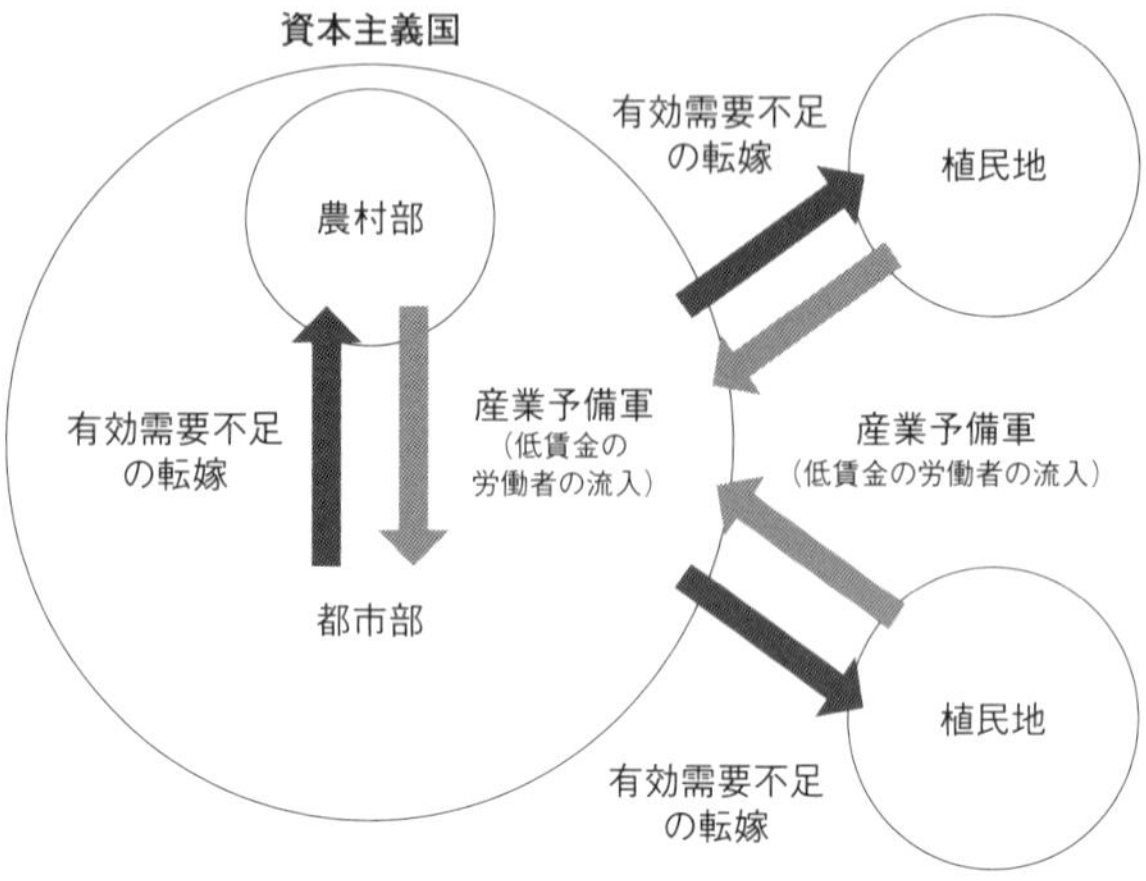

外部の消失と資本主義の停止

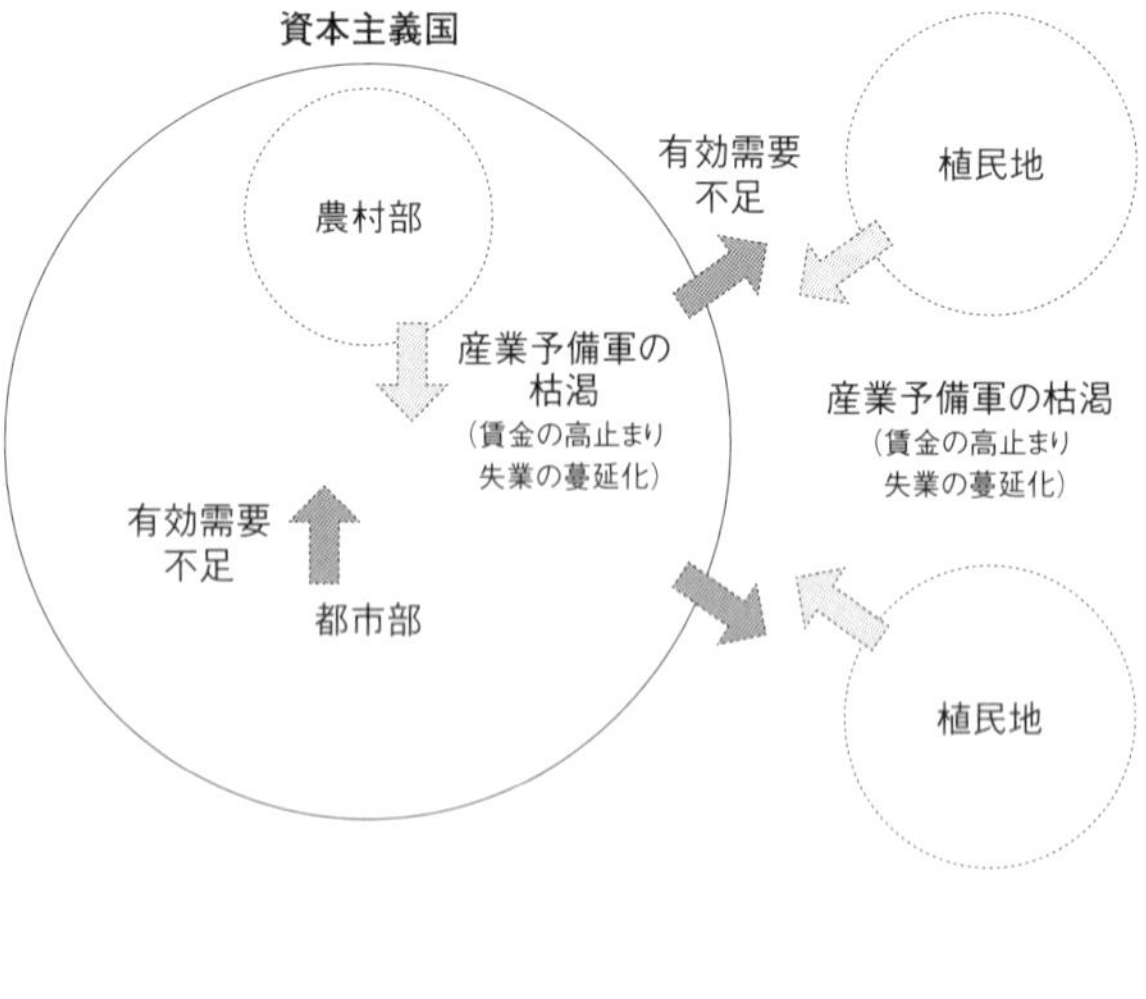

いえなくもありません。「追加労働需要がいつでも都合よく満たされる保証はなく、資本主義経済の成長可能性は既存の労働力プールに制約される」という理屈は、マルクスのそれよりはすっきりしています。

しかしながら、「だから資本主義はダメだ」と結論を先取りするマルクスのそれもルクセンブルクのそれも、オープンエンドなルイスの議論に比べれば、いずれもためにする偏った議論といえるでしょう。

資本主義は「外部」の搾取なくしては成立しない？

ここまでルクセンブルクを批判してきましたが、総括的にそのポジティブな意義を語っておくとすれば、以下のようになります。

レーニンを含めて一九世紀末から二〇世紀初頭のマルクス主義者たちは、マルクス主義の理論を時代に合わせてアップデートする必要に駆られて、同時代の帝国主義論を取り込んで資本主義の発展段階論を作り上げました。これによって資本主義論の中に、まずは**時間的・通時的な複合性の契機**が取り入れられました。

それに対してルクセンブルクが行ったことは、**空間的・共時的な複合性の契機**の取り入れです。すなわちルクセンブルクは、「資本主義世界経済」を資本主義セクターと非資本主義的な周辺部の植民地や農村セクターからなる複合的なシステムとして描き出す、という発想を提示したのです。

それまでも非資本主義的なセクターへの関心が、マルクス主義的伝統の中になかったわけではもちろんありません。何より唯物史観の、資本主義の手前のよりトータルな発展段階論のことを考えてみればよいでしょう。

ただルクセンブルク以前は、そうした**様々に異なるタイプの社会が同時に併存し相互作用する**という問題への意識ははっきりとはしていませんでした。異質な社会は歴史的に発展段階が異なるものとして、並列的に扱われませんでした。

もちろん同じ国家、というより同じ地域において時点を異にする／歴史的発展段階を異にする社会同士が併存するはずはありませんが、同時代における歴史的発展段階を異にする社会の併存については確たる問題意識は抱かれていませんでした。ただ単純に、西欧諸国はより進んだ発展段階にあり、中東欧、ロシアはそれにやや遅れ、アジアは更に遅れて、そしてアフリカは――といった「横倒しにされた世界史」のイメージで捉えられていました。ルクセンブルクは少なくともそれを壊す最初の大きなきっかけを与えました。

ルクセンブルクによれば、先進的な資本主義社会は自立しておらず、周囲の「遅れた」非資本主義セクターを搾取することによってのみ存続しえるのです。しかしその搾取対象の非資本主義セクターは、搾取の進行につれて資本主義セクターに同化吸収されてやせ細り、やがては消滅していきます。そうなると資本主義セクターは、もはや成長できません。このような**超長期的には持続不能な相互依存関係**が、彼女の捉える複合システムとしての「資本主義世界経済」です。

つづめていえば、レーニンらの帝国主義論によって資本主義の発展段階論が確立し、資本主義それ自体が一種類ではなく、少なくとも時間の中でいくつかのバリエーションを持つ、とされるようになった一方で、ルクセンブルクは「資本主義世界経済」の概念を導入して、共時的にも資本主義は異質の複数のセクターからなる複合システムである、とのアイディアを提示したのです。そしてその複合システムとしての「資本主義世界経済」は、剝き出しの暴力によって維持されるシステムでもあります。

マルクス自身、そして正統派のマルクス＝レーニン主義においては、前近代、前資本主義（発祥の地・西欧においては封建制）社会から資本主義社会への移行に際して、政治権力による暴力の発動が強調されます。少数の資本家たちが大量の労働者を雇用してビジネスを展開できる社会的条件は、ただ単に私的所有権、法の支配が確立するだけでは済みませんでした。

資本主義社会が成立するためには、封建的束縛、領主的支配から解き放たれて、どこに行って何をしようが自由だが、同時に保護と生業からも自由になって寄る辺がない大量の労働者たち（プロレタリアートの二重の自由）が存在しなければならず、また土地や金銭、物的資本も市場経済を通じて利用可能になっていなければならない。そうした条件が整えられるためには、既存の社会秩序を暴力的に打ち壊すプロセスが必要である、とされました。

マルクスはそれを「**資本の本源的蓄積**」と呼びます。資本主義経済の下での普通の資本蓄積、ミクロ的には投資を通じてのビジネスの拡大、マクロ的には経済成長は、いったん確立した私的所有権の秩序、市場経済システムの下では平和的に進行しますが、「本源的蓄積」はそれが可能となる条件を作ります。それは政治的大事件であり、暴力的プロセスなのだ、とマルクスは説いたわけです。

しかしそれはマルクスによればあくまで過渡的なものです。このことは資本主義の成立の端緒についてのみ当てはまるのではなく、資本主義の先進諸国によって侵略され、植民地化された地域における資本蓄積についても同様に当てはまります。最初の侵略・植民地化は暴力的な本源的蓄積だが、いったん秩序が確立すればそれは通常の蓄積に移行する、というわけです。植民地において暴力が横行しているとすれば、それはまだ移行期としての本源的蓄積が続いているというだけのことです。

オーソドックスな帝国主義論の認識もまたこうしたものです。帝国主義段階は独占資本主義段階であり、植民地帝国の本国では、おおむね平和な蓄積が進行している一方、植民地ではしばしばなお本源的蓄積過程が進行して暴力が横行することもある。しかしながら暴力それ自体は独占資本主義の特徴ではない、というわけです。

それに対してルクセンブルクの認識は大いに異なります。**資本主義セクターはそれ自体では決して自立しておらず、絶えず外側を搾取することを必要としている**のだとすれば、本源的蓄積は常に進行中なのです。ただ中心部の先進資本主義セクターでは見えなくなっているだけのことです。周辺部の植民地、農村セクターもまた、先進資本主義とともに、複合システムとしての「資本主義世界経済」を構成しているのです。

ルクセンブルクの理論の後世への影響

レーニン、あるいはヒルファディングらの独占資本主義段階論と、ルクセンブルクの資本主義世界経済論を組み合わせることによって、二〇世紀マルクス主義における帝国主義論、というよりも**「現代」資本主義をめぐる様々な議論の地平**がおおむね見えてくるので、改めて整理しましょう。

オーソドックスな経済学の論理に——とりあえずはマルクス経済学という狭い枠の中ですが、適宜修正すれば今日の新古典派までを含めたより広い意味でのそれに——従うならば、とりあえずもっともらしいのはレーニン的な独占資本主義論ですが、その概略は既に見た通りです。このレーニン的な枠組みの中では、こうした独占資本主義の論理の延長線上で帝国主義、植民地主義が理解されます。すなわち、一九世紀の資本家たちが古い既得権としての重商主義的独占に反対して自由主義的政策、すなわち「小さな政府」、自由貿易を求めていたのに対して、独占資本家たちはむしろ再び政策介入を求めるようになります。しかしそれと同時に重要なのは、この時代にはそうした資本家たちに対するカウンターが生じ、それもまた**政府による政策的介入**を増大させる、ということです。

この時代の西欧先進諸国では選挙権が拡大し、労働組合の勢力も伸長します。そして労働市場に対して団結の力で独占的コントロールを及ぼそうとし、またそれへの政府からの妨害を排し、むしろ支援をさせようとします。

また農村部にも予想外の展開が生じます。マルクスはイギリスの動向を念頭に置きつつ、長期的には農業も資本主義的なビジネス化を遂げて、大規模な企業によって、労働者を雇用して営まれるようになる、と予想していましたが、実際には小規模な家族経営の農家はなかなか消滅しませんでした。

これは一面では、家族経営の農家は普通の企業と異なり、必ずしも利潤追求を目標としないの[※4]で、そう簡単に資本家的企業との競争に負けずに生き残れる可能性があるからです。そして他面では賃労働者の場合と同様、協同組合を作って市場をコントロールしようとします。

すなわち、オーソドックスな独占資本主義論においては、帝国主義をはじめとした資本主義の「不純化」、自由主義段階に比べて、異質な要素を取り込んだ複合性——資本主義的なビジネス化を遂げていない農家その他自営業の残存、労働組合の成長、市場介入的政策、等々——に力点が置かれていますが、それらは基本的に通時的なものです。すなわち、**資本主義「以前」のものが資本主義によって解体消滅させられず、残存している、**という風に理解されます。

それに対してルクセンブルクの場合には、**資本主義は非資本主義的なセクターに依存**せずしては存続できず、双方が統合されて複合的システムとしての「資本主義世界経済」が初めて可能になる、と考えられています。すなわち、資本主義は最初から最後までずっと複合的なのであり、市場が政治や共同体を排除して純化していくように見えたとしてもそれは思い違いである、というわけです。

この構図は直観的にもっともらしいですが、残念なことにレーニン的なそれに比べると経済学的な説得力が極めて弱くなります。『資本論』のみならずスミスやリカードウにさかのぼっても、あるいは下って新古典派以降の現代経済学を参照しても**「経済全体が資本主義化したところで存続不能になってしまう」という論証は困難**です。リカードウの場合にも、ゼロ成長定常状態が予測されるだけで、ゼロ成長は資本主義の終末ではありません。いわんや技術革新の重要性を指摘するマルクスの場合にはなおさらです。のちのルイスのモデルで論じられるように、周辺、農村セクターが消滅したところでそれは「今後の経済成長には技術革新による生産性向上が必須である」ということを意味するだけのことです。

更に問題は、資本主義が「外部」に依存せざるをえないいま一つの理由として、ルクセンブルクはどうやら価格メカニズムの機能不全を念頭に置いていた形跡があるものの、レーニン的独占資本主義論のような明快な理解が提示されていない、ということです。ルクセンブルクが想定したように、マクロレベルでの不均衡があるとすれば物価が、あるいは労働市場が問題だとすれば賃金が、硬直的で需給ギャップを調整できない、と考えなければ経済学的にはうまく理屈が通らないのですが、その辺の議論の詰めが甘いのです。

だから経済学の歴史はもちろんのこと、マルクス主義の歴史の中でも、『資本蓄積論』の**ルクセンブルク経済学は基本的には「誤り」あるいは「異端」**として退けられてきました。しかしな

※4　農家に限らず商工業の場合を含めて、経営者が資本だけではなく相当量の自家労働を投入する家族経営の目標は、利潤最大化よりも利潤と余暇のベストミックスとなると考えられます。更に農家の場合は、市場に依存せず自給できる度合いを高くすることも目標の一つになります。小田中直樹『ライブ・経済史入門』（勁草書房）他参照のこと。

がらルクセンブルクは奇妙な魅力で以て多くの人の関心を引きつけてきたのもまた確かです。もちろんその理由の一つにはルクセンブルクの悲劇的な最期、ドイツ革命のさなかでの虐殺による横死もあるでしょう。またマルクス主義者としては例外的に、徹底的に精神の自由、言論の自由、政治的自由のために戦ったそのリベラリズムのゆえでもあるでしょう（彼女のリベラリズムとマルクス主義が果たして両立可能なものだったのかどうかは、その早すぎる死によって結局うやむやとなってしまいましたが）。

しかしそれ以上にルクセンブルクの資本主義論は、第二次世界大戦後のネオマルクス主義――西側自由主義圏において、ソ連東欧圏とは独立に、いやむしろソ連東欧のマルクス主義を（スターリン批判以降も）スターリン主義として拒絶し「人間の顔をしたマルクス主義」を求める人々――の間に影響力を発揮し、とりわけ六〇年代以降は、南北問題の中で勃興した「従属学派」と、そしておそらくはエコロジストたちの間に大きなインパクトを発揮したのです（マルクス主義者ではなかったハンナ・アレントによる高評価も印象的です）。

それだけではありません。たとえば日本の農業経済学者である近藤康男は、ルクセンブルク経済学を一般理論レベルでは誤謬としつつ、それをまさにレーニン的な発展段階論の枠内に置きなおし、帝国主義の分析として解釈するならば、非常に有用である、と評価しています。

まとめますと、政治社会運動としてのマルクス主義から離れても、アカデミックな社会科学のレベルを中心に、二〇世紀の知的世界に対してマルクス主義がなしたプラスの貢献として資本主義の発展段階論を見るときには、まずレーニン的帝国主義論から見なければならないでしょう。

それに対してルクセンブルクの貢献は「資本主義世界経済」の概念の提示であり、のちにイマニュエル・ウォーラーステインの「世界システム」概念に結実することとなります。前者は資本主義の通時的複合性に、後者は共時的複合性についての概念です。そして近藤的なアプローチは、前者を主としつつ、帝国主義段階における共時的な複合性に着目する見方です。

日本のマルクス主義で、発展段階論はどう議論されたか

近藤の名前を出してしまったので日本に注目するならば、通時的複合性と共時的複合性の組み合わせは、実は近藤的な帝国主義論だけが唯一のやり方ではありませんでした。日本においてはもっと厄介な問題が浮上します。すなわち**「日本資本主義論争」**における**「講座派」**と**「労農派」**の対立です。

当時のソ連共産党＝コミンテルンの指導下にあった日本共産党の影響を受けた「講座派」とそれ以外のマルクス主義者からなる「労農派」の対立は、もとはといえばコミンテルンが外から押しつけた定式を無理やり消化せねばならなかった党派と、そうではない党派とのひどくどうしようもない理由で始まったものですが、その辺を省略して理論的にまとめるなら、よく知られている通り、まずは日本資本主義の発展段階（通時的複合性）についての理解の相違であり、そこから付随的に内部構造（共時的複合性）についての理解の相違も出てきます。

講座派によれば、当時の日本国家はいまだに天皇制という絶対主義的体制の下にあり、社会主

義革命以前にまず市民革命（ブルジョワ革命）を起こさねばならない段階にありました。開国・維新以降むろん資本主義セクターも発展してはいるのですが、それはいまだ軽工業部門を主とし、より先進的な重工業セクターは官営企業に先導され、農村セクターはなお封建的身分制の下にあって十分に資本主義化していません。講座派の理解では、この複合性はルクセンブルク的な複合性とは異なり、いってみれば**「横倒しの世界史」が一国内に顕現しているようなもの**です。資本主義セクターは前資本主義セクターを支配してはおらず、支配的なのはいまだ前資本主義セクターの方で、資本主義セクターはその足場の上にできた浮き島のようなものにとどまっているのです。

それに対して労農派は、既に日本は封建制を脱して近代国家となっており、経済も基本的に資本主義である、とします。そして農村セクターも資本主義化しており、地主たちももはや封建領主ではなく近代的な土地所有者である、と考えるのです。ではそれはどのような資本主義なのか、については昭和前期、戦前においてはまだ議論は熟してはいませんでしたが、戦後において労農派の流れをくむ新学派としての宇野学派、宇野弘蔵のグループは、明確に昭和以降の日本資本主義を帝国主義段階と位置づけます。それゆえ、たとえば講座派の流れをくむ論者が、戦後日本企業の特徴として指摘され始めた「終身雇用」「年功賃金」「企業別組合」の「三種の神器」からなる「日本的経営」について「封建遺制」「身分制の残存」「欧米に対する日本資本主義の遅れ」とみなしがちだったのに対して、**宇野派の影響を受けた論者たちは「日本的経営」を帝国主義、独占資本主義段階においてはむしろ正常な企業の在り方とみなし**、そこから欧米の企業の在り方を逆照射するようになりました。

第二次大戦後の日本経済論における、そしてやがてはより一般化して語られるようになった「二重構造」論はこの文脈の中において見ることができます。元来の「日本資本主義論争」自体はマルクス主義内の、しかも純粋に学術的な論争ではなく、多分に政治的な都合によって煽られた対立ではありましたが、そこにおいて提起された論点は戦後日本にも、そしてマルクス主義陣営をも超えて、いわゆる「近代経済学」、ケインジアンを含めた主流派、新古典派の経済学の中にも持ち越されたのです。

戦後日本経済の様々な実証的研究の中で、**日本経済には大企業セクターと中小企業セクターとの「二重構造」が存在する**、とされました。労働市場の観点から見れば、それは学卒者を新規採用し、子飼いの従業員として長期雇用することの多い独占資本的な大企業セクターと、低学歴者の短期雇用でしのぐ、自由競争にさらされた中小企業セクターとに、労働市場が分断されている、という指摘となります。

また産業組織・企業間取引の観点からすると、製造業、たとえば自動車などの組み立て産業においては、自動車全体を設計開発し、本体を組み立てる自動車メーカーと、そこに各種部品を供給する部品メーカーとの間に序列構造が存在し、上流の本体メーカーは下流の部品メーカー（下請け）に対して独占的な支配力を行使し、搾取しているとされます。金融取引においても、上流が下流に対して信用を提供することによって支配的地位を確保することが多いほか、専門の金融機関（銀行ほか）との取引においても序列構造が形成されています。

日本資本主義論争の対立図式

戦前	近代日本の把握	農村セクターの把握
講座派	絶対主義体制（天皇制）	封建制の残存
労農派	近代資本主義（ブルジョワ市民社会）	近代的土地所有
戦後	**現代日本の把握**	**二重構造論の把握**
講座派系論者	近代資本主義社会に封建制が残存	大企業・都市＝先進資本主義セクター 中小企業・農村＝在来セクターの残存
新労農派（宇野派）	帝国主義（国家独占資本主義）段階	大企業・都市＝独占資本主義セクター 中小企業・農村＝前者のバッファ

こうした二重構造——より正確にいえば「二重」ではなく**「格差を伴う序列」構造**といったところでしょうか——の由来についても、大まかにいって二通りの解釈が提出されます。一つは「労農派」の流れをくみ、大企業セクターを独占資本とみなし、中小企業セクターを自由主義段階の生き残りであり、かつ大企業セクターにおける価格メカニズムの不全をフォローするバッファの役割を押しつけられたもの、とする考え方です。

そしてもう一つは「講座派」の流れをくみ、大企業セクターを先進資本主義セクター、中小企業セクターを農村とつながり、古い共同体的性格を残した在来セクターとみなすものです。後者の解釈による「二重構造」は、やはり戦後の開発経済学、旧植民地＝開発途上国の経済発展の可能性を探る応用経済学における「二重経済」論——先述のルイスの無制限労働供給論もその初期の成果です——と基本的には同型のものと解釈できます。

帝国主義論とはいったい何だったのか

錯綜してきたのでもう一度整理しましょう。

一九世紀末以降の、ポスト・マルクス時代のマルクス主義、それが二〇世紀社会科学に与えたおそらくは正のインパクトは「**複合的なシステムとして資本主義を捉える**」という視角でした。むろん始祖マルクスとエンゲルスの仕事は既に、近代社会を複合的なダイナミズムの下で捉えていました。すなわち、通時的・歴史的には近代市民社会を歴史的発展段階の一局面と捉える唯物史観を、共時的・同時代的には生産力、経済を基盤とし、それに規定されたものとして政治や文化を位置づける「土台（下部構造）－上部構造」論による社会構造論を提示した彼らの構想は、のちに「経済還元主義」「経済学帝国主義」との批判を浴びつつも、まさにそうした批判、対抗理論を呼び起こすことまで含めて、人間社会とその歴史の複合的でダイナミックな理解の形成、近代社会科学の発展に大きく貢献しました。

ポスト・マルクス状況、始祖マルクスとエンゲルスの退場後、彼らの枠組みではうまく説明しきれなくなった歴史的現実を前に、主導的なマルクス主義者たちはマルクス主義の枠組みの拡張を試みて一定の成果を上げ、それが更に二〇世紀社会科学への大きな遺産となりました。マルクスとエンゲルスが近代市民社会を歴史の中に位置づけ、資本主義経済を土台とする複合体として描き出したとするならば、一九世紀末から二〇世紀初頭にかけてのマルクス主義者たちは、資本主義経済それ自体の中に、通時的・歴史的には発展段階の分節を、共時的には資本主義セクターと非資本主義セクターとの分節とを見出したのです。

とはいえポスト・マルクス時代のマルクス主義者たちは決して一枚岩ではなく、通時的・共時的分節の仕方の理解において分岐し、その分岐によって互いに対立しました。問題はその分岐をどう解きほぐすかです。

最も——理論的というよりも政治党派的に、という意味においてですが——オーソドックスな理解はレーニン的なそれであり、やや問題はあるがスターリンの党が昭和初期の日本共産党に押しつけた日本理解もその延長線上にある、としましょう。ある意味でこれは一番単純素朴で、資本主義の歴史的な発展段階論を認めながら、共時的な複合構造論はとらない立場です。

それでは、そこで導入された**「帝国主義論とはいったい何だったのか？」**という疑問が生じますが、それは二一世紀を生きる我々だからこそ容易に発することのできる疑問です。二〇世紀半ば頃までの人々は、「国民経済（学）」という言葉遣いに端的に表れているように、資本主義経済に限らず、経済・社会の基本単位を国民国家と同一視して特に怪しみませんでした。マルクス主義は社会構造の歴史的特殊性を散々強調しながら、実は「国民」「国家」という単位の相対化にはいまだ到達していなかったのです。論点を先取りしていえば、我々にそうした相対化を可能ならしめた先駆者のうちに、ルクセンブルクもまた数えいれることができるのですが、それは措いておきましょう。

わかりやすくいえば「帝国主義」は本質を突いた形容ではありません。**段階の特質をよりよく表すのは、むしろ「独占資本主義」「金融資本主義」といった表現の方**です。それは、独占資本主義段階に入り、大企業となって市場支配力を強めた独占資本が、利益追求のために自国政府にはたらきかけ、自分たちの市場支配を支援する政策を行わせる、その延長線上に対外政策としての帝国主義がある、と位置づけるものであり、理屈の上では帝国主義を伴わない独占資本主義・金融資本主義も当然にありえます。ただし、個別資本の利害とは別に国家の国益の観点からも、競争が不完全となり不況に落ち込みがち、失業が長期化しがちな**独占資本主義に対しては、政策的介入が必要とされる**――レーニン的な帝国主義論の理屈は大体このようなもので、帝国主義的世界政策はたかだか、市場の機能不全をフォローする政策的対応の一種としてしか位置づけられていません。

ではこの場合、植民地をはじめとする後進地域、後進国の位置づけはどうなるのでしょう？それはまさに「横倒しにされた世界史」であり、それらの地域、たとえば中欧東欧ほか、帝国主義列強になれなかった周辺諸国については、いまだ帝国主義段階に到達できず自由主義段階か下手をすればそれ以前の発展段階にあるものとされます。それらがいまだ帝国主義――というより独占資本主義に到達できないのは、まずもって発展段階の上で遅れている、というタイムラグのせいであり、付随的に、帝国主義列強による妨害という要因も数えいれられます。もちろん植民地は政治的支配、あからさまな暴力によって発展を押さえつけられ、遅らされています。しかしその暴力が取り除かれれば、残るのは単なる時間的な遅れです。

このような帝国主義、独占資本主義の下では一国レベルでの政治構造も変化します。先に見たようにマルクス、エンゲルスは資本主義社会の下での国家を支配階級たる資本家市民＝ブルジョワジーによる道具と位置づけましたが、**この時代には、植民地を搾取して豊かな帝国主義本国は、労働者階級を買収して体制内化する**ことができます。同様のことは小農民についても当てはまり、少なからぬ国では農業は資本主義的企業に呑み込まれることなく、家族経営が生き残り、協同組合を作って独占資本と対抗します。

――このような形でレーニン的帝国主義論は、一国単位での資本主義経済の構造転換、それを基盤としての上部構造たる政治の構造転換をそれなりにうまく描き出します。では、ルクセンブルクはどのようなヴィジョンを提出したのでしょうか?

「資本主義世界経済」概念の誕生

ルクセンブルクの場合には通時的・歴史的複合性（発展段階）ではなく、共時的・同時代的複合性把握がポイントとなります。**固有の意味での「資本主義世界経済」の概念は彼女から始まる**といってもよいでしょう。そしてそれは本質的に複合的なシステムです。レーニン的帝国主義論においては、各国の国民経済は基本的に独立したシステムで、ことに先進諸国においては、それらは均質な資本主義的市場経済であり、世界経済はその集合にすぎません。それに対してルクセンブルクの理解では、「資本主義世界経済」は、資本、営利企業を主役とする市場経済からなる狭い意味での資本主義セクターと、そうではない、資本主義的企業以外の組織によって生産活動が担われ、市場もあまり発達していない非資本主義セクター――典型的には農村、特に周辺諸国や植民地の農村――からなる、非均質な複合体です。そして非資本主義セクターは、本来は資本主義セクターなしでも存続できるはずであったのに対して、資本主義セクターは非資本主義セクターを呑み込んでいく形でしか成長できません。そして成長できなくなれば資本主義は、存続することができないのです。

ルクセンブルクの直観は、レーニンたちが市場経済の機能不全、価格メカニズムのマヒを独占資本主義段階特有のものと見るのに対して、それは資本主義にとって常につきまとう一般的なもの、ミクロレベルではともかくマクロレベルではもともと価格メカニズムには限界がある、ということでした。この認識と、マルクスが本源的蓄積を資本主義の確立以前の過渡的な局面と見るのに対して、ルクセンブルクがそれを継続的なもの、周辺部において常に続いているもの、とみなすこととの間には、おそらく関係があります。

むろん問題は（さしあたって新古典派経済学、のちのケインズ経済学などマルクス主義の「外部」には目をつぶって）レーニン的ヴィジョンとルクセンブルク的ヴィジョンのどちらがどの程度もっともらしかったのか、です。先に述べたように、ルクセンブルクは残念ながら、のちのケインジアンなどと比べても、価格メカニズムの機能不全について明晰な議論を提示できず、なぜ市場は不均衡を克服できず、資本主義の外部が必要となるのかについての筋の通った説明を提出できずに、ただ「資本主義は「外部」なしには存続しえない」と主張する以上のことができませんでした。その意味では整合性においてはレーニン的ヴィジョンの方が勝ったといえるでしょう。

新しく解釈された「二重構造」論

しかしながら、大筋においてはレーニン的なヴィジョン、つまり「市場経済には自己調整能力があるが、独占資本主義段階に入ってそれが機能不全となり、新たなタイプの政府による介入を要請する」という二〇世紀資本主義像を基本的に維持しつつ、そこにルクセンブルク的な共時的複合性、つまりは一国単位では完結しない全体システムとしての「資本主義世界経済」という契機を組み込もうという立場が現れてきます。ほかならぬケインズ自身と並びいわゆるポスト・ケインジアンに絶大な影響を与えたポーランドのミハウ・カレツキ、あるいは先に紹介した近藤康男らは、ルクセンブルクのヴィジョンは資本主義の一般理論としてではなく帝国主義段階論として意義を持つ、との指摘を早くから行っています。

実際、第二次世界大戦後のマルクス主義的な世界経済論と農業経済学、開発経済学が、この立場の体現者であるといえます。それは乱暴にいえばこのようなヴィジョンです――

独占資本主義段階においては、経済のすべてが独占企業に支配されるわけではなく、独占資本が支配的なセクターと、そうではなく中小企業が支配的なセクターとに分かれる。すなわち、戦後日本経済論でいう「二重構造」であるが、これは**日本特有ではなく、独占資本主義段階には一般的な、普遍的な現象**なのである。前者においては不完全競争による過剰生産や不完全雇用が発生する一方で、後者は競争的市場の下にある。

ルクセンブルクのヴィジョンにおいては、資本主義セクターが周辺の非資本主義セクターをバッファとして、つまり余剰生産力のはけ口として、また失業者のプールとして利用するとされていたが、ここでは**独占資本セクターにとってのバッファとして、政府によるケインズ政策と並んで、周辺部の中小零細企業セクターが位置づけられる**のである。

またここでは、農村部もこのバッファとして位置づけられる。零細な家族経営が主体であるだけではなく、食糧を部分的に自給できて市場経済への依存度自体を低く抑えられる農家は、製造業・商業の中小零細経営以上に、バッファとして優秀である、というわけだ。こうして農村セクターは、ある種の論者には資本主義社会の外の共同体の論理によって支配される領域として描かれ、別の論者にはむしろ独占によって歪められていない本来的な自由市場経済として描かれてしまうわけである。

このように先進的中枢セクターが大企業・独占資本セクターとして描かれると、周辺部の描き方も少々入り組んできて、単なる「過去の遺物」「痕跡」「横倒しにされた世界史」では済まなくなります。ルクセンブルクにおいて登場していたモチーフ、「中枢の周辺への依存」がより手の込んだ形で再生されます。すなわち、「二重構造」における周辺の中小企業セクターや農村セクターは、単に「遅れた部分」「中枢に抑え込まれなければもっと発展していたかもしれないし、時間がたてば発展して中枢に同化して消えていく部分」として捉えられるのではなく、「**中枢のバッファとしてわざと低開発のまま残された部分**」というひねくれた捉え方をされるようになってくるのです。

むろんよりオーソドックスな立場——マルクス主義の内外を問わず——からは、このような解釈に対して、より素朴な、あるいはストレートな「二重構造」解釈、すなわち「横倒しにされた世界史」が世界経済の南北格差のスケールにおいてのみならず、国内レベル、一国の都市部、先進セクターと農村部、在来セクターの間にも見出される、という解釈が提示されます。ただこちらの場合にも、解釈の揺らぎはむしろマルクス主義において以上に残ります。

マルクス主義陣営内で「二重構造」論を展開した場合、在来セクターとしての農村や中小零細企業に対しては、前近代的共同体セクターと捉えられることも、また競争的自由市場セクターと捉えられることも、どちらもありえましたが、先進資本主義的セクター、大企業部門は独占資本主義、不完全競争の世界と捉えられざるをえません。それに対して非マルクス主義的論者による「二重構造」——開発経済学においては「二重経済」というコンセプトも提出されていました——の場合には、先進セクター自体についても、完全競争（に近い）市場か不完全競争市場か、という両方の可能性の解釈が生じます。

むろん、「二重構造」を有意味な概念として用いたいというのであれば、両セクターの間に何らかの質的、構造的違いを設定する方が話としては説得力があります。ただ「セクター間に市場経済としての構造的差異はないが、純然たる生産力レベル、発展段階の違いがある」という議論も不可能なわけではありません。しかしこのタイプの「二重構造」論において支配的なのは、「市場化された先進セクター」対「市場化が足りない在来セクター」という図式であり、またルクセンブルク的構図とは異なり、「前者による後者の搾取なしには前者の、そして資本主義全体の成長はありえない」という解釈はとられません。この場合にはオーソドックスな進歩史観が揺るがされないのです。

以上の議論をまとめるならば、ルクセンブルクによって導入された新たな構図、資本主義の共時的複合性という理解は、レーニン的発展段階論（資本主義の通時的複合性）までをも含めたオーソドックスな資本主義理解の総体に大胆な「否」を突きつけるものでしたが、肝心のところでその批判は空を切ることになりました。「資本主義市場経済の自己調整メカニズムは実はまともにはたらいてはいない→それゆえに資本主義はバッファとしての外部を必要とする」という議論は、ことに経済危機が頻発する時代であれば直観的な説得力を持ちますが、「危機」は非日常的な異例であるからこそ「危機」なのです。危機を「危機」として浮かび上がらせる**「常態」についての満足な理論がなければ、実は危機の理論もありえません。**その意味ではルクセンブルクの議論は不十分なものでした。

しかしながら一部の論者は、レーニン的な発展段階論の枠組みにルクセンブルクの論点を落とし込むことに成功しています。それによると帝国主義段階以降の資本主義は、バッファとして内なる外部を抱え込む複雑なシステムなのです。その複合性を端的に示すのが、**先進国と途上国との格差**であり、また先進国における農村をはじめとする在来セクターの残存である、というわけです。

段階を変化させるのは生産力（土台）か、政策思想（上部構造）か

さて、以上マルクス主義に対して、かなり辛口の在庫整理をしてみたわけですが、ダメ押し的にもう一つ論点を付け加えておきましょう。あえて刺激的な言い方をすると、それは「**二〇世紀以降のマルクス主義者が案外と単純な「陰謀論」に足をとられやすい性質を帯びている**」ということです。

政治的リーダーシップというものに対するマルクス主義者の態度は矛盾に満ちています。オーソドックスな立場においては、資本主義社会における国家は、仮に形式的には民主的であったとしても、その本質的機能が資本主義の維持にある限りは、資本主義社会の支配階級であるブルジョワジーの道具にすぎず、社会全体の公益に資するものとはいえない、とされていたわけですが、同時にそうした国家の機能は、古典派経済学の「小さな政府」論を踏襲するかのように、限定的に捉えられていました。そもそもマルクスは、国家が支配階級の道具であることは認めながらも、それが万能であることは否定していました。すなわち国家は資本主義社会を支える統治機構を維持してはいるが、資本主義そのものを作ったわけでもないしコントロールしているわけでもない、というわけです。資本主義それ自体は自己調整メカニズムを以て自律しており、国家はその作動条件を整えているだけ、というわけです。

こうしたオーソドックスな市場メカニズム観と国家観の組み合わせにおいては、政府による権力支配、行政管理については論じられていても、通常の意味での、つまり**公共的意思決定として**

の「政治」については論じられていない、とさえいえます。

それに対して二〇世紀のマルクス主義においては、資本主義認識が変化し、それに対応して国家や政治のありようについての捉え方が変わっていきます。まずは資本主義経済が、独占資本主義となり、市場の自己調整メカニズムが機能不全をきたし、国家による様々なレベルでの政策介入なしにはうまくいかなくなります。それでも国家、政府機構の基本的なありようそれ自体に対しては、ことに正統派においては「支配階級の道具」説が堅持されていましたが、二〇世紀後半の西洋マルクス主義においては、労働組合の成長と福祉国家の発展をも踏まえて、**「国家の相対的自律性」**論が登場してきます。つまりは普通の意味での「政治」を論じる余地がマルクス主義の枠内に認められるようになります。

まとめていえば二〇世紀マルクス主義においては、政治の能動的意義が肯定されるようになった一方で、市場経済の自律性への信頼は薄らいでいきました。そうなってくると、資本主義経済社会における歴史的な変化、構造転換についての理解が変化してくる可能性があります。つまりレーニン以来のオーソドキシーにおいては、資本主義の構造転換の基本的な要因は生産力、技術の発展にあり、それに対応して制度や政策レベルでの変化が要請される、という風に考えられてきたわけですが、二〇世紀後半においては、政府による介入が恒常化した国家独占資本主義＝福祉国家体制における変化は、しばしば政府による上からのコントロールによって、政策転換によって引き起こされるもの、と考えられるようになってきたのではないでしょうか。

ことに石油ショックからの世界不況、その下での**「福祉国家の危機」**から**「新自由主義」**的政

策体系の登場は、多くのマルクス主義者にとって、社会経済の実態レベルでの構造転換というよりは、むしろ「支配階級のレベルでの政策思想の転換」として捉えられていたのではないでしょうか。すなわち、国家の政策的介入の限界、無力性を指摘し、「小さな政府」への回帰を志向するいわゆる「市場原理主義」自体が、明確な政策体系として捉えられ、まさに**そのような主体的な政策転換によって、現実に世界資本主義は構造転換を遂げた**、というロジックが、そこでは展開されていたというべきではないでしょうか。しかしそれは果たして「唯物論」だったのか、という疑問が残ります。もしそのように考えてしまえば、唯物論がいうのとは逆に上部構造が土台を変えてしまったということになります。

「科学的社会主義」を標榜するマルクス主義には、一方で社会経済システムの法則性、それどころか長期的な人類史の法則性の必然性を強調する**客観主義的な側面**があり、その一方で革命によって、人間のコミットメントによって社会を変革するという極めて**主意主義的な側面**があり、両者の間で引き裂かれてきたという事情があります。この矛盾はことに二〇世紀後半においては、そこにある種の主意主義化という偏向をもたらしていたのではないでしょうか。

我々が「新自由主義」を資本主義の新たな発展段階とみなす立場に対して否定的であるのも、このような主意主義的な「陰謀論」臭さをそこにかぎ取らずにはいられないからです。

繰り返しますが、マルクス主義の枠組みにおいて「新自由主義」を資本主義の発展段階として語ることは、本来ならばできないはずなのです。そして実際、一九七〇年代頃までであれば、「新自由主義」を「段階」として論じない立場は十分可能でした。つまりそれは歴史の法則性を無視した単なる反動イデオロギー、一九世紀的な自由主義への回帰を目指す時代錯誤の政策思想、として切り捨てることができなくもなかったのです。しかしながら二〇世紀の資本主義を資本主義の末期段階、社会主義への過渡期とみなすことは、九〇年代以降にははっきりと不可能になりました。そして「反動」という批判は、歴史の必然的な客観法則が信じられていればこそ可能なものだったのです。そこに生じた**巨大な空白を埋めるもの**として、かつては単なる「反動」的幻想と嘲笑されていた「新自由主義」が、恐るべき敵として見えるようになってきた……こういう事情がそこには透けて見えるのではないでしょうか。

これまでのまとめ

- もともとのマルクスの唯物史観では、一九世紀末から二〇世紀にかけての現実の歴史的展開に十分に対応できなくなり、その結果、後世に独自にアップデートされた発展段階論が作られることとなった。
- レーニンらの帝国主義論は、西側諸国の社会民主主義・福祉国家を「国家独占資本主義」という枠組みで捉える道を開いた。
- ローザ・ルクセンブルクの理論は、グローバルな資本主義経済を農村部や植民地などの「外部（の恒常的な搾取）」に依存するシステムとして捉え、そうした外部なしには資本主義は長期的には持続不可能なものだと主張した。
- この「資本主義／外部」図式による搾取概念は、戦後日本における「大企業／中小企業」「都市部／農村部」の格差論（「二重構造」論）にも大きな影を落とし、また「先進国／途上国」の格差の固定化というグローバル資本主義理解にもつながっている。
- レーニンらが提唱した資本主義の発展段階論とルクセンブルクらが提唱したグローバル資本主義の搾取論の図式は、二〇世紀の社会科学に大きなインパクトをもたらし、今に至るまで人々の議論の地平を大きく規定している。

▼本来のマルクス主義的な観点からは、「新自由主義」というものを資本主義の発展段階の中に位置づけることは困難なはずだったが、資本主義の構造変化を生産力・技術の発展にではなく、政策イデオロギーの転換に求める主意主義を密輸入することによって、「新自由主義」という新たな「段階」が導入された。

すると、「新自由主義」とは、「社会主義への移行」という物語が失効した後の巨大な空白を埋めるべく見出された「恐るべき敵=妖怪」なのではないか――?

3 国家独占資本主義としての福祉国家の危機？

マルクス主義と「新自由主義」の福祉国家批判という共通性

のちに見るように決して一枚岩とはいいがたいのですが、二〇世紀的な資本主義を本来あるべき市場経済体制からの逸脱と批判し、一九世紀的な「小さな政府」への回帰を志向する点においてある程度共通する論者たちのことを、我々はとりあえず「新自由主義者」と呼んできました。長らく少数派の悲哀をかこってきたこの「新自由主義」の台頭は、これまで一九七〇年代における「社会民主主義」「福祉国家」の危機という物語とセットにして語られてきました。しかしながら、ここで強調しておきたいのは、マルクス主義においてもいわゆる「新自由主義[※5]」においても、第二次大戦後、高度成長下の福祉国家の発展に対しては共に悲観的なヴィジョンが共有されている、ということです。つまり、**マルクス主義においても、「新自由主義」においても、ケインズ主義的な福祉国家に対する否定的な診断が共通の議論の地平として存在している**わけです。

我々はこのことをどう考えればいいのでしょうか？

たとえば、マルクス主義者にとっては、もともと資本主義それ自体が不安定で、失業を避けることができず、独占資本主義化して停滞し、長期的には行き詰まらざるをえないものです。このような立場からすれば、**ケインズ主義的福祉国家なるものは、危機を先送りにする一時しのぎ**でしかありません。抜本的な危機の克服は、社会主義への移行によってしか可能ではない、というわけです。

それに対していわゆる「新自由主義者」にとっては、**福祉国家は社会主義、全体主義への滑りやすい坂の上にある**ものでしかなく、その発展は自由競争を歪め、経済を停滞させます。しかしながらその克服は社会主義への移行によって成し遂げられるわけではありません。社会主義の下では政治的自由が消滅するのはむろんのこと、経済もより一層停滞して奈落の底に落ちてしまいます。危機の克服は滑りやすい坂から降りること、本来の資本主義、自由市場経済に可能な限り復帰すること、となります。

マルクス主義の場合には、問題は資本主義そのものにあり、福祉国家はその問題への抜本的解決ではなく対症療法にすぎないものとして批判されます。それに対して「新自由主義」の枠組みにおいては、福祉国家こそが問題なのです。

このように根本的なレベルでは両者の間には大きなズレがありつつも、七〇年代の「福祉国家の危機」への診断においては、少なくともその表層においては重なるところも少なくありません。

※5　具体的にはオーストリア学派やシカゴ学派の経済学の影響を受けた論者のこと。同じく「新自由主義」と呼ばれても西ドイツのフライブルク学派などは相当ニュアンスが異なります。

いずれにせよケインズ主義的福祉国家（マルクス主義においてはより伝統的な言葉として「国家独占資本主義」があり、これは主として戦時動員体制と、平時においても継続する軍事経済を念頭に置いたものでしたが、七〇年代以降は両者が指す具体的な対象は一致するものと考えられるようになりました）による財政的な重荷と、市場に対する介入が経済を停滞させ、危機を引き起こした、というストーリーが描かれます。マルクス主義者の場合には、そこから階級闘争が激化し、資本主義への移行が起こる、という予想が引き出されますが、後知恵的に現実の歴史の展開を見るならば、どちらかというと、滑りやすい坂から降りて古典的な経済的自由主義へ回帰することで危機は回収されたという、いわゆる「新自由主義者」のストーリーの方がまだ説得力を持ちます。ただ問題は、**七〇年代における「福祉国家の危機」を右記のごときストーリーで理解して本当によいのか？**　ということです。

福祉国家の危機とは何なのか

それこそ今の時点から考えるならば、七〇年代の危機は、ケインズ主義的福祉国家の行き詰まりを予想したマルクス主義者の解釈するところとはもちろんずいぶん異なったものであったでしょうが、さりとてフリードリヒ・フォン・ハイエクやミルトン・フリードマンらの「新自由主義者」の診断がどこまで正しかったのか、というのも疑問なしとはしません。

七〇年代の「危機」というとどうしても七三年の石油ショックのことが思い浮かびますが、資本主義経済にとってはどちらかといえばまさに外発的なショックという色彩が強い事件だといえましょう。ローマクラブの報告書『成長の限界』とも相まって、経済成長、人口増加に対する環境制約という問題意識を世論に定着させ、政治課題にしたという意味で、石油ショックは世界史上に不可逆的なインパクトを与えた事件と呼んでいいとは思いますが、**それこそマルクス主義的な意味での「資本主義の危機」とはいいがたい**ものです。

その観点からすればむしろ注目すべきは、（次章の論点を先取りすれば）実はそれに先立ってのドルショック、ドルと金の交換の停止によって生じた、**固定相場制としてのブレトン＝ウッズ体制の解体**の方なのです。そしてその背景事情としては、ドル本位制としてのブレトン＝ウッズ体制下での高度成長の中で、実は先進諸国間の不均衡が広がりつつあったこと、とりわけ基軸通貨国アメリカの相対的な競争力が落ち、ドル高の重荷にアメリカの輸出産業が耐えられなくなっていったことが挙げられるでしょう。そしてそれ以上に、石油ショックのインパクトによって、まさにそれによって引き起こされた（もちろん無関係ではないとしても）ように見えたものの、実際にはもう少し長期的、こういってよければより基礎的な社会経済構造的な要因によって引き起こされた、経済成長率の鈍化、低下にも注意せねばなりません。

欧米先進諸国においてはその後、七〇年代の「危機」から回復して好況期に突入しても、六〇年代の高度成長期の頃ほどの成長率を経験することはなくなりました。成長率の低下はドルショックや石油ショックなどによる一過性のものではなかった、と考えるべきでしょう。その原因は多々考えられますが、その中でよく指摘され比較的間違いがないと思われるファクターは、一つには欧州と日本に共通する要因としての、第二次世界大戦による破壊の反動としての**復興需要（更にそれをファイナンスしたアメリカの援助）の効果の完全な消滅**であり、いまひとつは、特に日本の場合は明らかですが、**農村の労働力プールの消尽**でしょう。

西欧諸国の場合には日本に先立って既に農村の過剰人口は消尽していたケースが多いですが、旧西ドイツのトルコ人の場合のように、外国人労働者がある程度同じ役割を果たしていました。膨大な若年労働者の安定した供給は、価格競争力の源泉としての低賃金を支えますが、それが尽きてしまえば賃金の相場は上がり、利潤は低下して投資も減退します。上昇した賃金は企業にとっては重荷です。もっともマクロ的には賃金上昇、労働者の所得の増加は、旺盛な消費需要と、更には貯蓄に転化されるならば成長のエンジンともなりえますが。

更にもう一つマルクス主義的な観点から重視されるのは、**労働組合と労働者政党の勢力の拡大**です。まず二〇世紀前半においては、二度にわたる世界大戦は、戦争当事国では戦争遂行への労働者の協力を取り付けるため、また戦争当事国以外でも、第一次大戦時の日本の場合のように、戦争特需による労働需要の急増のため、労働者のバーゲニング・パワーが強まります。これにより、企業・職場レベルでの労働組合の承認と労使関係制度の成立、そして国政レベルでの労働組合・労働者政党の政治参加のチャンネルの確立がみられました。

そして労働組合と労働者政党の力は、企業・職場レベルでは雇用の保障と賃金上昇、国政レベルでは福祉国家体制の確立という形で、戦後高度成長の成果を労働者大衆にも還元していきました。しかし高度成長が終わり、低成長期に入ると、こうした**労働運動の成果それ自体が、高度成**

長を終わらせ生産性上昇率・成長率を低下させた原因に見えるようになってしまいます（まさに、いわゆる「新自由主義者」はそのように見ているわけです）。

実際、イギリスの労働組合の強い職場規制の力は、明らかに合理化のバリアーとなり、とりわけ国営企業では非効率な経営の最重要な原因となっていたでしょう。職場規制がさほど強くない場合でも、アメリカ自動車産業におけるＵＡＷ（全米自動車労働組合）のパターン・バーゲニング、あるいは日本の「春闘」などのように、成長の成果の反映のみならず、インフレーション、物価上昇のマイナス効果を打ち消すレベルでの賃上げをほとんど自動的に確保する賃金交渉の仕組みが高度成長期には確立しますが、これもまた低成長期には企業経営にとっての重荷として意識されるようになっていきます。

労働者の体制への統合の契機としては、世界大戦のみならず三〇年代の世界不況もまた重視されます。これはマルクス主義の立場からすると、資本主義経済の限界を端的に示す出来事であり、その最終的克服は社会主義への移行によって初めてなされうるわけですが、西側諸国においてはその道は実現されず、福祉国家のケインズ政策や社会保障制度によって労働者の生活を保障し、体制内化する、という中途半端な対症療法のみが行われる、とされました。

しかしながらこうした国家独占資本主義＝ケインズ主義的福祉国家（七〇年代から八〇年代頃に両者は同一視されるようになります）は、マルクス主義的な観点から見れば資本主義の本来的欠陥を克服せず、対症療法によって糊塗したものにすぎません。企業・職場レベルでの労働組合の公認と労使関係制度（産業民主主義）は職場規律の弛緩と、それ以上に賃金の硬直化、インフレ圧力によって、独占資本主義の問題をより深刻化させるものにほかなりませんし、それに加えて福祉国家の「大きな政府」は租税負担を増大させて民間経済を疲弊させます。ドルショック、石油ショックという外的ショックは、この潜在的な傾向、資本主義の構造的な欠陥の発露を速めただけである、ということになります。

そして面白いことにいわゆる**「新自由主義者」の多くも、以上のマルクス主義的な理解と事実認識の上で重なり合うところが多い**のです。ケインズ政策の評価でさえも、です。マルクス主義者の多くは、口先ではケインズを「マルクスほど根元的なレベルにおいてではないが、資本主義の欠陥を見抜いた優れた経済学者」と高く評価しますが、実際にはケインズの洞察の核心を理解してはいないか、あるいは理解した上で拒絶しています。では、マルクス主義からも、いわゆる「新自由主義」からも見逃されているケインズ主義の核心とは何なのでしょうか？　今度は、マルクス主義に内在することをやめ、また「マルクス主義 対 反マルクス主義」の構図からも距離をとって、ケインズ主義の方に焦点を移したいと思います。

これまでのまとめ

▼マルクス主義者においても「新自由主義者」においても、ケインズ主義的福祉国家による財政的負荷と、市場介入が経済を停滞させ、一九七〇年代の危機を引き起こした、というストーリーが共有されている。

▼しかし、そこで描かれるケインズ主義的福祉国家像は、現在の視点から見なおしたときに、本当に正しいものだったのか疑問の余地が大きい。

――それでは、ケインズ主義の本来の核心とは何だったのか？

第2章

ケインズ復興から見える もう一つの経済史

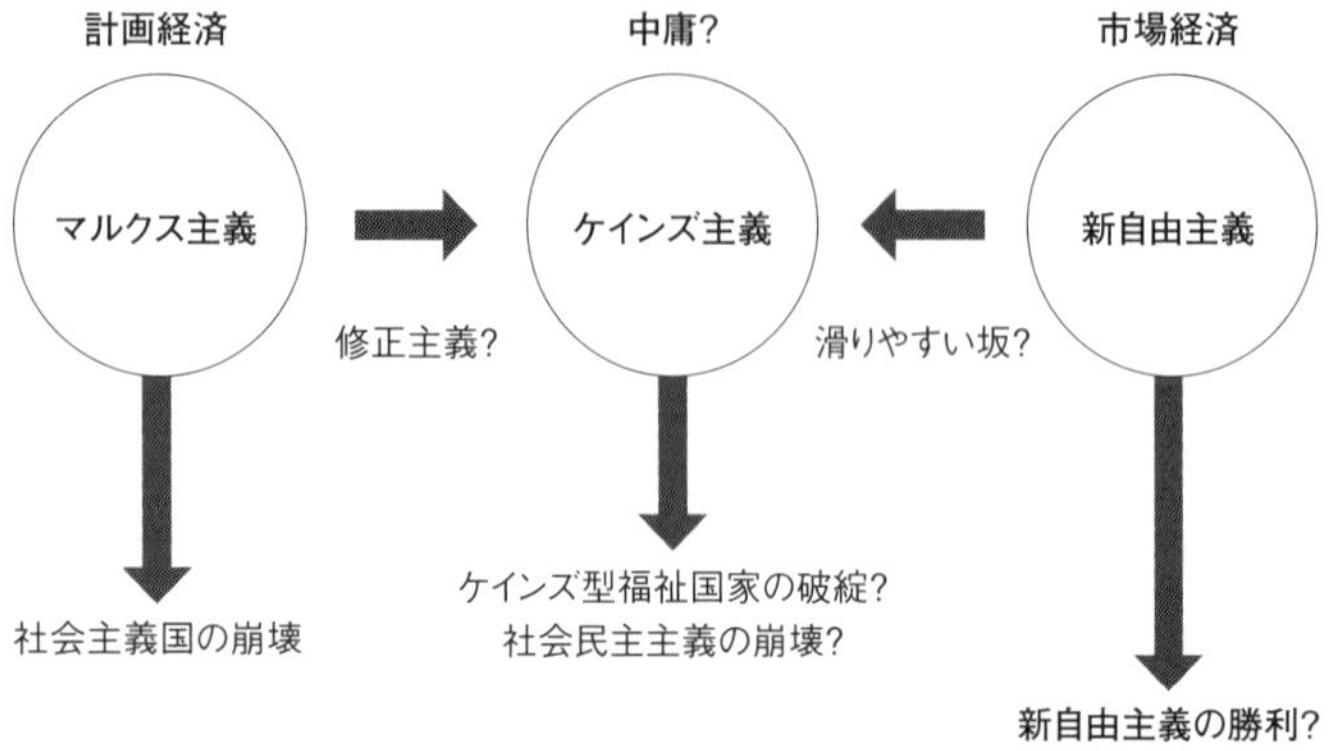

「新自由主義的な自由放任が格差を拡大させる」などといわれるとき、それと対比されるものに、政府による市場介入を行うケインズ主義のイメージがあります。このようなケインズ主義の態度は、「市場と計画」の中庸をいくものとして、かつては西側の社会民主主義を支えてきたともいわれています。

一般に「新自由主義」は、70年代の経済危機によってケインズ主義的な福祉国家が破綻したところから始まるといわれますが、果たしてそこでいわれるケインズ主義とは何だったのでしょうか?

ここからしばらくは、近年新しく再解釈されたケインズ主義の核心について見ていくことで、「ケインズ主義的福祉国家の破綻」というストーリーは本当に正しかったのか。そのことによって見えなくされたものは何かについて考えていきたいと思います。

1 ケインズ主義とは何か

新しいケインズ経済学の復興

マルクス主義の枠組みの中ではケインズは一見概して高い評価——非マルクス主義者であるにもかかわらず、資本主義の限界を鋭く見抜いていた——を受けていますが、本当のところはどうだったのでしょうか？

ジョン・メイナード・ケインズという人の全貌は、いまだ十分に明らかにはなっていません。というより、時代ごとに新たな相貌を見せ、あるとき忘れ去られたと思ったらまた思わぬときに復活していた、ということを繰り返すというのはただ事ではない。そういう思想家はまれにいますが、ほんのこの一〇〇年ほどでこれほどの振幅を見せる例はそうはないでしょう。彼は同時代の固有の問題に懸命に取り組んでいたはずが、その問題があまりに根深いものであったため、他の時代にもまた何度もアクチュアルな問題として浮上し、そのたびに何度も新たな角度から読み返されるのです。もちろんそうした読みなおしに際しては、それとは別にケインズ自身の時代についての、その間蓄積されてきた歴史学的知見による修正もかけられますから、どんどん複雑で陰影に富んできます。

まずは最近の著作（野口旭『世界は危機を克服する　ケインズ主義2・0』東洋経済新報社、ピーター・テミン&デイヴィッド・ヴァインズ『リーダーなき経済』日本経済新聞出版社、同『学び直しケインズ経済学』一灯舎、等）を参考にしながら、**ケインズの現在形**についてお話ししましょう。

一昔前の教科書的なイメージではケインズ経済学とは、主流派の新古典派の経済学に対して「市場の調整能力はそれほど完全ではない」と指摘し、「市場の不完全性の結果として需要と供給の不均衡、とりわけ需要不足による不況、失業が起きてしまうため、それへの政府の介入による政策的対応の必要性を訴える立場だ」というあたりに落ち着きます。それに対して七〇年代以降、それこそいわゆる「新自由主義」から**「ケインズ政策、政府介入による不況対策はインフレーションと財政赤字という重大な副作用を生む」との批判**が盛んになり、ケインズ経済学の影響力が減じてしまった、ということになります。もう少し突っ込むと、ケインズ経済学による「市場が不完全である――実際には価格はそれほどスムーズに変化して取引を調整しないし、取引に関する情報もなかなか伝わらない」という主張も、それほど十分な根拠があったわけではない、という批判も強くなりました。ケインズ経済学への支持の根拠はしっかりした理論より、「市場がそんなにうまくはたらくわけがない」という感覚に由来するものが多かった――こんな雰囲気が八〇年代以降の初級・中級の経済学教科書、あるいは一般向け経済書やビジネス書の世界にはありました。

ところがみなさんもご存じの通り、そのような雰囲気は二〇〇八年頃、つまりはリーマン・ショックの頃から急速に変わってきて、今や「**ケインズ復興**」とでも呼びたくなるような状況です。しかしながら、それはかつてのケインズ像の単なる回帰、そしてここ三〇年ほどのケインズ批判がひっくり返された、ということを必ずしも意味しないのが面白いところです。今現在盛んに議論されている「ケインズ経済学」は、一面ではここ三〇年ほどの「新自由主義」からの古いケインズ批判を踏まえたものであると同時に、ケインズ自身の時代、前世紀の二つの世界大戦と大恐慌の時代についての歴史認識の深まりを反映したものでもあるのです。

ケインズ政策と管理通貨体制

第一に、新しいケインズ像においては、「市場の不完全性」論よりも、経済における**貨幣の重要性**が強調されます。「市場がどの程度完全かあるいは不完全か」というような議論よりも、「どのようなときに市場はスムーズに取引を調整し、どのようなときに不調となるのか」の方が重要なポイントとなり、その際に「経済の中に十分な流動性、つまりは貨幣が供給されているかどうか」が肝心なのだ、というのがケインズの有名な『雇用、利子および貨幣の一般理論』の眼目だ、と論じるのがノーベル経済学賞をとったポール・クルーグマンで、彼が『一般理論』の新版に寄せた序文は、日本語版では講談社学術文庫（山形浩生訳）に収録されています。

第二に、ケインズにおいてはこの経済における**貨幣の問題が、国際経済体制と不可分の問題と**

して論じられている、というのが、新しいケインズ像のいま一つのポイントです。いわゆるケインズ政策はその一環として、管理通貨政策、つまり一国の経済の中で使われる通貨が、その国の政府によって最終的にはコントロールされる発券銀行＝中央銀行の発行する銀行券であるような体制の確立を必須とします。これを歴史的な文脈の中において見ると、**管理通貨体制**の確立が巨大な変革であり、それ以前の貨幣システムはそういうものではなかった、ということです。では問題の「それ以前の貨幣システム」とは何か？　これがいわゆる**金本位制**です。

　金本位制とはまず一国レベルで見るならば、国内で用いられる通貨がさしあたり中央銀行の発行する銀行券だとしても、その銀行券の価値が貴金属、具体的には金《きん》で裏打ちされている――問題の銀行券がある法的に決まったレートで自由に金と交換可能である――という仕組みです。しかしこれだけでは事の一面にすぎません。問題はその国際的側面です。このように、一国レベルで金本位制をとる国々が集まって国際的な取引を行う際には、実質的には金が共通の国際通貨として機能します。実際には各国は外国為替市場で、自国通貨と他国通貨を必要に応じて取引しているのですが、それぞれの国の通貨がそれぞれのレートで金にリンクしている限り、この外国為替市場における取引は、短期的に、かつ一定の範囲内でしか変動せず、長期的には金本位制をとる国々の間の為替レート、各国の通貨間の交換比率は、各国の通貨の金との交換レートに収斂していくのです。

　ですから金本位制とは、国際経済の観点からいうと各国間の通貨の交換レートが変わらない**固定相場制**であり、他方で国内経済の面では、その国の**国内にある金の量に国内の貨幣供給量が制**

通貨体制の違いによる特性

通貨体制	国内面	国際面
金本位制	貨幣供給量が保有している金の量に制約される	固定相場制
管理通貨制	貨幣供給量の柔軟な変化が可能（物価の操作が可能）	変動相場制

約される仕組みでもあります。つまるところ国内の物価が固定的に安定し、かつ国際的にも為替レートが安定する仕組みです。それに対して管理通貨体制の場合には事情がかなり変化します。つまり、やろうと思えば管理通貨制のもとでは、**国内の貨幣供給量を変化させ、物価も操作することができますし、同時に為替レートを変化させることもできます**（相手がいることですから一方的にとはいきませんが）。

ケインズ政策の一方の柱――というより、第一の柱（この問題にはいずれまた触れます）であるところの管理通貨制は、実は最初から国際経済のコンテクストの中において見ないと、その意味がよくわからないものなのです。更にいうと、これはケインズ自身の生涯、彼が苦闘した歴史的現実の展開に即してみてもいえることなのです。ケインズが論客として、経済学者として名を馳せたのは『一般理論』からではありません。むしろ第一次世界大戦の戦後処理を論じ、ドイツに対する過大な戦後賠償を厳しく批判した『平和の経済的帰結』からといってよいでしょう。のちにケインズ批判の急先鋒として、「新自由主義」の代表者として名を馳せることになるオーストリア人フリードリヒ・フォン・ハイエクも、この本を読んで深い感銘を受け、熱烈なケインズのファンとなったのです。

ケインズの仕事を、一九二九年の世界恐慌に引き続いた大不況とその克服という観点からのみ見てはいけません。のちに「ケインズ政策」と呼ばれるような機動的政策に各国がなかなか移れなかったのは、実は「**金本位幻想**」ともいうべき国際経済秩序観から、各国の政策担当者がなかなか脱却できなかったからです。第一次大戦という緊急時において、戦争財政を組んだ各国は、機動的な財政金融政策をとるために金本位制をやめていましたが、あくまでそれは一時的な措置としてのみ想定されていて、平時に戻れば復帰する予定でした。そして実際に日本を含めて少なからぬ国が、主として通貨の国際価値を安定させる目的で、金本位制ないし修正金本位制に復帰していったのです。そして三〇年代、**世界不況から比較的早めに脱出した国は、金本位制に早めに見切りをつけた国である**、とのちの研究ではいわれています。つまり金本位制とは、世界不況そのものの原因ではなくとも、それへの対応を遅れさせ、不況を長引かせた原因ではある、というのです。

むしろ近年の研究は、世界恐慌、そしてそのきっかけとなったアメリカ株式市場の大暴落そのものよりも、その後の政策的対応、更にその背後にある制度や思想の枠組みそのものをこそ、長期不況の原因とみなす傾向さえあるようです。より正確にいうならば、バブル崩壊としての株式や土地の暴落、恐慌というのはある種突発事故として、多分に偶然に起きるときは起きる。問題は、それのダメージがどの程度長引くか、回復はどれくらい早いか、であって、そのあたりは事後的な対策、各国による政策対応が問題となる、というわけです。そう考えるならば**世界大不況の「原因」は株式市場の崩落それ自体ではなく、むしろその後の政策対応の方だ、**ということになりかねません。

我々にとってはハイエクと並んでまさに「新自由主義」の権化、反ケインズ主義の急先鋒として記憶されるミルトン・フリードマンの大恐慌研究はそのように読めます。フリードマンらによれば、大恐慌直後のアメリカの金融政策が後手に回り、貨幣供給が不十分だったことが、その後の長期不況の根本因だ、ということになります（フリードマン&アンナ・シュウォーツ『大収縮1929−1933「米国金融史」第7章』日経BPクラシックス）。しかしながらフリードマン的見解を批判する、親ケインズ派の経済史家として知られるピーター・テミンの所説も、実は政策重視の議論なのです。つまりフリードマンがアメリカの金融当局、FRB（連邦準備制度理事会）の対応に注目するのに対して、もっと視野を広くとり、個々の政策よりもそれを統合する政策思想、現代的な言葉でいうと「レジーム（regime）」に注目しよう、というものです。※1

そのような観点からケインズを見なおすと、そこには思想と時代が切り結ぶ非常にダイナミックなありようが見えてきます。

「マクロ経済」の発見者としてのケインズ

強調したような新しいケインズ像、つまりはのちに「**マクロ経済**」と呼ばれる次元の発見者で

※1　このテミン的な視角を日本に適用した仕事として、安達誠司『脱デフレの歴史分析』（藤原書店）がある。

あるのみならず、それを最初から国際的なコンテクストのもとで捉えていた経済学者としてのケインズには、その姿をそこに集約的に示す「代表作」はありません。ケインズといえば『一般理論』を誰もがろくに読んでいなくとも思い浮かべるのが通例ですが、そこでは貨幣というものの経済にとっての抜き差しならなさは論じられていても、複数の貨幣が併存する国際経済の問題はあまり論じられていません。国際経済の問題が焦点化されるのは初期の『平和の経済的帰結』『条約の改正』といった時論的な書物であり、また特に第二次大戦後のブレトン＝ウッズ体制絡みの論考は会議の議事録、講演記録といった形で散在していて、その多くは全集に収録されて読めるとはいえ、まとまっていません。そうした「国際経済の理論家ケインズ」の姿は、後世の研究者によって今まさに再構成作業が進んでいるさなかで、先ほどご紹介したテミンらの作業などはその一例です。

わけてもテミンとヴァインズのコンビの本などはなかなか勉強になるのですが、ここではその入門も兼ねて、かつ「それでもやっぱりケインズの全貌を直観的に知った気になりたい」という方のために、ケインズ自身のある著作を手掛かりに、簡単なスケッチをしてみましょう。

ここで取り上げたいのは『貨幣改革論』という小さな書物です。この本は『一般理論』の新訳を無料公開している山形浩生が、やはり翻訳し、WEBで無料で公開してくれている（彼は『平和の経済的帰結』も翻訳してくれています）ので、アクセスは容易です。[※2] この本はケインズの理論的主著とされる『一般理論』やそれに先行する大著『貨幣論』とは違って、『平和の経済的帰結』などに近い、パンフレット的な小著で、ケインズ自身の気持ちとしても、まとまった理論書というよりは時論として書いたのではないか、と思われます。時期的にも一九二三年刊行ですから、理論的に見て『一般理論』以前、歴史的に見ても世界恐慌、大不況以前の書き物、ということで、ともすれば軽視されがちです。

しかしケインズのように実務のただなかでも苦闘した人物の書き物であれば、それ自体歴史の証言としての価値を持つのはもちろん、それ以上の、今現在にもほとんどそのまま通じる普遍性をも本書は内包しています。そもそも本書は「世界恐慌以前」ではあっても当然のことながら「第一次世界大戦後」の仕事なのです。つまり世界恐慌・大不況を悪化させた当時の国際経済体制、経済政策の枠組みの、批判的点検作業が既にそこでは本格的に開始されていたのです。そう考えるならば本書は、普通の読者がケインズの全貌をイメージするためには、『一般理論』よりもよいとっかかりとなってくれるといえます。それに何しろ『一般理論』よりも簡潔で読みやすい。

ということで、まずはこの『貨幣改革論』を手掛かりに、ケインズが発見したとされる「マクロ経済」とは何か、について簡単な見取り図を作っていくことにしましょう。

「マクロ経済」とは何か

そもそも「マクロ経済」とは何か、というのは非常に難しい、というかわかりにくい問題です。

※2　印刷された書籍も、『一般理論』と同様、講談社学術文庫から『お金の改革論』というタイトルで出ています。

「全体」が「マクロ」で「部分」「局所」「個別主体」が「ミクロ」、というわけでは全くありません。たくさんの経済主体、人々や企業が集まり、かかわり合って作り上げる経済社会のネットワークの全体像を描く「一般均衡理論」はれっきとした「ミクロ経済学」の教科書で解説されています。もちろん「マクロ経済学」の主題もある意味経済の「全体」なのであって、ミクロ経済学とマクロ経済学の違いは視点の違い、考え方の違い、といえなくもないのですが、ちょっと気の利いた教科書を読んだりすると最近では（正確には少なくともここ三〇年以上）「マクロ経済学のミクロ的基礎」なんていう話があったりしてわけがわかりません。

じゃあマクロ経済学の元祖とされるケインズの、それも代表作の『一般理論』を読めばいいかというと、まあはっきりいってお勧めしません。むしろそこでは後年の「ミクロ的基礎」の先取りに近いようなややこしい話がてんこ盛りで、かえって道に迷います。それくらいなら実はむしろ、少なくとも素人にとっては『貨幣改革論』の方が「マクロ経済学へのケインズ自身による入門」として使い勝手がよいのではないか。これが私の意見ですが、こういう考え方は別に珍しいものでもないらしいことは、山形による『お金の改革論』訳者解説でも紹介されています。『貨幣改革論』第一章はこんな風に始まっています――

お金が重要なのは、それで買えるもののためでしかない。だから金銭単位の変動は、すべてに均等に働いてあらゆる取引に等しく作用するので、何の影響も持たない。もし確立した価値基準の変動により、ある人がすべての権利や努力に対する支払いとして二倍の金額を得るようになり、あらゆる買い物や満足を得るために二倍の金額を支払うようになったとすれば、その人はまったく何の影響も受けていないことになる。

だからお金の価値変動、つまりは物価の水準変動が社会にとって重要となるのは、その影響が不均等な場合だけだということになる。こうした変化は、昔も今も、実に多大な社会的影響をもたらしている。

（山形浩生『お金の改革論』講談社学術文庫、一〇頁）

とりあえず経済学の基礎的なところを学ぶと、「価格というのはモノとモノ、商品と商品との交換比率であるから、相対的なものだ」と教わります。そうすると日々新聞をにぎわしている「物価」って何なんだろう、という素朴な疑問が浮上しますが、それに対してケインズはとりあえず「**物価とは「お金の価値」（の逆数）**」であるという答えをここで提示してくれています。それでもまだ「全体としての物価が変わっても、その中でモノとモノとの相対価格が変わらなかったら、人々の経済活動に影響を与えないんじゃないの？」という疑問を素人は抱いてしまいそうですが、ケインズはそれに対する回答を試みています。ではそのポイントである「**物価の水準変動が社会に対して及ぼす不均等な影響**」とはどのようなものでしょうか？

ケインズは、この「物価の水準変動が社会に対して及ぼす不均等な影響」に注目して、古典派経済学以来の資本家（および地主）と労働者階級という二大階級の構図に替えて、利子（地代）生活者・実業家・労働者階級という三大階級の構図を提示します（実態においては前二者は同一人物であることも多いのは承知の上で）。古典派的構図では、財産のある資本家は投資の主体で、無産者たる労働者はそうではない、という風に分けられたのですが、この系図的構図では資本家が更に二つのタイプ――というより**二つの機能**に分けて捉えられます。つまり、人に資本や土地を貸して不労所得を得る利子生活者としての側面と、資本や土地を借りてビジネスを営む実業家としての側面とに分けるのです。そして大雑把にいえば、**インフレーション**、物価上昇は債務、借金の実質的な価値を減価させてしまうため、貸し手にとって――ということは利子生活者にとって不利で、借り手にとって――つまりは実業家にとって有利であり、**デフレーション**、物価の低下の場合には逆である、と論じます。

土地建物の場合には、物価変動その他の理由で賃貸料が変動することもままありますが、まとまった資金、お金の貸し借りの場合には、あくまで貨幣ベースでその総額が決められ、物価が変動したからといってそれに合わせて額面が変動するようなことは普通ありません(「物価変動国債」といった例外もありますが)。もちろん物価が上がって債権の価値が下がれば貸し手は損をしますが、そういう損はいちいち債権の評価額を調整しなおすより、利子の方で調整する方が楽です。ですから、お金の貸し借りにおいては通常、借金の元本自体の総額は変わりません。ですから、他の商品、普通のモノの取引においてとは異なり、お金の貸し借りにおいては、物価の水準変動が影響を与えてしまうのです。

ケインズはここで貸し手と借り手を別々の階級であるかのようにイメージしていますが、もちろん同一の主体の中に存在する、相反する二つの面、という風に考えることもできます。もう少し踏み込むと、同じ主体の別々の時間における側面、という風に。一番雑駁に考えれば、使い道のないお金が手元にあって、それを誰かに貸し付けて利息をとりたい状況と、他人からお金を借りてでも買いたいものがある状況との違いです。個人が若いうちにお金をためて、齢をとってからそれを取り崩して暮らす、というイメージを出発点にすればわかりやすいでしょう。

ここで注意しなければならないのは、物価の水準変動ということは、お金の価値の変化を意味しますが、お金がお金ではなくなること――貨幣制度が変質したり崩壊したりすることを意味するわけではない、ということです。ただ単に量的なレベルでお金の価値が上がったり下がったりしても、そのことで人によって有利不利が生じ、社会的な混乱が多少は起きたりしたとしても「金なんて持っていても意味ない！」と人々がお金を使う――お金で買い物をしたり、お金をためたりする――ことをやめてしまうところまではなかなかいかない、ということです。いわゆるハイパーインフレーション、一日のうちに物価が何倍にもなってしまうような状況までいっても、なかなかそうはならないことを、我々は歴史から学んでいます。物価水準は、つまりはお金の価値は変動してしまうものであるにもかかわらず、我々はお金を使い続けている。ここが「マクロ経済」というものを理解するときの鍵です。

非常にザックリいうならば、貨幣、お金というものがあろうがなかろうが、そこに生産し、取引し、消費する人々がいる限り、全体としての経済というものは存在しますが、「マクロ経済」というものは必ずしも存在しません。**お金、貨幣というものが存在することによって初めて、単に外側からの観察者が勝手にそう名づけるのではない、当事者にとっての現実としての「マクロ経済」現象が発生します。**一つひとつの具体的なものの値段からは区別されるものとしての「物価」はその最たるものです。

しつこいようですが「物価」とはお金の価値、購買力の逆数です。ということは以下のように考えることができます。すなわち、

(1)貨幣、お金がない限り、経済全体もまた実物ベースで、様々なものやサービス、人々の多様な労働の複雑な総体としてつかまえるほかはないが、貨幣というものがあれば、それらにはすべて値段、価格がついてお金で評価し取引することができるはずだから、経済全体を貨幣で測った一つの数字に単純化してつかむことができる。このようにして把握された経済全体が「マクロ経済」である。それはただ単に外から経済を観察する学者や為政者にとってのみならず、経済の当事者としてお金を使うすべての人々にとってのことである。たとえ物価統計が公表されていない世界でも、お金の購買力の上下として人々はそれを実感することができる。

そうやって人々は、**お金という鏡を通じて「マクロ経済」を観察、体験する**ことができます。しかしそれだけではありません。**お金を使うことによって、「マクロ経済」に参加、介入することもできる**のです。どういうことかといえば、

(2)貨幣制度が崩壊せずに存続する限りにおいて、長い時間の流れの中でお金を使う、具体的に

は一度に使わずに貯蓄しておいたり、長期的にまとまった資金を貸し借りしたりすることは、特定の個別的なもの、サービスの取引を超えて、いわばある時点の経済全体と、別の時点での経済全体との間を比較し、取引するようなものである。たとえば、同じ一万円を今使わずに一年後に使うことは、今現在の一万円で買えるものの総体——現在の「マクロ経済」の極小部分と、一年後の一万円分の「マクロ経済」とを交換するようなものである（もちろんその両者の間にはズレがあり、そのズレを調整するために物価が変動したり、利子がついたりするのだが）。

さて、こうやってやや踏み込んだ読み込みをしましたが、こうやってケインズは既に『貨幣改革論』で実質的に「ミクロ経済」とは区別されるものとしての「マクロ経済」を論じることに踏み込んでいる、と解釈できます。つまり**インフレとデフレ、物価水準の変動＝お金の価値の変動が、人々の経済活動に対して、特に動学的、長期的なレベルで影響を与え、成長や停滞を引き起こす**、ということを指摘し、それに対して実際の貨幣制度——金本位制度——がどのような制約を加えるのかを論じているのです。そこではまだ『一般理論』におけるような、失業、不況についての突っ込んだ分析はありません。つまり過渡的な現象ではなく、安定したある種の「均衡」としての失業、不況の可能性についてはまだ触れられていません。しかしながら過渡的な現象としての不況、失業については論じられていますし、何よりそこには国際経済、国際通貨体制への論及があります。その意味でも『貨幣改革論』は今でもなお、というより今でこそ読み返される価値があるのです。

国際通貨制度としての金本位制

ケインズといえば『一般理論』と反射的に考えるのはとりあえずやめにして、固有の対象としての「マクロ経済」の発見者として彼のことを考えるならば、『貨幣改革論』あたりから入る方がわかりやすい、というのがここまでのポイントです。貨幣というものがあることによって、それによる取引が活発に行われ、強く結び付いた経済社会の総体が、ただ単に外側の観察者の目にとってだけではなく、そのただなかで貨幣を使って取引し、日々生きている人々にとっての現実として（明確に意識はされないとしても）体験される、それが「景気」とか「物価」とかいった言葉でつかまれているところのマクロ経済現象であるわけです。

そして『一般理論』よりも『貨幣改革論』からの方がよく見えてくるのは、世界経済は一つの貨幣によって単一のシステムとして結び付いているのではなく、それぞれ別々の貨幣を用いる、複数の相対的に自立した経済圏からなっている、ということです。いや、こういう言い方は誤解を招くかもしれません。現代においては「**世界経済はそれぞれ別々の貨幣を用いる、複数の相対的に自立した経済圏からなっている**」という記述はしっくりきますが、ケインズが『貨幣改革論』を書いた時代はそうではありませんでした。ではどういう時代だったかといえば、「世界経済は本来、一つの貨幣によって単一のシステムとして結び付いているべきなのに、世界大戦以来そのあるべき姿から離れてなかなか原状復帰しない」という感じだったわけです。ここでの「一つの貨幣」とは単純にいうと金《きん》（gold）です。

歴史的には貨幣、お金というものは時と場合によっていろいろな来歴を持ち、いろいろな形を持ちます。金や銀といった、加工しやすく変質しにくい貴金属は広く貨幣として用いられますが、希少であるため日常的な取引には向かず、変質しやすいが豊富な銅などがより日常的な取引のための貨幣として用いられてきたわけです。やがて紙幣という仕組みが普及します。扱いにくい代物である金や銀などの貴金属貨幣を人々から預かり、その預かった資金を元手に金貸しを行う業者、つまりは銀行が人にお金を貸すときに、いちいち金銀を貸し出すのではなく、それと等価であることを銀行が保証する証券を発行する、というのが銀行券、紙幣の普通のパターンです。

発展途上の銀行と紙幣は、むろんそれぞれの銀行の業者としての信用によってその価値を担保していましたが、しかし最終的には代用貨幣であるところの紙幣の背後には、本物の貨幣としての金や銀が長らく控えていました。銀行が発展していく中で、銀行同士の取引も発展し、その中から「銀行の銀行」、銀行に対して資金を融通してその経営を、ひいては一つひとつの銀行ではなく、たくさんの銀行からなる金融システム全体を支える中央銀行というものが発展し、私企業というよりは国家の官僚機構になります。そしてこの中央銀行が確立した国では、もともとそれぞれの銀行が独自に発行していた紙幣が一つに——中央銀行が発行するものに統一されていきます。

それでもなお、この中央銀行券の最終的な価値は、中央銀行の、ひいては国家の信用に依存している……のではなく、最終的にはやっぱりそれが貴金属の代用品であること――それを持っていけば決められたレートで金や銀に替えてもらえること――にこそあったわけです。どうしてでしょうか？　理由の一つは、そうしておけば、別々の国が（中央銀行制度が確立していない国にいけば、更に別々の銀行の）発行した貨幣同士が、貴金属を媒介として簡単に交換できるからでしょう。つまり金本位制（貴金属本位制）という仕組みは、一国レベルでの貨幣制度としてのみならず、国際通貨制度、国際金融体制としても見なければならない、というわけです。そしてケインズの『貨幣改革論』はこの**国際通貨制度、国際金融体制としての金本位制への批判**でもあったのです。

かつてのケインズ主義の不均衡分析の論点

少し話が長くなりましたが、要するにここまでの作業の目標は、かつての――具体的には筆者自身が八〇年代頃に大学学部レベルでの教育や読書から身につけたケインズ主義イメージと、今日の状況と歴史研究の水準を踏まえた新しいケインズ像とそこからのケインズ主義イメージとを対比してみよう、というものです。

古いケインズ主義のイメージですと、ケインズ的世界観の中核にはまずは失業、有効需要不足が来ますが、問題はこの**失業、有効需要不足の原因**です。八〇年代には理論経済学においてもある程度「不均衡分析」というものが流行りました[※3]。要するに現実の市場経済は教科書で描かれる理想的な完全競争、完全情報の世界ではない。理想的なモデルでは、人々が取引相手を見つけて、交渉し、適切な価格で取引を実行するにあたっての費用——労力だの時間だの一切合切含めて——は無視されるが、現実にはそこに相応の費用（ベタですが**「取引費用（transaction cost）」**と呼びます）がかかる。問題はその費用を無視しても構わないと考えるか、それともそうは考えないか、です。

取引されるモノ・サービスの生産にかかる費用に比べれば取引費用が無視してもよいほど小さい場合とか、あるいは延々時間をかけた果てに安定した取引パターンに落ち着き、その後はそれが慣習的に繰り返されると思われる場合などについては、取引費用を無視しても分析が歪むことはないでしょう。しかしそうではない場合、取引費用がひどくかさむ場合にはどうでしょうか？たとえば、その都度その都度市場を広く探索して、一番有利な取引相手を探す、などという手間を省いて、身近な顔見知りと長いお付き合いをした方が、多少取引価格が高くなっても割に合う、ということが起きるでしょう。

このようないわゆる**「セカンド・ベスト」の均衡**と、取引費用がゼロの場合の、理想的な**「ファースト・ベスト」の均衡**とを比べてみますと、ファースト・ベストでの取引価格よりセカンド・ベストでの取引価格が上回っています。するとどうなるかというと、ファースト・ベスト

※3　名のみ高い岩井克人『不均衡動学の理論』（岩波書店）もこの潮流に乗って現れたものですが、「不均衡分析」全体の中ではどちらかというと傍流、いや異端に属する発想です。私自身は大変に啓発的で有意義だとは思いますが、それについては後で触れます。

での場合に比べて、売り手が増え、供給が多くなるのに対して、買い手は減り、供給は少なくなります。つまり**供給過剰、需要不足で、売れ残りが発生してしまいます**。もしも取引費用がゼロならば、これらの売れ残りはスムーズに在庫処分される――売り手が価格を下げて放出し、それに買い手がつく、という形でファースト・ベストに近い方向で均衡していくわけですが、取引相手を探したり、いちいち新しい価格づけを行ってそれを市場に向けてアナウンスしたりするのに費用があまりにかかってしまうようであれば、売れ残りを抱えたまま、売り手はそれ以上の取引努力をやめてしまいます。

交通・通信や情報処理技術が発達すれば当然取引費用は下がります。そうなると普通の商品の取引については「取引費用ゼロ」のモデルを用いて分析しても大過はなくなります。しかし、資本やとりわけ労働の取引についてはそうはならないだろう、という判断に基づけば、価格があまりスムーズに変動せず、労働の売れ残り――つまりは失業が普通に発生してしまうような状況が「セカンド・ベスト」の均衡として成り立ってしまいます。資本主義経済の現実、とりわけ不況下のそれを理解するには、こちらの想定の方がよいのではないか――一九七〇年代から八〇年代頃に流行した「不均衡分析」（それは「マクロ経済学（ないしケインズ経済学）のミクロ的基礎」という合い言葉とともにありました）の発想は、そういうものでした。特に労働市場が重視され、「**不完全雇用均衡**」といった言葉が用いられました。価格、労働市場の場合には賃金があまりスムーズに動かず、需要と供給の間をうまく調整してくれない。それ以外にも労働にはいろいろと固有の事情があって、特に賃金は生存を支えるものだから、上がりやすく下がりにくい（「**賃金**

の下方硬直性」といいます）。それゆえに賃金は特に不況期には「ファースト・ベスト」の均衡価格よりも高めとなり、労働の超過供給、需要不足――つまりは失業がなかなか解消されなくなる、とこのようなストーリーで失業が理解されます。

このイメージに立脚していわゆる「ケインズ的」なマクロ経済政策を行うとは、どういうことでしょうか？　たとえばケインズ自身も『一般理論』などで、失業、有効需要不足の原因を賃金の下方硬直性に求めるような方向の議論も展開していないではなく、その文脈で金融緩和によるインフレ誘導を**「下がりにくい賃金を実質的に切り下げるために物価を上げる」方便**として解説していました。こう考えるならばそれは「市場のはたらきをスムーズにして、ファースト・ベストへと近づける政策」と理解できなくもありません。ただそれだけでは「なぜ労働組合を制圧し、賃下げを進めるのではダメなのか？」という問いに答えるのが難しい――話は急に「政治的」になってしまいます。実際これはのちのいわゆる「新自由主義」的な政権の下で行われた戦略ではなかったでしょうか？　また財政政策の方は、市場の不均衡は実は解消しないまま、**無理やり雇用を創出して負担を財政に回す**、という更に「政治的」な話になってしまう。マルクス経済学の枠内で、つまり「国家独占資本主義」としてケインズ政策を理解するやり方は、このようなものです。

またもう一つ、このような形でケインズ政策を理解すると、それは基本的に一国ベースの話になり、同じ貨幣を用い、一つの政府によって監督される経済の枠内で議論が展開されることになってしまいます。つまり、貨幣経済の国際的な連関の問題が見えにくくなってしまうのです。

新しいケインズ像による不均衡分析の論点

それに対して『貨幣改革論』での議論をより前面に出して、国際経済までを含めた未完の体系としてケインズのやろうとしたことをイメージするならば、もっと異なる世界が見えてきます。すなわち、

(1) 一国レベルでの景気、ひいては成長は、実は国内の生産力を十分に実現するに足る取引に**必要なだけの貨幣がうまく供給されるかどうか**にかかっている。貨幣流通が十分であれば、自由な市場のもとでファースト・ベスト、つまり国内の資本や労働の完全雇用が実現されるが、それが不足気味であればそうはいかない。

というイメージになります。そしてマクロ経済現象を引き起こすのは、市場の不完全性、特に価格の硬直性というよりも、貨幣供給の過不足、ということになります。

更に国際経済のコンテクストを考慮に入れると、以下のような話になります。すなわち、

(2) 発達した市場経済を備えた国家においては、おおむね中央銀行が存在し、それが発行する中央銀行券が貨幣として用いられているが、しかしその貨幣は実は国際通貨である金《きん》の代理にすぎない。すなわち、金本位制が一九世紀に確立した自由貿易体制の根幹をなしている。

各国の通貨が用いられるその根拠は、中央銀行の、そして国家の信用もないではないが、それ以上に貴金属としての金の希少性にこそある。だから中央銀行は、金本位制のもとにある限り、その発行する通貨の信用性を高められる半面、自分の意のままに通貨を発行することはできない。**各国の中央銀行が発行できる通貨の総量は、実は各国の金の保有量によって制限をかけられている**。

もちろん金は国境を越えて取引でき、移動できるが、金の世界的な総量は政策によってはコントロールできない。国内の金の量を増やすための正道は貿易黒字を稼ぐこと、であり、この観点からは国際貿易は「限られた金の奪い合い」というゼロサムゲームとしての側面も持ってしまう。

つまり、一国ー一貨幣経済レベルでのマクロ経済問題が、国際的な連関のもとにおかれていることがわかってきます。

以上を乱暴にまとめるならば、二つのケインズ像、ケインズ主義像とでもいうべきものが、我々のもとにはあるわけです。すなわち、

実物的ケインズ主義：価格の硬直性、情報の伝達・処理における不完全性ゆえに市場が均衡せず、あるいは不完全雇用均衡となり、完全雇用の達成のためには政策的な介入が必要となる。ただしそれが財政政策に偏った場合、それは財政赤字でもって無理やり雇用を作り出す、いわ

2つのケインジアン

新／旧	失業、有効需要不足の主な原因	不均衡（失業問題）への処方箋
旧ケインジアン（実物的ケインジアン）	価格の硬直性（特に賃金の下方硬直性）	金融政策でのインフレ誘導（による実質賃金の引き下げ） 一時的な財政出動
新ケインジアン（貨幣的ケインジアン）	貨幣、流動性の不足	金融政策でのインフレ誘導（による貨幣供給量、流動性の不足の解消） 一時的な財政出動

ば将来の雇用機会を取り崩して現在に持ってくるという問題の先送りになりかねない。一時的な財政出動が「呼び水」となって景気が自律的に回復する、ということがない限り、それは財政赤字の恒久化につながりかねない。実質賃金の高止まりが失業の原因であるとすれば、金融緩和政策による貨幣供給の追加でインフレーションを引き起こす、という方が、政策が市場に与える歪みは少なくなる。

貨幣的ケインズ主義：経済における貨幣の流通量が市場のはたらきを左右する。貨幣供給が不十分な場合には、一時的にではあれ不完全雇用が起き、それが長期にわたり続く場合にはそれに合わせて雇用自体が減り、実体経済の供給能力自体が縮小する形で均衡していく。逆に貨幣供給が過剰な場合には短期的にはインフレーションが起きる。運がよければインフレーションが投資、成長を促進することもある。

極端にいえば**「価格の硬直性」を重視する立場としてケインズ主義を理解するアプローチ**と、**貨幣供給を重視する立場としてケイン**

ズ主義を理解するアプローチの二通りになります。これはもう一〇年ほど前の拙著『経済学という教養』（ちくま文庫）で「実物的ケインジアン」と「貨幣的ケインジアン」と仮に呼び分けたものですが、別に互いに矛盾するわけではありません。ケインズ自身には両方のモメントが入っていたと思われますし、「貨幣的ケインジアンの枠組みにおいても、長期的に持続する失業を説明するためには、価格の硬直性をモデルに入れなければならない」という研究もあります。[※4] マルクス主義者によるケインズ理解は、おおむね前者の「実物的ケインジアン」にあたります。

「ケインジアン対マネタリスト」論争の誤解

しかしこのようなまとめには、ことに八〇年代に「ケインジアン対マネタリスト」という論争構図をジャーナリズムなどで見かけた方は、違和感を覚えられるのではないかと思います。「あれっ？　貨幣供給にこだわるのって「マネタリスト」じゃなかったっけ？」と。

そもそも、経済全体の景気にかかわるマクロ経済政策と、個別の市場における個別の企業や個人の経済活動をターゲットとするミクロ経済政策、更に個人の生活の主として市場経済の外での生存維持活動にかかわる社会政策とは、それぞれ独立した問題領域です。もちろん無関係ではな

※4　先ほど触れた岩井克人『不均衡動学の理論』や、小野善康『貨幣経済の動学理論』（東京大学出版会）以降のモデルがその例です。

「ケインジアン対マネタリスト」の古い対立イメージ

派閥	市場／国家への態度	政策的特徴
ケインジアン	積極介入主義 「大きな政府」	財政政策中心
マネタリスト	消極主義 「小さな政府」	金融政策中心

いですが、**それぞれにある程度独立して（切り分けて）展開することができます**。相互の関連づけも、そうした各領域の独自性を理解した上でなければ適切には行えないはずです。

具体的にいえば、マクロ経済政策において積極的介入主義をとりながら、ミクロ経済政策においては規制緩和を主張する、という立場は十分に成り立ちうるのです。また逆にミクロ政策や社会政策において、強力な行政的介入を求めつつ、マクロ政策においては消極主義、という立場もありえます。これは別に机上の空論として理論的可能性を指摘しているだけではありません。ある意味では前者はミルトン・フリードマンの立場を、後者は旧西ドイツ（そして現在のドイツ？）のいわゆる「オルド自由主義（Ordoliberalismus）」のそれを幾分デフォルメしたものでもあるのです。

ところが七〇年代から八〇年代にかけての「ケインジアン対マネタリスト」論争においては、前述の「切り分け」思考の出番はほとんどなかったようです。すなわち、**ケインズ主義＝積極介入主義＝「大きな政府」論、マネタリスト＝消極主義＝「小さな政府」論＝新自由主義**という風に人々には受け取られ――というより、論争当事者たち自身もそのように自己演出しあるいは錯覚していったのではないか、と思われます。

どうしてそうなってしまったのでしょうか?

まず細かく見ていくと、この論争当時の「ケインジアン」イメージにおいては、それはどうしても財政政策中心主義とみなされがちだった、という点が挙げられるでしょう。**ケインズのマクロ政策構想においては金融政策(貨幣供給政策)と財政政策が両輪**をなし、しかもその役割分担も、金融政策が主として平時において不況を予防し、財政政策はあくまでも危機対応として位置づけられる、という理解自体、七〇年代から八〇年代にかけては不十分だったかと思われます。どうしてもケインズのイメージは『一般理論』に偏ったものとなっていましたし、そこではまさに「危機」が主題であるからには財政政策中心主義ととられても仕方がないところがあります。

それに対してマネタリズムは、基本的には平時における貨幣秩序の維持を重視する立場です。危機対応の理論がないわけでもないですが、たとえばかのアメリカ大恐慌に対するフリードマンの診断にしてからが「市場経済に内在した危機というより、ありふれたパニックに対する政策当局の対応の失敗が最大の要因(具体的にいえば、しかるべきときにFRBがきちんとドル供給を行わなかった)」というものです。ですから「ケインジアン対マネタリスト」の論争は「**積極主義 対 消極主義**」としてのみならず「**財政政策中心主義 対 金融政策中心主義**」としても理解されてしまう、という偏向が加わってしまうのです。

フリードマンとハイエクの重大な経済観の相違

やや先走った話になりますが、のちに「新自由主義」と一括される、それどころか「シカゴ学派」とまとめられてしまうことも多いミルトン・フリードマンとフリードリヒ・フォン・ハイエクですが、このミクローマクロ問題に焦点を合わせるならば、非常に異なった相貌を帯びてきます。あえてレッテル貼りをするなら、フリードマンが「シカゴ学派」ならハイエクは「オーストリア学派」でしょう。この両者の世間的イメージは「技術論に眼目があり、やや軽薄な純経済学者フリードマン」に対して「偏屈だが重厚で深遠な社会哲学者ハイエク」といったところでしょうが、そもそも経済学に限定した範囲内で、この両者には重大な違いがあります。すなわち、ミクロ経済政策や社会政策においては、この二人の間にはそれほど大きな違いはないように見える――非常に大雑把にいえば「できるだけ市場に任せる」という志向がある――のに対して、マクロ経済政策では全く違います。

誤解してはならないのは、**フリードマンは明確にマクロ経済政策に関する積極論者**であり、裁量的政策の価値を認めている、ということです。少し詳しい方であれば「あれ？　フリードマンは「kパーセントルール」とかいう、中央銀行の裁量権にタガをはめる金融政策レジームの提唱者じゃなかったっけ？」と思われるかもしれません。確かにそれはその通りですが、彼のこの政策の提案において想定されている敵はあくまでも、ある特定のタイプのケインジアンです。フリードマンはれっきとした管理通貨制の支持者、つまりは中央銀行が必要なときに必要なだけ通

ケインジアンと「新自由主義」内部での政策的立場の相違

学派	金融政策 (マクロレベルでの政策介入)	財政政策 (ミクロレベルでの政策介入)
ケインジアン	積極的	危機対応として積極的
フリードマン (シカゴ学派)	(謙抑気味ではあるが) 積極的	危機対応としても否定的
ハイエク (オーストリア学派)	消極的	否定的

貨を発行する必要を認めています。「kパーセントルール」はあくまで「貨幣供給量を実体経済に過不足なく合わせるための知恵」であって固定的な法律のようなものではありません。そしてそもそも「kパーセントルール」は金本位制のもとでは運用不可能です。ついでにいえば、彼は古くから——一九七三年にアメリカが実際に変動相場制に移行するそのずっと前から——変動相場制論者でした。危機対応より平時に重点を置いていたとはいえ、そして謙抑的であるとはいえ、彼は機動的金融政策にコミットしているのです。

それに対して**ハイエクは、全くそのような立場をとりません**。初期においてはむしろ金本位制への復帰を志向していたきらいもありますが、後期においては非常に独特な「貨幣発行自由化論」、つまり国家が貨幣をコントロールすることをやめ、各銀行その他の金融機関が発行する証券を自由に貨幣として使えばよい、という極端な立場に移行します。この「貨幣発行自由化」が実現したら果たしてどうなってしまうのか、はよくわかってはいません[※5]が、いずれにせよこのような状況では、危機対応であろうと平時における危機の予防であろうと、マクロ的な金融政策による景気のコントロールは完全にあきらめねばならないでしょう。

更にもう一段踏み込むならば、フリードマンとハイエクの間には、マクロ経済観のみならずミクロ経済観のレベルでも、また**経済政策観においてのみならず、市場経済そのものに対する見方についても、かなりの違いがあった**ともいえそうです。フリードマンがケインジアンに比べて謙抑的なマクロ経済政策観を持っていたのは、貨幣供給さえ十分なら、自由な市場経済は十分な自己調整能力を持っている、と考えていたからです。それに対して実はハイエクは、自由な市場の性能に対して、それほどの信頼を置いていません。

フリードマンは教科書的な完全競争市場――誰も市場全体はおろか特定の他人の行動にさえろくな影響を及ぼすことができず、ただただ市場における価格だけを目安に自己の最善を尽くすだけの状況――を現実そのものではないにしてもその程よい近似モデルだと考えています。現実の市場は常に均衡はしてはいないまでも、そこに向けてのほぼ安定した軌道の上にあり、大きくずれてはいない、と。

それに対してハイエクはそうは考えません。現実の市場の近似としては完全競争市場のイメージはほとんど使い物にならず、市場は常に不完全である、と考えます。ハイエクにいわせれば、そもそも市場が完全であれば――情報が人々の間に完全にいきわたっていれば――「競争」など必要はなく、競争を通じて初めて人々は市場に散在する情報を試行錯誤しながら得ていくのです。重要なのは「市場における競争がどの程度まで完全かまた不完全か」ではなく、「市場が、競争が存在するかしないか」である、とハイエクはいいます。市場は常に不均衡であるどころか、その不均衡の中に均衡に向けての調整プロセスがはたらいているかどうかさえ定かではなく、不安定でしばしば危機をもたらす、というのがハイエクの市場観だとしたら、それはある意味でフ**リードマンのそれとは正反対ですし、ケインズよりも更に市場の調整能力に対して悲観的である**といえます。にもかかわらずハイエクは、ケインズどころかフリードマンに比べてさえ謙抑的、というより反介入主義といいたくなるほどです（といっても彼は無政府主義者ではなくせいぜい最小国家論者、「小さな政府」論者で、警察や軍隊はもちろん、最小限度の社会福祉サービスも国家の任務として認めますが）。彼にとっては**「市場の失敗」よりはるかに「政府の失敗」の方が恐ろしい**、忌むべきものなのです。

「ケインジアン対マネタリスト」論争の歴史的コンテクスト

細かく見ればこれほどの違いがあるにもかかわらず、そうしたいわゆる「新自由主義」内部の違いが従来さほど問題とされなかったのには、もちろん理由があります。第一には、この論争（「ケインジアン対マネタリスト」論争）の時代的なコンテクストの問題が挙げられます。つまり**論争の時代は石油ショック後のスタグフレーションの時代**、インフレーションと不況が共存し、

※5　私は個人的には、このような体制のもとでは、貨幣として通用するほどの信用のある証券を発行できる有力銀行は、自己の銀行券の価値を維持するために貨幣供給を絞りがちになり、全体としてデフレ志向になるのではないか、と考えています。

ケインズ政策があたかも無効であるかのように思われた時代でした。

それまでケインズ政策は、金融緩和や、財政出動による需要の超過によるインフレーションという副作用を伴いつつ、景気を上向きにして完全雇用を達成するもの、と思われてきました。それに対して七〇年代の石油ショック以降においては、激しいインフレーションが生じているにもかかわらず、雇用が改善しない、という状況が各国で生じたのです。

今から思えば石油ショック後の経済停滞はデフレ不況、ケインズ的な有効需要不足とは異なり、石油価格の急上昇による生産コストの増大、つまりは大幅な生産性低下によるものです。つまり**その時代のインフレーションの大部分は、まずは金融緩和や財政出動といったケインズ政策の効果よりは、石油価格の上昇に起因する**ものです。しかしもちろん、そのような状況下でケインズ政策を行えば、ことインフレーションに関しては火に油を注ぐ結果になることは明らかです。

となるとそのときなぜケインズ政策が行われたのか、またそれらは本来のケインズ政策に期待された、雇用の改善をなしえていたのか、という疑問が出てきます。激烈な原油価格の上昇——一九七三年には四倍以上、一九七九年には二倍程度——は、短期的にはそれに対する企業や家計の適応が遅れて、倒産や失業を引き起こしますが、それはケインズ的な意味での全般的な有効需要不足、マクロ的な不況というよりは、市場の調整に伴う過渡的な摩擦である、という解釈が、たとえばフリードマンなどの見立てに従うならば可能でしょう。

この文脈でフリードマンらの「**自然失業率**」という概念を省みてみましょう。「完全雇用」とは「失業者ゼロ」を意味するわけではありません。転職、労働移動は不況のときよりもむしろ好景気の方が活発でしょうが、こうした転職行動は、常に切れ目なく行われるわけではありません。ことに現代の、雇用保険、失業補償が整備された経済社会においては、転職においてタイムラグを伴う、つまり休職期間中にあえて失業するという選択も十分に合理的です。このような、労働市場の調整プロセスにおけるいわば「摩擦」による失業は不可避的なものであり、そう考えると「完全雇用」とは失業者がこの「摩擦的失業」による者だけになった状態ということになります。この完全雇用下でもどうしてもゼロにはならない失業率のことを「自然失業率」と呼ぶわけです。経済がこの「自然失業率」を達成している（完全雇用である）にもかかわらず、そのレベルでの失業をなくそうとしてケインズ政策を打つと、インフレーションが悪化するだけで雇用は改善しません。

フリードマン的見立てを徹底するならば、この時代にケインズ政策が行われたのは、完全な情勢判断の誤りであり、そのときの**失業率の悪化は、実は自然失業率そのものが石油ショックによって上昇していたから**であって、需要不足によるものではない、ということになりましょう。となればスタグフレーションもまた、政策ミスの結果ということになります。それに対してフリードマン的な立場からは、インフレを抑制するため、貨幣供給を絞り込む、という政策対応が要請されます。

もう一つ付け加えれば、**フリードマンのマクロ政策論においてはあくまでも金融政策が主であり、財政政策についてはたとえ危機対応としても否定的、消極的**です。そもそも財政政策とは、具体的には政府が行政サービスなり官営事業なりの形で直接ビジネスを行い、モノ・サービスを市場に供給したり、あるいは政府支出で民間からモノ・サービスを買ったりすることですから、当然にミクロ的な効果を持ちます。つまり、市場に対して与える歪みが、金融政策よりも大きくなるわけです。フリードマンの「小さな政府」論はマクロ経済政策のレベルにおいてだけではなく、ミクロ経済政策・社会政策のレベルにおいても展開されています。

論争の左右イデオロギーへの回収

では、これに対してケインズ政策を擁護する側からの反撃はどうだったでしょうか？　おおむねこの時代の親ケインズ的な経済学者は、まずは『一般理論』を基準にケインズを見てしまうので、政策論的には財政中心政策重視論になりがちです。それに加えて市場メカニズムの原理的把握のレベルにおいては、以前にもいいました通り、市場の不完全性を重視する——その限りではハイエクなどにもある種屈折した親近感を抱く——ことが多かったのです。先にご紹介した「不均衡分析」の流行もその一環です。

現代的なケインズ解釈からすれば、金融政策はこうした不均衡を緩和して市場における調整をスムーズにする、というのがその眼目です。具体的には、ケインズは雇用制度、労使関係の仕組み上、賃金が労働市場での需給動向をスムーズに反映して変化しにくいことを認めます。そこで、**貨幣供給を操作して物価の方を変化させれば、貨幣ベースの名目賃金はそのままで、実質賃金を変化させることができる、**と論じます。ことにケインズにとっての問題は失業、労働供給、働き手の数に対して労働需要、雇用の量、働き口が足りないことです。実質賃金が下がれば労働需要が増えることが期待できても、労使関係の構造から、労働者は賃金が下がることに対して激しく抵抗する。そこで貨幣供給を増やし、物価を上げてしまえば、実質賃金は低下し、労働需要が増えて失業は解消していく――既に述べたとおり、ケインズはこういう議論も展開しています。

このように、市場の調整能力を信頼しないのではなく、それが機能する条件を重視する論者としてケインズを理解するのが現代的な読解ですが、一九七〇～八〇年代はそのような解釈はそれほど影響力を持たず、むしろ賃金、のみならず独占的大企業の製品価格や、大銀行が支配する金融部門での利子率など、市場のあちこちで価格が硬直的となり、不均衡が常態となる経済において、価格変化以外の様々な調整メカニズムも動員される複雑なシステムとして資本主義的市場経済を理解する――乱暴にいえば七〇～八〇年代の「不均衡分析」はそういう枠組みでした。

実のところそれは**徹底的にミクロ的な世界観**であり、先にケインズの『貨幣改革論』を通して我々が見出したような「マクロ経済」――貨幣という鏡に浮かび上がる、複雑なミクロ経済の全体を単純化したイメージ、しかもそれは研究者が勝手に抱くイメージではなく、貨幣を使って市場に生きる当事者自身が経済に抱くイメージにほかならない――の入る余地があまりないのです（この点でも岩井克人『不均衡動学の理論』はよい意味で例外的なのです）。

かくして、**マクロ経済という固有の次元があることが忘れられたまま、論争は左右対立の構図の中へと回収されていった**のです。

市場への楽観論と悲観論　それぞれの立場で切り分けてみる

「ケインジアン対マネタリスト」の構図からはいい加減脱出したいので、とりあえずここまでの議論をまとめましょう。フリードマンの「kパーセントルール」の意義づけの話をカッコにくくるならば、割合ときれいな図式ができあがりました。すなわち、経済政策をめぐる対抗軸にはミクロレベル、そして実体経済のレベルで「**できるだけ市場に任せるか、あるいは市場の失敗に対して積極的に介入・規制を行うか**」という軸があるほかに、マクロレベル、貨幣経済のレベルで「**景気に対して積極的に介入するか、あるいは放っておくか**」という対抗軸があり、両者は無関係ではないにしても互いに独立して動きうる、ということです。

もう少し踏み込むならば、市場メカニズムそのものの理解についても相当のニュアンスの違いがあります。一方には市場の均衡達成能力に対する楽観論があります。極端な楽観論においては、市場経済においては取引参加者全員が「これ以上じたばたしても無駄だ」と納得する最適均衡点[※6]が存在するだけではなく、現実の取引プロセスがそこに向けてスムーズに進み、均衡を実現する、という市場観になります。もう少しマイルドになると「市場はおおむね均衡に向けての調整プロセスの途上にあるが、実際にぴったり均衡することはあまりない」といった感じになります。悲観主義の極の方に振れると、「市場のプロセスは均衡に向かってはおらず、不安定である」となりますし、極端な悲観論となりますと「そもそも均衡など普通は存在しない」となります。

極端な悲観論は実際にはめったに見かけません（そもそもそういう議論が成立するかどうかわ

かりません）ので、**極端な楽観論、マイルドな楽観論、（マイルドな）悲観論**、という風に三つに分けますすと、景気変動を経済的不均衡ではなく均衡それ自体の移動とみなし、経済は常におおむね均衡しているとみなす「実物的景気循環論」が「極端な楽観論」の典型例となります。これに対して「マイルドな楽観論」はフリードマンのような古いマネタリストや、「ニューケインジアン」と呼ばれる新古典派の枠組み内で仕事をするケインジアン、そして一部のマルクス主義者を含めて大半の経済学者がここに入ってしまうことになります。そして「悲観論」は「ポストケインジアン」と呼ばれる反新古典派のケインジアンやマルクス主義者の一部、そしてハイエクを含めたオーストリア学派の大半がこれにあたるといってよいでしょう。

市場経済の基本的性質についてマイルドな楽観論の立場をとると、**マクロ経済政策においては基本線としては肯定的**となります。ケインジアンにせよオールド・マネタリストにせよ、金融政策で貨幣を供給することによって、市場のはたらきを円滑にする、という発想においては本質的な違いはありません。両者の違いは主として緊急対応において、財政出動に対して積極的かどうか、において出てきます。

これに対して**極端な楽観論と（マイルドな）悲観論においては、マクロ経済政策そのものに対して否定的**となります。極端な楽観論がそうなるのはわかりやすいところでしょうが、悲観論が

※6　必ずしも「みんなが満足する」というわけではなく、「不満はあっても現状よりもましな選択肢がもう残されていない」というほどの意味であることに注意。

学派ごとの経済政策と市場観のスペクトラム

学派	市場の自己調整能力	マクロ的介入政策への評価	ミクロ的介入政策への評価
実物的景気循環論	極端な楽観論	否定的	否定的
マネタリスト	（マイルドな）楽観論	肯定的	
ニューケインジアン			肯定的
ポストケインジアン	（マイルドな）悲観論	否定的	
オーストリア学派			否定的

＊マルクス主義については立場により分かれるため表では割愛

そのような発想に触れる理由はわかりにくいかと思います。貨幣が足りていようがいまいが、市場の自然な動きに任せていては均衡の達成がおぼつかないと考えるならば、そこに政府が介入して均衡を達成させる必要が出てくるはずではないか？――このような連想がはたらくのは自然でしょう。

　ここで注意すべきは、そのような**個別的な取引に介入することはマクロ経済政策ではなく、ミクロ経済政策**である、ということです。経済学における「ミクロ」と「マクロ」の違いは規模の違いなどではありません。それは**質的な違い**です。貨幣と呼べるものが存在しなければ、つまり、一つひとつのモノ・サービスの価格とは別に「物価」とでもいうべき現象が成り立っていなければ、そこにマクロ経済と呼べるものはありません。マクロ経済とは経済全体のことではないのです。貨幣経済が成り立っていなければ、経済全体をコントロールしようとする政策も、あくまでもミクロ経済政策の一種です。

　そう考えるならば社会主義計画経済においては、貨幣は存在しても（少なくとも自由市場を基調とする資本主義経済においてと比べて）副次的な役割しか与えられないことになりますから、マクロ経済政策は仮に不在ではなくとも、そのウェイトは低くなります。計画経済の運営においては、資本主義に比べて経済政策の範囲も量も格段に大きくなるはずですが、そのほとんどは個別の市場や企業活動に干渉するミクロ経済政策ということになります。しかし、ここでいいたいのはそういう問題とは少し違います。

　オーストリア学派や一部のマルクス主義者、一部のポストケインジアンの考える経済政策においても、市場は実は短期的な需給の調整能力をさほど持たない、[※7]と考えます。オーストリア学派はそこで「経済が均衡になかなか到達せず、ゆっくりと苦痛に満ちた調整過程をたどろうと、いやそもそも均衡に到達しなかろうと仕方がない、社会主義を受け入れ独裁に至るよりはましだ」とあきらめるわけですし、オーソドックスなマルクス主義者も「だから資本主義をやめて社会主義に移行すべきだ」と考えたわけです。それに対して、こうした悲観主義を共有する（ある種の）ポストケインジアンの場合には、オーストリア学派流の拱手《きょうしゅ》傍観に甘んじず、さりとてマルクス主義的革命論もとらずに政策的介入を選択するわけですが、その場合にも金融政策は軽視され、財政政策やミクロ的な産業政策に重点が置かれます。その場合の財政政策のはたらきも、マクロ的な有効需要の創出というよりは、ミクロ的に、個別具体的な需要の創出として捉えられる

※7　では価格にどのような機能があるかというと、生産や流通に要するコスト、つまりは技術についての比較的長期的な情報を伝えるのが主な役目ということになります。

きらいがあるといえましょう。

問題は「市場か計画か」ではない

となれば「市場か計画か」という風に問題を立てるわけにはいかないことはもちろんですが、そこから脱してどこへいくのかがまた問題となります。そもそも**「市場か計画か」という問題設定を捨てる**とは、具体的には何を意味するのでしょうか？　たとえば「全面的に市場にゆだねるのも、全面的に指令型計画でやろうとするのも、どちらも極端だから中庸を目指す」という発想は、この問題設定の外から出ているといえるでしょうか？　露骨にいえばかつての「混合経済」という言葉遣いにはこのような「中庸」の匂いがします。

これとは少しニュアンスが異なりますが、七〇年代頃には今でいう「**新制度派経済学**」の発想も基本的には固まってきていました。そこでは市場経済、更にその前提となる私有財産制度を自然発生的なものとはみなさず、政策的に創出し維持しなければならないもの、と捉えられ、自由な市場経済においては恣意的な介入という意味での政策は抑制されるべきだが、こうした市場経済の基礎構造をなす制度の確立（具体的には治安維持、法の支配）という政策はそれこそ自由な市場の「前提」であって、市場の「見えざる手」ではなく政府の「見える手」が必要である、と論じられました。

改めて確認すべきは、ここまで見てきた意味での**「マクロ経済政策」**は、**「市場か計画か」**と

いう対立軸によっても、また「市場の制度的前提」に注目する新制度学派の視角によっても、捉えることのできない問題領域だ、ということです。

しかしながら一九七〇年代から八〇年代にかけては、いまだこうした問題系が十分には理解されてはいませんでした。これは一般世論、観客席のレベルにおいてだけの話ではなく、おそらくは論争当事者のレベルにおいても、自分たちの議論や立場の意義が、現在進行形では十分に理解されずにいたのではないかと思われます。それゆえにマクロ経済政策は単純に「経済政策の一種」とみなされて、ミクロ経済政策や制度創出・維持政策との質的違いが十分に理解されず、それを支持する議論は市場と計画の間をいこうとする**「中庸」論**以上のものには見えなかった――それればかりか、しばしばその唱道者たち自身がそのように錯覚してしまったのではないでしょうか。

これまでのまとめ

- ケインズ主義にはミクロ経済政策を重視する「実物的ケインジアン」と経済における貨幣現象というマクロ的な側面を重視する「貨幣的ケインジアン」がある。
- マクロ経済政策は、ミクロ経済政策と規模において異なるのではなく、実体経済に対して貨幣経済が及ぼす影響に注目するか／しないか、という点に質的な違いがある。
- 「新自由主義」と一括されるシカゴ学派とオーストリア学派には、マクロ経済政策への態度の違いばかりではなく、市場の自己調整機能を信頼するか／しないか、という点においても和解しえないほどの相違がある。
- 一九七〇年代の「福祉国家の危機」の際の「ケインジアン対マネタリスト」論争は、本来はマクロ経済という固有の次元の発見につながるものであったが、「市場か計画か」という左右のイデオロギー対立の中で、その核心が見えなくなってしまった。

その結果、ケインズの経済政策は「市場と計画」の「中庸」をいこうとする妥協的な態度だと錯覚されることとなるが——。

2 発展段階論を超えて、経済史理解の転換へ

マルクス主義的なケインズ理解の時代的制約

ケインズ主義的なマクロ経済政策が「市場と計画」の間を折衷した「中庸」論である、という錯覚の根拠の少なくとも一つは、マルクス主義的歴史観――狭い意味でのマルクス主義というより、そこに典型的に表れているが、かつての古典派経済学やあるいは「新自由主義」の中でもオーストリア学派などに見られる発想――の影響だといえましょう。つまり、マルクス主義から見れば、それは資本主義（市場）と妥協した「修正主義」以外の何物でもなく、オーストリア学派から見れば、それは社会主義（計画）と妥協した滑りやすい坂の上にある以外の何物でもない、というわけです。既に第1章でも触れてきたように「**マルクス主義的なケインズ理解**（「国家独占資本主義」論）」とでもいうべきものがあり、それが大いにケインズ理解を――そして現実の経済史理解を歪めてきた可能性を考える必要があります。

資本主義に対して批判的、否定的であるはずのマルクス主義者は、実は大概の場合、「**正常な本来の資本主義」についてのはっきりしたイメージ**を持っています。つまり一九世紀のイギ

リスがそれに近いとされる、財政規模も小さく市場への規制も最小限の「小さな政府」の下で市場が十分に競争的な資本主義、いわゆる「自由主義段階」のそれです。マルクスが『資本論』で分析したのはこちらである、とされます。むろんマルクスも不況と失業を問題関心の焦点に据えていたのですが、そこでは不況と好況、失業と完全雇用はいわば規則的な循環関係にあるとみなされ、そうした循環が長期的な意味での均衡とされていたわけです。それに対して「帝国主義段階」ではこの景気循環の規則性が崩れ、長期的な不況・停滞の可能性が出てきた、というわけです。変な話ですが、マルクス主義者たちは「もはやそこへの復帰はかなわない」としながらも、政府の介入なしに市場の自律的な運行が保たれていた**「自由主義段階」を「帝国主義段階」よりはましだとみなしがち**なのです。

このような考え方からすれば、これまで見てきたような、戦間期の大不況に対する、広い意味でケインズ的な考え方に則ってなされた――ケインズの影響を受けて、ではなく、のちにケインズによって根拠づけられたような――マクロ経済政策（アメリカ合衆国のニューディール、日本の高橋（是清）財政、あるいはナチス・ドイツの積極財政）は、市場における需要と供給の不均衡を、普通の意味で是正したわけでは全くありません。それは経済の供給サイド、過剰な生産設備、労働力に対する需要の不足を、財政金融政策によって無理やり補塡しようとするものであって、自然な需要そのものを増やすものとは考えられていないわけです。

マルクス主義者の間では、一九三〇年代の長期不況は、実はニューディールや高橋財政の、平時における平和的な拡張財政では克服することはできず、結局その**本格的な回復は第二次世界大**

戦の戦時動員を待つほかはなかった――という解釈がむしろ主流です。つまりケインズは問題の診断――資本主義市場経済に内在する不均衡の可能性の指摘においては正しかったけれど、処方箋においては、単なる対症療法を提示したにすぎず、この不均衡を是正する道は見出せなかった、というわけです。

このような立場からは、いわゆる帝国主義段階における、列強諸国のブロック経済化――管理貿易への回帰、植民地主義――は、**資本主義経済の不均衡を無理やりに弥縫し、政治的に有効需要を創出する力技**だと理解されます。大不況以降の展開は、そこに更に金本位制の放棄、管理通貨制への移行という形で、より一層経済が本来の正常な資本主義、自由主義から逸脱していくことを意味するわけです。

そういうわけですから、戦間期から第二次世界大戦に至る経済史の展開については、少なくとも二つの有力な見解が衝突しています。つまりは一方に正統派マルクス主義の立場からする「ケインズ主義的な財政金融政策は、少なくとも平時におけるそれでは大不況の克服には力不足で、戦争を、経済の軍事化を必要とした」という立場があります。日本ではとりわけ第二次世界大戦後において、歴史学全般においてマルクス主義の影響を受けた研究者が主導権を握ったこともあり、この立場がどちらかというと有力です。これに対して「平時において既にケインズ的なマクロ政策は功を奏していた」とする立場もありますが、歴史学プロパーにおいてはあまり影響力がありません。

しかしながら、以上に示したマルクス主義者たちによる「ケインズ」理解は、ここまでの我々の議論を踏まえるならば、時代的制約を強く受けており、現代では放棄されねばならないでしょう。非常に簡単にいえば、マルクス主義者たちは貿易政策などのミクロ的な経済政策も、財政金融政策、特に貨幣政策といったマクロ的な経済政策もひとしなみに「自由な市場経済の自律的メカニズムに対する外側からの干渉」とみなしますが、現代的なケインズ理解からすれば、後者のマクロ政策は必ずしもそのようなものではありません。現代的なケインズ派の立場からすれば、ルクセンブルクが（マルクス主義のみならず主流派経済学まで含めた）正統派に抗して直観的にその重要性にこだわっていた**マクロ的不均衡の主因は、貨幣、流動性の不足ないしは過剰**です。流動性が適切に供給され、マクロ的な均衡が達成されていれば、市場の自律的メカニズムはミクロ的な不均衡をうまく処理していきますが、マクロ的な不均衡が拡大している場合はそうはなりません。そしてこのマクロ的不均衡は、貨幣の発行総量を政治的にコントロールすることに対して決定的に限界を画する金本位制の下ではうまく解消できないし、かといって、たとえばハイエクが構想したように「貨幣の商品としての自由な発行を私企業としての銀行にゆだねる」といったやり方でもうまくいかないでしょう。

簡単にいえば管理通貨制の下での**マクロ経済政策は、ミクロレベルでの市場の「見えざる手」がうまくはたらくための条件を整えるためのもの**であり、ミクロ経済政策とは次元を異にするものとして捉えられなければならないのです。

ケインズの真の論点① マクロ的不均衡の調整メカニズムの不在

しかしこのようなケインズ派の立場は、実は処方箋、政策対応の解釈のみならず、大不況、ひいては景気循環、経済のマクロ的不均衡の原因についての診断のレベルにおいても、**マルクス主義者たちの理解とはかなりはっきり対立**します。

先に見たようにマルクス主義の時代認識からすれば、重化学工業化、経済発展に伴う大企業支配、市場の寡占化・独占化というミクロ的要因が不況を長期化させ、均衡を崩し、経済を停滞させるのです。つまりそこではマクロ経済現象とはミクロの積み重ねであり、質的なギャップはありません。また、それは資本主義の歴史的な発展段階から帰結するところでもあります。それは資本主義の行き詰まりの結果なのです。

それに対して現代的なケインズ派の立場からすれば、**不況、景気循環（そもそもそれが規則的な「循環」であるのかどうか自体が怪しいのですが）は大体において、ミクロ的な不均衡とは次元を異にしたマクロレベルの、貨幣的な現象**です。またそれはマルクス主義者が考えるような歴史的な発展段階の所産ではなく、貨幣経済が発達すればいわゆる自由主義段階でも実は起きていた可能性が高いわけです。

マルクス主義的な経済学において、景気循環は資本主義的市場経済にとって不可避の規則的な現象で、主として固定資本設備の投資に時間がかかることによって、つまり需要の変化に供給がすぐには追いつかないことによって起こります。帝国主義、独占資本主義の段階ではこの調整ラグが更に長引くことによって、不況、失業がより悪化する、というわけです。マルクス主義者が「ことに帝国主義以降の資本主義においては、戦争は不可避である」と考えるのは基本的にはこのような認識からです。そこでは不均衡、生産力の過剰を処理するためには無理やりの財政出動が必要となり、それは国内における公共事業にとどまらず海外の輸出市場の創出、つまりは侵略戦争にまで至る、と考えるのです。

それに対して、現代的なケインズ派の考える不況とはそもそものような現象ではありません。先のルクセンブルクの見解とやや似通っていますが、それによると、市場経済にはそもそも、ミクロ的な、ローカルな需要と供給の不均衡を自律的に調整するメカニズムはあっても、**マクロ的な総需要と総供給の不均衡を調整するメカニズムは不在**なのです。つまりどういうことかといえば、経済がとりあえずマクロ的な均衡状態にある場合、そこからのちょっとした逸脱に対してはすぐに修正の力がはたらきますが、マクロ的な不均衡に対してはそのような力がはたらかない、ということです。では、こうしたマクロ的なショックは具体的にどのようにして起きるかといえば、実はそれはいろいろ考えられるのです。この辺については、先に『貨幣改革論』のケインズを参照しつつ「そもそもマクロ経済とは何か」を論じた際にもあまり触れなかったので、ここで少しだけ論じてみましょう。

以下少し長くなりますが、拙著『「公共性」論』（NTT出版）から引用しましょう。

　仮に市場が完全競争（に近い）状態にあったとしても、物価が安定していなければ、市場経済における取引の調整機構としての価格メカニズムがうまくはたらきません。局所的な価格変動が、その局所的な取引動向についての有効な情報シグナルとしての機能を果たすためには、全体としての価格体系（すなわち「物価」）は不変、とは言わないまでも安定していなければならない。このような条件が満たされていない場合には、市場における個別的な取引が、つねに社会をパレートの意味で改善するとは限らず、結果均衡が存在したとしても、それはパレート最適ではありえません。むしろたとえばデフレ局面における、値下げ競争がさらに物価総体の下落を招く、デフレスパイラルが典型であるように、完全競争がパレート改善の反対に、むしろ「囚人のジレンマ」的な状況を導くおそれもあります。

少し詳しく見ていきましょう。

「局所的な価格変動が、その局所的な取引動向についての有効な情報シグナルとしての機能を果たすためには、全体としての価格体系（すなわち「物価」）は不変、とは言わないまでも安定していなければならない」。一見逆説的に見えるこの主張は、以下のように解釈すればよいでしょう――この「価格の変化」とはあくまでもミクロ的、局所的、個別的なものなのであり、マクロ的に見れば価格体系は安定していなければならない、と。

ある商品の価格、値段は、とりあえずは貨幣で計られ、貨幣との交換比率と見ることができますが、より大きく見ればそれは他の商品との交換比率です。ミクロ経済学の目から見れば、価格とはつねに相対価格なのです。極端な話、貨幣を単位として計った価格が、すべての商品について、同じ方向に同じ割合で――たとえば一〇パーセント上昇というふうに変化したとしましょう。このとき、貨幣を別とすれば（たとえば財布の中の貨幣の価値はこのとき一〇パーセント下がるわけです）、各商品の間の交換比率の総体、つまり「相対価格」「価格体系」は全く変化していない、ということになります。

つまりある特定の商品の価格が「変化している／していない」と言えるための根拠、その変化の基準とは何か、というと、皮相に見れば貨幣ですが、より根本的にはマクロ的な価格体系、あるいは「物価」です。つまり「だいたいの商品の値段がそれほど激しくは変動していない（物価が安定している）」という条件の下で初めてある特定の商品の値段の変化が、取引を調整しバランスさせる「価格の変化」としてはたらきうるのです。もし仮に他のすべての商品の値段全体が、同じ方向に同じだけ変化してしまえば、その商品の価格変化は（貨幣のことをさておけば）なかったも同然だからです。具体的な取引の当事者たちにとっては、売り手であれ買い手であれあるいは仲買人であれ、さしあたり直接自分の手でその価格を操作する（値付けする）ことができるのは当然、自分が取引している特定の商品だけです。しかしながらその商品の本当の意味での価格、つまり他のすべての商品との交換比率は、厳密な意味では決して操作できません。ただ、総体としての価格体系、物価が不変ではないにせよ、だいたいにおいて安定しているときに初めて、実質的に困らない程度に操作できる、というだけのことです。

だから多くの商品の価格が激しく変動している、つまりは価格体系がマクロ的に不安定であるような状況では、個別の価格の変化が、取引を誘導してバランスさせるシグナルとしてはたらいてくれないおそれがあります。いちばんわかりやすいのは、先にも述べました、ほぼすべての商品の価格が同じ方向に、かつ同じような比率で動いている状況です。つまり物価が全般的に上昇している（インフレーション）か、あるいは低下しているか（デフレーション）です。たとえば不況と重なることの多いデフレ状況について考えてみましょう。ここでは多くのものの値段が下がっています。これをある特定の商品、たとえばお米の市場のレベルで考えてみましょう。売り手の米作農家や農協はどうするでしょうか。いま現在の値段では高すぎるのだ、と判断してもっと安くするでしょう。しかしどうすれば「安く」できるのでしょうか？　もしも他のすべての商品の――麦だの味噌だの――の価格もまた低下しているのだとしたら、自分たちだけで米の値付けを変えて価格を下げたつもりでも、実際には全く下がっていないかもしれません。ではどうすればよいのでしょうか？　全体的な物価の低下を予想に織り込んだ上で、それを出し抜こうと更に極端な安値をつければよいのでしょうか？　残念なことに、麦作農家とかその他の生産者たちも同じことを考えるでしょう。かくして結果は、さらなる全般的な物価低落、デフレーションの継続に他なりません。このような状況は市場の「暴走」と呼んで差し支えないでしょう。厚生経済学的に言えば、市場を経済の正当性はそれが「パレート最適」を達成できるところにこそあるのだから、市場を経済メカニズムとして採用する理由がここでは崩れてしまいます。そしてこのような状況下では、市場での競争はそこに参加する人々の大部分に、利益より損害を与え、生存を脅かし、市場経済体制への支持を掘り崩していくでしょう（以上の議論は基本的に、岩井克人『不均

衡動学の理論』(岩波書店)に依拠しています)。(三七一―三七五頁)

以上をまとめると「**市場経済はミクロな、ローカルな不均衡には強いが、マクロ的な不均衡には弱い**」となりますが、ではマクロ的な不均衡は、実際にはどのようにして発生しうるのでしょうか？　また、そのようなマクロ的不均衡は、どのようにすれば克服できるのでしょうか？

ケインズの真の論点②　金融セクターの自律性と暴走

この辺についても様々な議論がありえます。まず非常に極端なマネタリストの立場からすれば、このような不均衡の原因として一番ありがちなのは、中央銀行の政策対応の失敗による、貨幣供給の過剰／不足である、ということになります。すなわち、経済に対するどちらかというと外生的なショックが重視されます。これに対してケインジアン的理解はどのようなものでしょうか？

ミクロ的な不均衡の累積としてこのようなマクロ的不均衡が起きるためには、金融システムの発達が不可欠である、とケインズ派は考えます。これについてはもちろんマルクス主義においても同様なのですが、マルクス主義の場合にはそれでも経済の根本的な動因を実物セクターに求めるのに対して、ケインズ派の場合には**金融セクターの自律性とその暴走**にむしろマクロ的不均衡の根本原因を求めます。

再び『「公共性」論』から引きますと、

むしろここで注目すべきは、非常に広い意味での「投機」のメカニズムです。九〇年代以降「バブル」なる用語が日常語として定着しましたが、それは経済的にはどのような意味を持つのでしょうか？　「バブル」の対語は「ファンダメンタル（ズ）」、つまり実体的価値です。バブルとはファンダメンタルズからの乖離、上方への乖離であり、あるものが実体的価値を大幅に上回って取引されてしまうことです。

なぜそのようなことが起きるのでしょうか？　我々になじみの深い典型的なバブルとして土地や株式のバブルのことを考えましょう。本来土地や株式の値段は、そこから期待される儲けの効率、収益性によって決まるはずです。つまり株式なら企業の事業内容や将来性が根本ですし、土地であれば、農地としては地力、生産性が重要であり、そうではない場合には立地がポイントとなります。その土地を使って仕事をしようという目的で土地を買う人、またその株の配当から収入を得ようと思って株を買う人であれば、まさにそうした土地や企業の実体的価値＝ファンダメンタルズを評価してそれを買おうとするはずです。

これに対して投機とは、そのような目的で、つまり自分で使う（株の場合は使うというのは変だから、配当から収入を得る）ために土地や株を買う、あるいはそうした相手に売るのではなく、別の目的で買い、そして売るという行為です。ここで投機的な買い手は、自分で使うためにではなく、誰か他の人（その人は自分で使うつもりかもしれないが）に、自分が買った以上の値段で買ってもらうために、とりあえずいま買います。そしてそうした買い手が見つかったら売って利鞘（キャピタル・ゲイン）を稼ぎます。

こうした投機がすなわち悪だとか、社会的に望ましくない結果を必ず生む、というわけではありません。しかしそれは時と場合によっては社会悪に転じます。すなわち、このような投機も頭を使っての――すなわち、ファンダメンタルズを調べた上での取引であれば、実害は少ない、というよりむしろ、人が欲しがるような土地、株式とは何か、という情報を生み出す、社会的に有益な仕事であると言えます。しかしながらこれが反復していくと、投機家たちは段々頭を使わなくなるおそれがあります。つまり、その土地や企業の実態を見て取引に手を出すのではなく、表層的な値動きだけを見て取引に手を出すやつら――機械化された取引など、いい例です――が出てきます。こういう連中が増えると、価格の自己運動が始まります。すなわち「この土地・株は見込みがある↓だから買い↓値上がり」ではなく「この土地・株は値上がりしている↓だから見込みがあるんだろう↓だから買い↓値上がり」ということになるのです。前者であれば、価格が適正なレベル＝ファンダメンタル水準まで行き着けば値上がりが止まることになるわけですが、後者の場合は価格が自己運動を起こすばかりで抑制が効きません。そうやって実体から乖離して価格が膨れ上がった資産を「バブル」とわれわれは呼ぶわけです。

（三七七―三七八頁）

そもそも一口に「バブル」と言っても、一般物価レベルのそれと資産価格におけるそれとを区別しなければなりません。われわれが日本において八〇年代後半のいわゆる「バブル経済」時代に経験したのは、物価の相対的な安定の下での、資産価格中心のバブル現象でした。

つまり、物価はそれほど上がっていないのに、資産価格はそれをはるかに上回るペースで上昇した、というわけです。

また上向きのバブルと下向きのバブルとの間にも、ある種の非対称性があります。資産市場における下向きのバブルとはいわゆる「恐慌」のことであり、通常は上向きのバブル景気からの反転現象で、往々にして瞬間的に激しい価格崩落があり、その後は長期にわたる低位安定が続く、といったものです。これに対して上り調子の資産価格バブルは、長期にわたる持続的な過程として起こります。資産価格が示しうるこのような激烈な運動に比較すれば、一般物価の運動の方はスムーズです。（三八一頁）

このような**資産価格バブルとその崩壊＝恐慌がマクロ的な不均衡における典型**である、とケインジアンはみなします。この意味では不均衡は内生的であることが多い、と考えられているわけです。その点ではケインジアンとマネタリストとは対立する、といえそうです。しかしながら、ことにテミンの大恐慌論以降の動向を見る限り、話はそう簡単ではありません。まず先に見たように、フリードマン＝シュウォーツ流の見解とテミンの見解との間には、ズレはありますが対立といえるほどのものはありません。既に述べたように、フリードマンの考えた、**本来なされるべきだった恐慌への対応が、十分な貨幣供給だった**とすれば、テミンは別にそれを否定するのではなく、そうした政策対応を可能にする制度的・政策思想的背景――**金本位制・固定相場制への復帰願望との決別**――こそが重要であった、という立場です。極端な言い方をすれば、恐慌の原因が何だったにせよ、それへの対処が貨幣供給を軸として捉えられている点においては一致しています。

恐慌の原因から更に踏み込んで、恐慌が長期不況へとつながってしまった理由の理解においては、更に両者の一致するところは拡大します。両者とも単なる恐慌が大規模で長期にわたる不況に帰結したのは、最初の恐慌そのものの性質によるものというよりは、それへの政策的・制度的対応の不適切性によるものである、と考えているからです。

このように、マネタリストと（現代的）ケインジアンとの間には（門外漢には）意外なほどの一致が見られるといえます。その一致について考えてみるために、少し別の観点から考えてみましょう。

銀行の信用創造とマクロ経済政策

そもそもこのマクロ的な不均衡に対処するために貨幣供給を操作するとは、具体的には何を意味するのでしょうか？　現代の資本主義経済における「貨幣」とはいったい何でしょうか？　重要なポイントは、発達した金融システムにおいては、**銀行は信用創造、つまりはある限界の中での貨幣の供給能力を持つ**、ということです。先述のような資産バブルを裏づけるのは、この銀行の信用創造です。儲かる見込みがある限り、銀行は投機的取引にどんどん貸し付けを行うわけです。もちろんこの認識はケインズ派の独占などではありませんが、マルクス派や古典派、新古典派の一部では、こうした銀行の信用供給力が、究極的には実体経済、実物セクターによって制約される、と考えるのに対して、ケインズ派は必ずしもそう考えないのです。バブルがはじけずに拡大する間は、将来の収益機会への**期待が自己実現**してしまうのですから。

銀行は預金者の預金を（不正確な言い方ですが）担保にして、その何倍もの貸し付けを取引先に対して行います。乱暴にいうと**銀行はお金、貨幣をある限界の範囲内で増幅している**のです。この貸し付けはもちろん、貸し出しした相手の返済能力、突き詰めれば実体経済的な生産能力を予想し、それを信頼して行うわけですが、予想ですから外れることもあります。それでも、たくさんの銀行が多種多様な相手に貸し付けを行っていれば、平均的な予測の成績はほどほどのところに落ち着き、総体としての、マクロ的な貸し付けはそう大きな破綻もなく回収可能でしょう。このような貸し付けによって、アイディアその他の潜在能力があっても、それを実現するだけの資金力がない人々が、とりあえず手元にお金を得ることができるわけです。この貸し付けがなければ、これらの潜在的な生産資源は休眠したままです。お金自体は直接には何の生産の役にも立ちませんが、このように**取引を促すことによって、間接的に生産に影響を与えます**。先に見たような資産バブルの増幅もその例です。もちろん銀行による貸し出し以外にも、企業が株式市場において株式や社債を発行することによる資金調達も無視できませんし、銀行以外の貸金業者もいます。しかしながら銀行ではない普通の貸金業者にはこのような芸当はできません。普通の金貸しには、現に手元にある現金しか貸し出すことができないのです。

資本主義市場経済において、人々が日常用いる貨幣の大半は、直接的には、このような銀行の信用創造機能によって生み出されています。しかしながらそれには限度があります。具体的には、預金の何倍もの貸し付けを一度に行うことができるのは、借り手以上に預金者もまた多種多様であるため、すべての預金者たちが一度にやってきて、全部の預金を下ろす、などということが普通は確率論的に見てほぼありえないからです。しかしながらある程度大量の預金が引き上げられるという危険性があれば無視できないので、銀行の貸し出し能力には、預金の何倍まで、という上限が通常は定められています（現在の日本の銀行制度では「法定準備率」というやつです）。

かつては、貴金属貨幣が支配的だった——それこそが「現金」だった時代には、銀行の信用創造機能は、預金者が預け入れた預金であるところの**貴金属貨幣＝現金に制約**されていました。それは銀行はもちろん、国家にさえ自由にコントロールできるものではなかったのです。管理通貨制とは大雑把にいえば、唯一の「現金」を国家機関である中央銀行が発行する中央銀行券に限定し、同時に中央銀行を「銀行の銀行」にする、というやり方です。普通の銀行がお金を貸し出すときは、借り手に預金者と同様に自分のところに口座を作らせて、その口座にお金を振り込む、という形をとります。同様に中央銀行は、各銀行に口座を作らせ、そこにお金を振り込む、という形で現金を供給します。それは多くの場合、各銀行が持っている国債などの資産を買い上げるという形でも行われますが、いざとなれば何の断りもなく口座の数字だけを増やすという形でも可能です。

問題は、銀行の信用創造機能のおかげで、経済全体の中に流通する貨幣は「現金」（かつては貴金属貨幣、現代の管理通貨制の下では中央銀行券）の何倍にも拡大するということです。しかしながらそれは同時に、いったん銀行の信用が毀損されてしまうと、あっという間に元に――「現金」のそれにまで収縮していまいかねないのです。つまり**銀行システムは、バブル的なものまで含めての実体経済の拡大を支援することができるのと裏腹に、そのバブルを一気に崩壊させ、取引を収縮させてしまう危険をもはらんでいる**のです。

たとえば、ある銀行からの借り手の大多数が、初めから悪意で借金を踏み倒すつもりの悪党か、あるいは口ばかり達者で実際には何もできない無能か、あるいはどうしようもない災難に巻き込まれた不幸な人々だったとしたら？　こういってしまうと極端で非現実的な話に聞こえますが、資産バブルの崩壊とは基本的にこういう現象です。このような、バブル的投機を支えた大量の貸し付けが、いきなり回収の見込みのない不良債権に変じてしまったら？

このように大規模な返済不能が生じると、当然貸し手の銀行は経営危機に陥りますが、問題はその波及効果です。手元のキャッシュフロー（自由にできる現金その他流動資産）が足りなくなり、バランスシート（資産と負債のバランス）が悪化するのを恐れて、銀行としては急激に返せる負債は返し、回収できる債権は早めに回収して現金化しようとするでしょう。その場合、優良債権、本来なら貸し倒れがないはずの優良な借り手の債務も、急に返済を促されたりするかもしれません。そうするとこうした借り手は、自分では何も悪いことはしていないはずなのに、資金不足に陥るでしょう。また当然、銀行に対する貸し手（厳密にいうと法的には違いますが）にあたる預金者たちもまた危機に陥ります。銀行が健全なときは、銀行預金は手元の財布の中にある具体的な現金とほぼ同様に、自由に使って取引を決済できる「現金」として機能しますが、銀行が経営危機に陥ると途端にそれは「不良債権」に変じてしまいます。つまり銀行の経営危機とは、**銀行が創造していた信用、借り手に対して供給していたはずの「現金」が急激に消えてしまうこと**を意味します。

更によく知られていることですが、このような銀行の経営危機は、右に書いたような実体的根拠、つまり具体的な貸し倒れ、債権回収の失敗といったわかりやすい失敗や災難によってのみ起こるわけではないのです。経営上全く問題のない銀行についても、いったん危機の噂が広まると、その噂が健全な経営実態の事実が確認されることによって消滅するのではなく、逆に現実の危機を引き起こしてしまうことがあります。いわゆる「取り付け騒ぎ」です。

発達した資本主義市場経済における急激な貨幣供給不足とは、まずはこのような形で起きることが多いと考えられます。ただここで問題となるのは、銀行の信用創造によって、貸し出しによって生み出されたのではないもともとのお金、最初の預金者たちが預けたお金はどこから来るのか、ということです。

繰り返しになりますが、二〇世紀以降に、まさに**こうした不況への対応の中から確立してきた管理通貨制**の下では、いうまでもなくこれらは一種の政府機関（とはいえ狭義の政府、内閣や大統領などの管轄下のほかの行政機関からは一定の独立性を備えているという意味では最高裁判所にやや似ています）である中央銀行が発行する中央銀行券です。しかしこの中央銀行券はご存じの通り新しい仕組みですし、ぶっちゃけてしまえばそれはもともとは、普通の民間の銀行が発行する、お金として機能する証券たる銀行券の真似をして出てきたものです。復習しますが、歴史的にいえば、人々の信頼を得て、国境をも越えた取引に用いられる「貨幣の中の貨幣」は、金や銀を用いた貴金属貨幣であり、銀行券とは、その預かり証であり引換券だったといえます。

金融危機から来る信用の急激な収縮とは、つまるところ貨幣として機能していたはずの様々な証券のたぐいがいきなり価値を失うこと、つまりは急激に貨幣供給が減少することを意味しますが、それは必ずしもゼロになるわけではなく、もともとの貴金属貨幣までが消え去ることはありません。この意味で**貴金属貨幣は貨幣収縮に対するセーフガード機構、信用崩壊と不況がどん底までいかないためのセーフティーネット**になっているといえなくもないでしょう。また貴金属貨幣は国境を越えた通用性を持ちやすいため、国際通貨制度を安定させる（典型が国際金本位制）のにも役立ちます。

しかしながら「**急に消滅することはない**」という貴金属貨幣の利点は同時に「**急に増やすことはできない**」という欠点と背中合わせでもあります。つまりそれは貨幣制度の全面崩壊を防ぐには便利でも、市場における取引を円滑に行わせるためには、**マクロ的均衡を実現するには不向きなのです。**従って、こうした制度の下でいったん一九三〇年代の世界恐慌のような事態が生じてしまった場合には、そのマクロ的不均衡を調整する政策対応を取ることが困難となります（付言すると、ビットコインを含めた仮想通貨、暗号通貨も似たような特質を持っています）。中央銀行の銀行券と金《きん》との兌換性（いつでも一定レートで交換できるという約束）を断ち切り、中央銀行が独自の裁量で発券してよい、という管理通貨制度においては、この難点が克服されています。

では、すべての銀行に、そこに貴金属貨幣だの中央銀行券だのの預金なしに、自分の勝手で発券させれば、よりスムーズに、市場の需要に合わせた貨幣供給ができるのではないでしょうか？これがハイエクらの貨幣発行自由化論ということになりましょう。ただこの場合、勝手に発券する銀行は、中央銀行ではなく民間の営利企業である普通銀行ということになります。自力で採算をとって生き延びなければならない民間銀行は、自分の最大の商品である自行の銀行券の価値を維持しようと努力するでしょうから、その経営は健全であればあるほどデフレ基調に――自行の銀行券の発行は控えめになるでしょう。そして各銀行が独立採算の営利企業である限りは、そうした自己利益を超えて、経済全体のために適切な貨幣を供給するよう誘導することは難しいでしょう。そう考えれば、マクロ経済の均衡を確保し、有効需要を満たすために適切な金融システムは、貴金属本位制でもなく、さりとて貨幣発行全面自由化でもなく、政府機関としての中央銀行にのみ、政策的観点からの貨幣発行権を与える――というものになります。

　このように考えたとき、管理通貨制度の下での中央銀行のマクロ経済のコントロールのメカニズムは、案外と迂遠なものであることがわかります。実はそれは**経済全体の中で流通する実質的な意味での貨幣の総量を、直接に操作しているわけではない**のです。実質的な意味での貨幣、お金として機能しているものの中には、銀行その他民間の経済主体が膨らませたお金の等価物――各種の証券その他――が含まれている。総量としてはむしろそちらの方が多い、ということが肝心です。中央銀行は経済の中の貨幣全体を操作することはできず、いわばその**首根っこをつかまえる**、という形で間接的にそれらをコントロールしています。それゆえ非常にデリケートで不確実な部分を含みます。たとえば中央銀行が直接、市中銀行に大量の貨幣を供給したところで、各銀行がすぐさまそれに対応して機械的に融資を増やす＝信用創造で市中の貨幣を増やすとは限りませんし、逆にほんのちょっとの貨幣供給でも、銀行の貸し出し態度を急激に変化させて、大量の信用創造につながる可能性もあります。

「ケインズ政策＝戦争経済」論の誤り

以上やや回り道となりましたが、これまで見てきたケインズの不均衡分析が、マルクス主義者たちの理解と大きく異なるものであるのは明らかでしょう。マルクス主義的なケインズ理解は、極端になれば「ケインズ政策＝戦争経済」論、「資本主義が戦争を起こす」ともなるわけですが、こういう議論は結局のところ、「資本主義は需要不足が避けがたく、それを埋め合わせるための無駄遣いを必要とするが、その無駄遣いとして最もありふれており効率的なのは戦争である」という議論だと考えられます。しかし、よくよく考えれば**需要不足を埋める無駄遣いなど、戦争以外にもいろいろと考えられる**——それこそケインズもいったように「穴を掘って埋める」だけでもいいですし、ピラミッドを立ててもよいし、火星ロケットを打ち上げるのでもいいでしょう——わけですから、この議論は「なぜ無駄遣いとして戦争が最もよく選ばれるのか」の論証をしなければなりません。おそらく直観的には「戦争は人命の無駄遣いという最高の贅沢だから」という回答を多くの人は念頭に置いていると思われますが、この点につき精密な論証を見た記憶はありません。

一応こうした点を確認した上で、我々は本論——「ケインズ政策＝戦争経済」論、「戦争によって埋めようがほかの仕方で埋めようが、資本主義経済にとって需要不足は避けがたい」というたぐいの議論の批判——に戻りましょう。

この場合、我々が何を論敵として想定すべきか、ですが、ローザ・ルクセンブルク的なラディカリズムはこの際相手にしないことにしましょう。それはある意味でケインズ的な論点の先取りではあるものの、レーニンをはじめとするマルクス主義正統派の、更にいえば古典派・新古典派本流の価格メカニズムを信頼する立場からの批判によく応えていないからです。「供給過剰で売れないものの価格は下がるでしょう？　下がればいずれは供給も減り、どうにかなるでしょう？」という反論にそれは結局応えられません。

となれば、よき論敵として想定すべき相手はやはりマルクス主義的帝国主義論の、「二〇世紀資本主義においては市場の自己調整機能が劣化した」という論法の方だということになります。そこでその想定の下に反論を組み立てていきましょう。

まず「帝国主義＝独占資本主義段階において、以前の自由主義段階と比べて価格が硬直的となり、市場の調整がうまくいかなくなった」という議論にどの程度の説得力があるのか、について考えてみましょう。この議論ができあがったのは二〇世紀前半であり、経済の中心、とりわけ成長のエンジンとなるセクターが重化学工業とみなされた時代の産物でした。そこでは確かに独占的巨大企業の存在感が大きかった。やがて経済成長が進むと、雇用においても生産高においても製造業より商業・サービス業といった第三次産業のウェイトが高まってくるのですが、あくまでも成長のエンジンは重化学工業を基軸とする製造業である、というイメージはなかなか崩れませんでした。しかしながらよく知られる通り、二〇世紀末以降、まずはパーソナルコンピューティングの普及、それによるオフィスや生産現場、更に家庭のコンピュータリゼーション[※8]が進みます。成長を牽引する先端産業が、重化学工業からコンピュータ産業にシフトしていくのです。しかもそこで覇権を握ったのはハードウェア（物理的機械としてのコンピュータ）製造業者ではなく、ソフトウェア産業の方でした。

二一世紀初頭現在、世界最大の企業はソフトウェアを主力商品とするマイクロソフトであることはいうまでもありません。むろんマイクロソフトは独占的な影響力を持ってはいますが、完全な独占者ではありません。コンピュータ・システムのすべてを自社で供給しようというのではなく、主力商品は共通規格を支配するＯＳ（Operating System）にとどめ、自社規格をプラットフォームとする様々なソフトウェアの開発を、第三者企業に開放しています。そうした企業間の自由競争から生まれる革新的技術をＭ＆Ａ（Merger and Acquisition）によって入手することを繰り返すという**マイクロソフトの業態は、古典的な帝国主義論の独占資本のイメージからは少々乖離しています**。そしていうまでもなく、マイクロソフトが無敵の王者であるわけでもありません。自社ハードにこだわる巨人アップルというライバルが存在しますし、何より近年では検索エ

※8　「ＯＡ（Office Automation）革命」「ＦＡ（Factory Automation）革命」「ＭＥ（Micro Electronics）革命」といった言葉で形容されました。

ンジンから出発したグーグルの存在感は圧倒的です。

これらソフトウェア企業の覇権の確立の時代は、またOA革命・ME革命の次の段階ともいうべき情報通信（ICT：Information and Communication Technology）革命、インターネットの商業化に伴い、コンピュータの基本的なありようが、スタンドアロンの独立した機械からネットワークの端末、巨大システムの一部へと本格的に転換した時代でもあります。かつては通信産業のみならず交通産業その他のインフラストラクチャー産業は「自然独占産業」と呼ばれており、重化学工業以上に独占化のリスクが高く、強い公的規制下に置かれるか、公共性の高い国策産業として直接に公有公営化されることがむしろ普通だったわけですが、二〇世紀末以降状況が激変したことは周知の事実です。通信産業の情報産業との融合、ソフトウェア主導の技術革新の日常化は、産業全体を強い競争圧力の下に晒しています。**かつての帝国主義論のような「独占停滞論」は過去のものとなった**といってよいでしょう。

情報化が帝国主義・独占資本主義にとってどのような意味を持つのか、についてのマルクス主義者の見解は混乱しており、あまり一貫していません。ただ、のちに詳しく見ますが、かつての「産業社会論」においては、情報化は必ずしも市場経済には適合的ではなく、そのトレンドは西側資本主義体制と東側社会主義体制との相違を打ち消していくはたらきを持つ、とおおむね想定されていました。結果的に見ればこの予想は外れ、むしろ情報化こそが社会主義計画経済の資本主義市場経済に対する劣位をはっきりさせてしまったといってよいわけですが、それについては次章で改めて論じましょう。いずれにせよ現時点では、かつてのマルクス主義の想定した資本主義の発展段階論、とりわけ帝国主義・独占資本主義段階における競争の停滞論の説得力はかなり低下したといってよいでしょう。独占的大企業による市場支配、という傾向は必ずしも不可逆的ではなかったようです。

それゆえ我々としては、二〇世紀におけるケインズ的危機については、マルクス主義的な段階論の枠組みによってではなく、現代ケインズ派的に、**経済のマネタリーな側面での機能不全が引き起こしたもの**、と捉えたいと考えます。つまり複雑な市場経済は、単純な新古典派の交換経済モデルが想定するのとは異なり、実際には貨幣という媒介機構を不可欠としており、この貨幣供給が不十分な場合には、需要不足、不均衡が生じるのだ、と。つまり貨幣供給さえ適切に行われれば、市場経済は需給調整を適切に行うことができるのですから、マルクス主義的な「国家独占資本主義」論が含意するところの、「ケインズ政策≒戦争経済」論はこの観点からも否定されるわけです。

「新自由主義段階へのシフト」という図式は成り立つのか？

以上を踏まえた上で、改めて本稿なりの資本主義の「発展段階」論とでもいうべきものを、あくまでも暫定的な見取り図として提出してみたいと思います。

振り返りますと、オーソドックスなマルクス経済学の発展段階論の場合には、一九世紀中葉の自由主義段階から、一九世紀から二〇世紀にかけての世紀転換期に独占資本主義＝帝国主義段階への移行が見出されます。その際ベンチマークとなるのは、経済のリーディングセクターが中小企業主導の軽工業から、大企業主導の重化学工業へと移行する産業構造の転換であり、それとともに市場経済の価格メカニズムも、リーディングセクターの寡占市場化によって歪められ、不況が起きやすく、失業が長期化しやすくなる、とされます。政治学的に見るとこの時代はまた、議会制の発展と参政権の拡大、労働組合の成長、義務教育の導入、社会保障制度の導入など、**のちの福祉国家への伏線が敷かれた時代**ともいえます。

第一次世界大戦とそのさなかでのソビエト政権の樹立は、この発展段階論にとってはやや処理に困る出来事です。オーソドックスなマルクス主義の立場からすれば、ここから社会主義の揺籃期＝資本主義の終末期が始まる、ということになるわけですが、社会主義体制崩壊後の今日の観点からすれば当然これは全く受け入れられるものではありません。それでは、相変わらず資本主義の時代が続くとして、これが新たな発展段階を意味する画期か、というと意見が分かれてきます。先の自由主義から帝国主義への転回の場合、ポイントは産業のリーディングセクターの変化であり、その根底にあるのは技術、生産力レベルでの転換ですが、第一次大戦の場合にはそれにあたるものが見当たらない、と考える人もいます。むろん第一次大戦は政治的に見れば総力戦、国家総動員の走りであり、経済的に見ても統制経済の本格化とみなすこともできますが、生産力の質的転換ではない、というわけです。

第一次大戦の後に引き続く大事件としてもちろん大恐慌から世界不況への流れがあり、更にケインズ政策の登場がありますが、これもまた技術・生産力レベルでの質的転換とはいえないので、右のような考え方からすれば、やはり新たな発展段階への突入、とはいいがたいことになります。しかしさすがにここまで来ると放っておくこともできず、第一次大戦の戦時動員のインパクト、更に大不況期における経済政策の積極化をひっくるめて「国家独占資本主義」なる言葉がマルクス主義陣営において普通に用いられるようになりましたが、これが果たして帝国主義段階とは別の、その後に来る次の段階と呼べるかどうかに関しては、議論が分かれるようです。

そしてマルクス主義における資本主義の発展段階論は、結局のところ、「国家独占資本主義は資本主義の新段階なのか？」という問題に決着をつける前に、その総体がはしごを外されてしまいます。むろん決定的にわかりやすいのはソ連崩壊以降の社会主義の体制転換、市場経済への移行ですが、それ以前にまず八〇年代あたりにはのちの情報通信革命の端緒は見え始めており、先に述べた通り産業のレベルでもME革命、OA、FAといった問題は盛んに論じられるようになってきている一方で、大企業主導の産業構造も崩れつつある、といった議論も出てきて、（「国家独占資本主義」をどう見るにせよ）いい加減「独占資本主義」の次の段階を考えねばならない、という頃合いでした。

また八〇年代は七〇年代スタグフレーションの下での**「福祉国家の危機」**を受けていわゆる「新自由主義」が席巻し、マクロレベルでのマネタリストの台頭の一方で、ミクロレベルでは**規制緩和、公企業の民営化と「国家独占資本主義」の解体への圧力が強くなってきた時代**でもあります。そうなればいっそ資本主義の新たな段階として「新自由主義」を挙げても構わないところですが、それは資本主義内での発展段階論を超えたより大きな長期的レベルでの歴史の発展段階論における「資本主義はやがて限界に直面して社会主義に移行する」という予想を完全に無にしてしまいます。

このように、実は**社会主義の崩壊以前にマルクス主義的な資本主義の発展段階論は説得力を失い、解体の途上にあった**のですが、その残骸を拾い上げて整合性ある新たな枠組みを作ろうという試みがなかったわけではありません。とりあえず社会主義への移行の展望を捨ててしまえば、かなり融通は利くようになります。こうして開き直れば以下のような「経済のソフト化・サービス化とグローバル化に適応した、ポスト国家独占資本主義としての新自由主義段階へのシフト」図式に誰でも思い至るでしょう。すなわち――

資本主義経済をリードする基軸産業は重厚長大の製造業から商業・サービス業にシフトする。その背後には生産技術における情報通信技術の意義が致命的に重要となったことがある。これにより、「支配的な資本の蓄積様式」もまた巨大な官僚制組織の大企業からより弾力的な中小企業にシフトし、市場構造も再び自由市場主導に移る。国内レベルの社会経済政策も、規制を緩和し財政負担を減らす「小さな政府」志向が強まる。これに対応して、国際経済の構造もケインズ的福祉国家＝国家独占資本主義におけるような、資本移動を制限し貿易障壁も高い、帝国主義の残滓を伴ったそれ（ブレトン＝ウッズ体制）から、一九世紀的な自由貿易、自由な資本・労働移動を目指すグローバル資本主義にシフトする。

しかしこれはいうまでもなく、**あまりにも安易な図式化**です。何より、ブレトン＝ウッズ体制下では、本格的なケインズ政策展開の余地がひどく限られていたことを全く無視していますし、二〇世紀末のグローバル経済が一九世紀のそれとは異なり、変動相場制によって支えられていることも無視しています。

ではどうすればよいのでしょうか？

国際経済体制の転換こそが真のメルクマール

マルクス経済学の発展段階論の流れをくみつつ、以上のような困難を意識して何とか生産的に過去の遺産を継承しようという試みの中で興味深いものの一つが、一九九九年に上梓された石見徹の『世界経済史』（東洋経済新報社）です。この著作はタイトルこそ「経済史」を謳っていますが、実質的には資本主義の発展段階論を主題としています。石見は日本独自のマルクス経済学の流派であり、段階論をベースとした実証分析に重点を置いた宇野学派の流れをくむ研究者であって、この本も宇野派における段階論の原点である宇野弘蔵『経済政策論』（弘文堂）の二一世紀を前にしてのバージョンアップを図ったものであることは明らかです。

宇野の『経済政策論』は自由主義に先立つ産業革命以前の資本主義を工場制手工業主導の「重商主義段階」とし、その後に機械制大工業化した軽工業を主軸とする「自由主義段階」、重化学工業主導の「帝国主義段階」を配するものですが、タイトルを「経済政策論」としたところに妙味があります。実際段階の名前にあたる「重商主義」「自由主義」「帝国主義」は経済政策体系・思想に対する呼称なのです。ただし宇野自身は、発展段階を政策をメルクマールにして分けたというより、あくまでもメルクマールは「支配的な資本の蓄積様式」つまりリーディングセクターの代表的企業の技術・経営スタイルに求めて、政策はそうしたリーディングセクターの利害に合わせて決まる、と発想していました。このあたりオーソドックスなマルクス主義の枠内（「国家装置は支配階級の道具」）にとどまっています。

しかしながらこの「政策」に注目し、**資本主義の発展段階のメルクマールを生産力・技術よりも、むしろ政策の方に見ようとする論者**も出てきました。そのような発想は当然のことながら、突き詰めるならばマルクス主義の枠組みを逸脱することになります。宇野派の学統においてこの逸脱を追究したのが財政学者の加藤榮一であり、彼は産業革命期以降の資本主義の歴史を、一九世紀末までの「**純粋資本主義化傾向**」とそれ以降の「**福祉国家化傾向**」の二つの局面に大きく分けますが、その際の基準は完全に国家の社会経済政策のロジックになっています。かつて「帝国主義」の時代とされた世紀転換期は、局面転換の過渡期と位置づけられます（加藤『現代資本主義と福祉国家』ミネルヴァ書房）。

石見の『世界経済史』は加藤の影響が強く見られるほか、新古典派を含めた非マルクス主義経済学の業績をも広く踏まえて書かれたものですが、一国レベルに照準を合わせた加藤とは異なり、資本主義を世界経済体制として捉えます。その上で資本主義の発展段階（石見は「局面」という言葉を用います）を国際経済の制度的枠組みを主たるベンチマークとして捉えています。

より正確にいえば石見は、かつてのオーソドキシーでは最重要視された**生産力・技術**、加藤が重視した一国レベルの**政府・政策体系**、そして**国際経済体制**の三つをいずれも応分に重視する、という立場をとります。すなわち、古典的なマルクス主義とは異なり、生産力・技術を「最終審級」とみなしません。この点は加藤も同様ですが、石見の方が国際経済体制への目配りにおいてよりバランスがとれています。もう少し踏み込むならば、石見は（おそらくは加藤も）ただ単に生産力、あるいは経済が政治やその他の社会的領域に対する「最終審級」であることを否定するだけではなく「別に経済が政治のあり方を（あるいはその逆に政治が経済のあり方を）決定しているわけではないが、経済の変化と政治の変化は何となく対応し、同時並行している」といった考え方からも切れています。その上で、あえていえば国際経済体制、とりわけ**国際通貨制度の構造転換を資本主義の歴史をマクロ的に俯瞰する場合の最重要の要因としている**のが石見の特徴でしょう。

　石見は一九世紀を**金本位制の時代**としてひとくくりにします。古典的には「帝国主義段階」に入れられてきた（加藤の場合はまさに「転換期」とされた）一九世紀末から二〇世紀初頭も、金本位制の時代として「**自由主義局面**」のうちに組み込まれます。この枠組みでは「転換期」は加藤を含めた従来のマルクス主義的段階論のそれからずれ込み、大体第一次大戦から世界不況をはさんで第二次大戦までの三〇年ほどが「**構造転換局面**」とされます。戦後高度成長期は「**黄金期**」、スタグフレーション以降は「**新自由主義局面**」と名づけられています。

　この石見の図式は相応の説得力を持ちますが、ここまでの我々の見方からすれば今少しアレンジが必要でしょう。まず我々の解釈からすれば、石見のいう「黄金期」はいまだ完全な金本位制からの脱却を遂げているとはいいがたい、つまり、ブレトン＝ウッズ体制の下でのドルを基軸通貨とした固定相場制であるため、この「黄金期」もいわば長い過渡期、ないしは一九世紀的固定相場制時代の末期と位置づけて、「新自由主義局面」をこそ、変動相場制への転換として、明確に新しい時代に突入したのだと位置づけることができるでしょう。もちろんこの時代を「新自由主義」と呼ぶことは、一つには「新自由主義」というレッテルそれ自体の意味の希薄さゆえに、いまひとつはことにリーマン・ショック以降、ケインズ的アプローチの重要性への関心が再燃している一方で、それは変動相場制を否定するものでは全くなく、むしろそれを前提としているがゆえに、あまり適切とはいえません。この石見の本は二〇世紀末に書かれた本であるから仕方ありませんが、「失われた二〇年」やリーマン・ショックを経た我々は、既に**変動相場制と「新自由主義」を切り離して考えられる、いや考えねばならない時代**に生きています。

つまりここで我々は石見の三基準のうち第三の世界経済編成の制度的枠組み、とりわけ国際通貨・金融体制を重視していることになります。第二の国家レベルでの政府の政策についていえば、もちろんそれが国際経済体制によって決定されるということ（そこに還元されるわけではないですが）、マクロ経済政策に注目した場合、国家レベルの政策は国際経済体制に大きく制約されることは否定できません。

そして第一の基準、オーソドックスなマルクス主義においては元来最も重視されてきた生産力、技術については、少なくとも「資本主義」と呼びうる体制の存続する範囲内では、時代の性質、社会経済構造を規定する要因としては、ほかの二基準よりもマイナーなものではないか、と我々は考えます。少なくとも、産業革命以降の（そしておそらくはそれ以前までを含めての）生産力の発展と技術変化は、（史的唯物論の、資本主義の枠を超えたより大きな歴史の中での発展段階論が想定するように）市場経済の枠組みを大きく突き破ることはおろか、市場経済の枠内でのその性質変化に対して大きく寄与したかどうか自体を我々は疑っています。少なくとも古典的な発展段階論を支えた「生産力の発展に従って生産システムは重厚長大化し、それに合わせて企業も巨大な官僚組織となり、その分、市場の自由競争のウェイトは低くなる」という発想は、もはや完全に崩れ去ったといえましょう。

技術変化や生産力の上昇が重要ではないというわけではありません。ただし、もともとのマルクス主義の社会科学における資本主義の発展段階論の問題意識を継承し、それを生産的かつ整合的に再構成するならば、意外なことにそれは二次的な意義しか持たなくなる、というわけです。すなわち、

「それを「資本主義」と呼びうる範囲内での、市場経済体制の構造転換」を近代史の中に見出そうとするならば、それは「両世界大戦期から戦後高度成長期までをやや長すぎる過渡期とする、**固定相場制下の金本位制から、変動相場制下の管理通貨制への転換**」とみなすのが理にかなっている。

というわけです。

では**これを「発展段階」という名で呼ぶことができるかといえば、それは怪しい**でしょう。考えてみれば加藤が「傾向」、石見が「局面」という言葉を用いていたこと自体、彼らが古典的な「発展段階論」、つまり歴史を（1）相対的な安定期から別の安定期への不連続的・構造的変化の連なりとして、かつ（2）それら一連の変化をある定まった方向に向けての成長・発展として理解しよう、というアプローチから脱却していこうとしていたことの証拠です。これは「生産力－国家－国際経済体制」という三つの軸を並列した石見の場合にはより明確です。

ただ石見の場合もよく見てみれば、どれか一つを基底的な「最終審級」とみなすことを避けてはいるものの、それぞれの軸において（1）不連続な（2）ある方向への発展が起こっている、という発想は残存しています。それに対して我々は、生産力・技術の発展に対してそのような「発展段階論」が適用可能かどうかについては禁欲的でなければならない、と考えます。技術体系の発展が、相対的な安定と不連続的かつ革命的な変化の交代（科学史家トマス・クーンの科学革命論以降人口に膾炙《かいしゃ》した言い方を使えば「パラダイム転換」）、といった様相を呈する、という歴史観はもとより、それが市場経済のあり方を同様に不連続的に変化させる、という発想も安易にはとれません。国家の社会経済政策については、ある程度意図的な構築の所産でありうるだけに、このような「前向きの革命的変化」を歴史の中に見て取ることはまだ「アリ」でしょう。ただその場合、最も明快な不連続的革命的変化は、国内レベルの政策と国際経済をつなぐ**国際金融システムをめぐる思想と制度の転換**でしょう。しかしそれをより洗練された方向への「発展」

「成長」「進歩」と解釈することは――私自身の価値判断においては現代的な変動相場制の方がより「まし」なシステムであり、それへの移行は「進歩」と評価しうると思われるにもかかわらず――禁欲的であるべきではないか、と考えます。

寄せ集めのレッテルとしての「新自由主義」

さて、以上の我々なりの「段階論」を踏まえて、改めて**「新自由主義」なる言葉で指示される何事か**について考えてみましょう。

一番安易な、社会主義革命という未来を見失ったマルクス主義の図式に従うならば、それはまさしく資本主義の新たな発展段階ということできれいに収まります。しかしながらそのような図式の根拠の希薄さについては、既に散々論じてきた通りです。少なくとも「支配的な資本の蓄積様式」に対応する何事かとしてそれを理解するのは不適切でしょう。イデオロギーというか、政策思想体系とした（段階論的図式とは関係ない思想体系の名称とするにせよ、あるいは段階区分そのものの指標を政策思想体系に置くにせよ）方がまだしもです。しかしながら「新自由主義」の名のもとにフリードマンとハイエクを一括することには大いに問題があることは、既に強調してきました。となればマクロレベルをカッコにくくり、ミクロ経済政策のレベルでの消極主義（いわゆる「市場原理主義」）のことをそう呼べばよい、という考え方も十分にありえますが、それでは時代の重要な――長期的な変化を見るに際しては最重要かもしれない――局面を丸ごと見落としてしまうことになります。

乱暴にいえば**マルクス主義とは、金本位制に固執することによってこのマクロ経済という次元を丸ごと見落としてしまう社会経済思想**であった、ということになります。ケインズの考えでは、主として貨幣によって担われる流動性を十分に供給しさえすれば、自由な市場経済は完全雇用を達成することが十分にできるのですが、マルクス主義者はそのようには考えず、資本主義経済は必然的に独占化傾向をたどり、完全雇用を達成できなくなっていくと考え、流動性の効果を重視しません。

マルクス主義者の多くはケインズ政策の金融政策面を軽視し、市場をあからさまに歪める財政政策の方を重視します。金融政策に着目する場合も、それを**本来の資本主義市場経済の正常なありようからの逸脱**と見ます。マルクス主義者にとっては本来の資本主義における正常な貨幣制度とは金本位制であり、ケインズ的な、本格的金融政策の前提となる管理通貨制は、市場の規律を歪めるアノマリーなのです。

ここまでくると我々は「マルクス主義者と新自由主義者とは実はお互いに裏返しの鏡像関係にある」といってしまいたくもなりますが、もちろん、事はそう簡単ではありません。マネタリストの代表であり、しばしば「新自由主義者」の代表格扱いされるミルトン・フリードマンは、景気のコントロールのための機動的な金融政策に対してこそ否定的でしたが、物価のコントロールのためには管理通貨制度は必須であると考えていたわけですから、**金本位制に固執するマルクス主義者は、フリードマンよりもよほど「市場原理主義者」である**とさえいえそうです。しかし、それではフリードマンをハイエクと並ぶ最重要の「新自由主義者」として遇する意味がなくなってしまいます。

むしろ我々は今日普通に使われる意味での**「新自由主義」を、一貫したイデオロギーであるとか、それを共有した党派集団といったものに対する名前とは考えない方がいい**のではないか。これは『「公共性」論』でも主張してきました。むろんよく知られているように、ハイエクらいわゆる「新自由主義者」がメンバーとなっている具体的なサークルとしてのモンペルラン協会などの存在は無視できないとはいえますが、その母胎となったのはリップマン・シンポジウムであり、ウォルター・リップマン自身は反共自由主義者ではあっても、今日的な意味での「新自由主義者」の先駆とはいいがたい存在です。また旧西ドイツのフライブルク学派、社会的市場経済を標榜するオルド自由主義の扱いも難しくなります。これはマクロレベルでは意識的に抑制的（ディスインフレ）金融政策をとりつつ、ミクロレベルではある種の介入主義――秩序ある自由市場を維持するための介入――をとり、福祉国家にもコミットする立場です。

従って我々は「新自由主義」を内実、実体のある何事かというより、**寄せ集めの雑多な現象に対して貼り付けられた外在的なレッテル**、とでも考えた方がいいのでしょう。しかしながら今度は、そのようなレッテルを貼り付ける側の論理についてきちんと考えねばならないことはいうまでもありません。

ここで我々の思考の導きの糸は以下のようなものです。

二〇世紀後半のいわゆる「新自由主義」とは、八〇年代頃から盛んにいわれるようになった意味での「**新保守主義**」と、その指示対象においてイコールではなくとも相当程度オーバーラップする言葉である。すなわち、伝統的な――少なくとも二〇世紀後半において支配的だったタイプの保守主義とは明確に異なったタイプの新しい保守主義的政策思想に対して与えられた名称である。むろん「新保守主義」という言葉も、「新自由主義」に似て、多分に異質なものの寄せ集めという印象を免れない。しかしここでのポイントは「**新保守主義によって取って代わられた伝統的な保守主義」とは何か**、である。そしてそれは実は「**新自由主義によって取って代わられた伝統的な自由主義とは何か**」という問題とも重なってくるのではないか。

更に仮説――というより結論を先取りしていってしまうならば、私は以下のような予想を持っています。

党派としてはもちろんイデオロギーとしてもまとまりを欠くいわゆる「新自由主義」のイメージのでっち上げの主犯は、当の「新自由主義」的潮流に属する人々以上に、そこに資本主義の新段階を見出したい、更に批判すべきわかりやすい対象を見出したい、マルクス主義者たちなのではないだろうか？　そのような焦りの裏には、それまで二〇世紀マルクス主義社会科学の主たる論敵であった産業社会論、近代化論の凋落があったのではないか？

これまでのまとめ

- ケインズの経済学の核心によれば、一九三〇年代の恐慌とは、金融セクターの自律と暴走がもたらす経済のマネタリーな側面（マクロ経済という固有の次元）での機能不全に起因している。
- こうした危機に対応するためにこそ、金本位制から変動相場制への転換が要請された。
- マルクス主義の「国家独占資本主義」論は、生産力・技術中心主義の歴史観と、金本位制というシステムに固執することによって、ケインズ経済学の核心を取り違えるとともに、「現代」資本主義の本質をも読み誤ってしまった。
- このマクロ経済というレベルから見れば、「新自由主義」といわれる諸学派にはひとくくりにできるような一貫性のある立場は見出せない。従って、「新自由主義」とは当時のイデオロギー対立の中で仮構された外在的なレッテルにすぎないのではないか。

第3章

「保守本流」思想としての産業社会論

混合経済体制に収斂する?

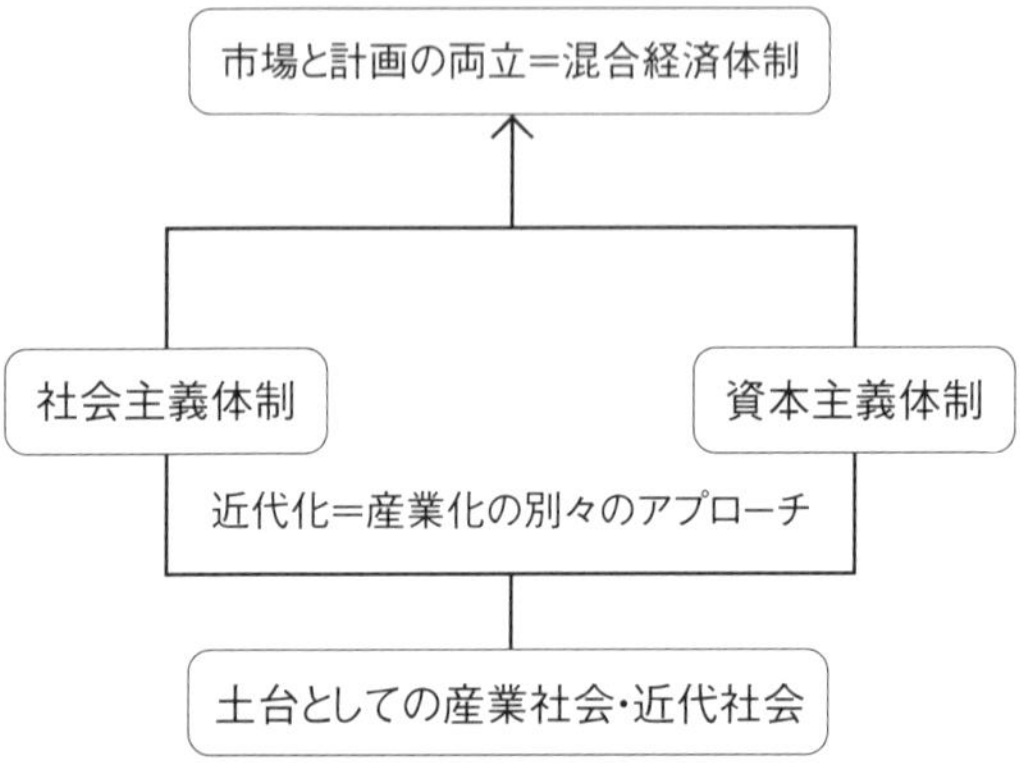

これまで見てきたように、「新自由主義」という言葉には首尾一貫したイデオロギーを持った実体性がなく、寄せ集めの外在的レッテルといった感をぬぐえません。また、そこで「新自由主義」と名指されてきたものは、かなりの程度、1980年代に現れた、レーガンやサッチャーなどの「新保守主義」とオーバーラップするものでした。

そこでここからは、「新自由主義≒新保守主義」が取って代わったとされる伝統的な「自由主義≒保守主義」とは何だったのか、について見ていくことで、「新自由主義」というブロッケンのお化けの正体を突き止めてみたいと思います。

最初に私たちが導きの糸とするのは、伝統的な保守主義の屋台骨であった「産業社会論」です。

1 戦後保守主義と社会民主主義の屋台骨としての産業社会論

反ケインズ主義的福祉国家としての「新自由主義」

なぜ「**産業社会論**」なのか？　そもそもここでいう「産業社会論」とは何なのか？　とりあえずそれを説明させていただきましょう。

ここまでの論点の一つは「**俗に「新自由主義（Neo Liberalism）」と呼ばれているものの内実は実は結構多様であるのに、往々にしてそれは見過ごされている**」ということです。具体的にはそこには、フリードマンのようにマクロ経済政策については否定的ではなく、自由な市場がその本来の機能を発揮するための大前提としてその必要性を認めながらも、ミクロ的な市場介入政策に対しては否定的である立場も、またオーストリア学派のように、マクロもミクロもひっくるめて市場への政策的介入に否定的な立場も含まれてしまう、ということです。ここに更に旧西ドイツのオルド自由主義のように、ミクロ的介入については謙抑的ではあれそれほど否定的ではないが、マクロ的介入に対しては否定的、という立場まで入ってくると更にわかりにくくなります。

ちなみに日本での八〇年代以降の行政改革、規制緩和、「失われた二〇年」における「構造改革」のバックボーンは一見したところ「マクロもミクロもひっくるめて市場への政策的介入に否定的な立場」に見えがちですが、よくよく見るとミクロレベルでは成長セクターを戦略的に支援しようというミクロ的介入論が混じっていることがあります。またこうした路線への左派からの批判においても、マクロ的介入についての積極論があまり目立たないのがここしばらくの特徴です。

ですから、「新自由主義」をマルクス主義的に「資本主義の新たな発展段階」として押さえるのはもちろんのこと、体系的な世界観であるとか、積極的な政策構想として理解しようとするのは混乱のもとです。最初に述べたように、私自身はこのような理解の仕方を放棄してもうずいぶんになります。ただ他方で人々が**「新自由主義」というレッテル**をそれでもつい使いたくなってしまう理由もわからないではありません。すなわち、**これらの諸潮流が共通の批判対象としていたものがある**のだとすれば、このレッテルが便利に用いられてしまう――それどころかレッテルを貼られた当事者たちでさえ、別段それに異を唱えず、場合によっては呉越同舟も辞さずに進んで「新自由主義者」を自任していた可能性さえあります。

ではその批判対象とは何でしょうか？　むろんマルクス主義をはじめとした社会主義は、これらの諸潮流にとっては批判、否定の対象です。しかしながらマルクス主義、社会主義が批判、否定の対象であるのはいうまでもなく当たり前のことで、今更強調することでもありません。そうではなく批判の焦点は、社会主義の中でもソ連東欧の一党独裁・計画経済体制にではなく、「西側」の議会制をとる社会民主主義、修正資本主義、ケインズ主義的福祉国家の方にあったわけです。すなわち、マクロ・ミクロ両面における介入主義的社会経済政策を批判する諸潮流が、十把一絡げに「新自由主義」と呼ばれる、あるいはそう自認する——といった状況にあったのです。すなわち、オーストリア学派風にマクロ政策をミクロ政策をまとめて否定する立場も、フリードマン流の、ミクロ政策にのみ否定的な立場も、ひょっとしたらマクロ政策を否定しつつ、ミクロ的介入にはそうでもない立場[※1]も、とりあえずは**みんなケインズ主義的福祉国家への批判では轡《くつわ》を並べている**、というわけです。

「保守本流」としてのケインズ主義的福祉国家と産業社会論

しかしここで注意すべきは、その担い手が労働組合などを支持基盤とし、社会民主主義を標榜する左派政党であろうと、あるいはどちらかというと保守主義を標榜していようと、第二次世界大戦後の高度成長の下、社会保障を充実させていったケインズ主義的福祉国家体制は、その支持者の間では、それもまたマルクス主義的な社会主義体制に対するオルタナティヴ、アンチテーゼであったはずだ、ということです。「新自由主義者」は往々にしてケインズ主義的福祉国家を、本格的な社会主義への「滑りやすい坂」の上にある、と一緒くたに批判していましたが、他方で

※1　オルドー自由主義がそうか、といわれると実際にはかなり微妙な問題が残ります。フリードマン風マネタリズムの、特に禁欲的なバージョンくらいに理解しておいた方が安全かもしれません。

保守陣営に属する福祉国家支持者の方は、福祉国家体制を「反共防波堤」と捉え、ケインズ主義的福祉国家を自由主義的市場経済体制への「修正」ではあっても「否定」ではない、と捉えていたのです。すなわち、「石油ショック」以降、スタグフレーション以降の一九七〇年代の経験を経てほとんど忘れ去られてしまっていることですが、**かつてケインズ主義的福祉国家へのコミットメントは、まさに「保守本流」の思想でありえた**のです。

このかつての「保守本流」の社会科学的な表現が、いわゆる「産業社会論」です。「産業社会」という言葉自体は何となく普通の日常語として定着し、高校の科目名「産業社会と人間」にも入り込んでいますが、社会科学、社会思想上の術語としての「産業社会（industrial society）」はかつての存在感を失っています。そしてそれを支える「産業社会論」「産業社会の理論」もまたすっかり過去のものとなった感があります。

そこで我々はまずは、この「産業社会論」とは何であったのか、を思い出してみるとしましょう。

今日のいわゆる「新自由主義」と呼ばれる諸潮流の社会科学的なバックボーンが新古典派経済学だとすれば、「産業社会論」のそれはあえていえば**社会学**です。そしてまたそれは、マルクス主義を主たる仮想敵とする思想体系です。「新自由主義」、ないしはそれが復権しようとする一九世紀的な自由主義についてはそれほど意に介してはいません。「一九世紀的な自由主義」、と乱暴に片づけましたが、ここでは「小さな政府」論くらいに思っておいてください。

簡単にいうと、「産業社会論」の主導者の多くは二〇世紀後半、冷戦時代における西側の保守主義に対して、きちんとした社会科学的な裏づけを与えようとした人々です。代表的な論客としては、たとえばフランスでは社会学者であり、保守論客として鳴らしたレイモン・アロンを、またアメリカでは旧制度派経済学の流れをくむ労使関係研究者で、大学行政マンとしても著名なクラーク・カーの名を挙げることができます。経営学者のピーター・ドラッカーの名も逸することはできません。大体において彼ら／彼女らは、マルクス主義の挑戦に対して**西側の自由主義、つまりは自由市場体制、資本主義と議会制民主主義を守ろうとした人々**です。その意味では、政治的、イデオロギー的にマルクス主義的左翼より「新自由主義者」たちに近いということになります。しかしながら産業社会論にコミットした人々は、マルクス主義と戦う道具としては、「新自由主義者」たちの社会科学的道具立ては貧困である、と考えました。乱暴にいえば、それは一九世紀的で時代遅れであり、マルクス主義社会科学の包括性に対して劣っている、と評価していたわけです。産業社会論とは、マルクス主義に匹敵する別の総合的社会科学の体系を作ろうという試みです。それは「新自由主義」が頼みとする経済学を否定するわけではありません。しかしそれでは不十分だ、と考えるのです。

「**産業社会**（industrial society）」という言葉は、ここではマルクス主義的な意味での「資本主義（社会）capitalism」という言葉に対するカウンターとして用いられています。「産業社会」の概念は「資本主義（社会）」の概念を否定し、それに取って代わるものではありません。あえていえばそれはその上位概念です。**「資本主義社会」と「社会主義社会」の両方を包括する上位概念**として「産業社会」は捉えられています。それに伴って「産業主義（industrialism）」という言葉も登場してきます。当然ながらマルクス主義の歴史観では「社会主義」は「資本主義」の次に来る歴史的発展段階ですが、産業社会論はそうした歴史認識への批判でもあります。産業社会論によれば、資本主義と社会主義は産業社会の二つのバリエーション、産業化のための二通りの道、というわけです。

あるいはここでむしろ「近代化（理論）modernization（theory）」の語を呼び出した方がよいかもしれません。「産業社会」「産業主義」といった術語がすっかり古びてしまったのに比べると、「近代化」の方は日常語としても社会科学用語としてもまだ現役ですが、幾分意味合いは変わってきています。

そこで極力この時代の「近代化（理論）」の語感を復元してみましょう。そうするとやはりこれはマルクス主義の批判、そのオルタナティヴの提示を眼目としていることがわかります。

マルクス主義の歴史観は「唯物史観」ともいう通り、歴史の原動力を経済、それも富の生産としており、生産技術のあり方が、社会の中の富の配分、所有構造、経済体制を決め、それが更に政治権力、支配体制を決め、文化のありようを決め——という風に考えます。産業革命以降の資本主義の発展も、この法則から逃れるものではありません。資本主義から社会主義への移行という未来予測も、これに則っていますし、資本主義段階の中でのより細かな段階区分、資本主義経済の発展段階も、基本的には生産技術の変化、それに基づく市場経済のありようの変化、として理解されます。つまりそれは、（1）社会を多面的で複雑なシステムとして捉えた上で、（2）そのメカニズムを根底的なレベルとしての経済・生産技術によって決定されるものと説明しようとしました。つまり**多面性を一元論的に捉えようとした**のです。

それに対して「産業社会論」を踏まえた「近代化論」は、マルクス主義と同じく（1）社会を多面的で複雑なシステムとして捉えた上で、（2）そのメカニズムを経済・生産技術というレベルへの還元によって説明することを避け、経済、政治、文化、それぞれのレベルはある程度自律的に運動する、と捉えていました。つまり「近代化」という大きな流れは、マルクス主義的には（厳密にいえば、そこではあまり「近代化」という言い方はされませんが）、経済・生産技術のレベルの変化が、更に政治や文化の変化をもたらす、というプロセスとして描かれるのに対して、近代化論の枠組みでは、**それぞれある程度自律的に進行するいくつもの近代化プロセス——「経済的近代化（その中核が「産業化」）」、「政治的近代化」、「文化的近代化」等々——の並行**として理解されたのです。

資本主義と社会主義は一つの形態に収斂する？

「産業社会論」の思想的淵源をたどるならば、厳密にいえば少なくとも『産業者の教理問答』などをものした初期社会主義の大立て者サン＝シモン伯爵にまでさかのぼらねばならないようです。今風にいえば「学者と官僚の混成体としての知識人による支配」とでもいうべき彼の未来社会構想は、確かに冷戦下の東西両陣営を横断するテクノクラシー構想の原点に位置づけられるものでしょうが、ここではそうした原点に注目するよりも、あくまでも二〇世紀の、マルクス主義への対抗思想としてのそれに注目しなければなりません。そうしたときにまず目立つのは、その**多元主義**です。

1　戦後保守主義と社会民主主義の屋台骨としての産業社会論

マルクス主義の社会科学体系は、あくまで経済とその学としての経済学を基盤に、その上に政治や文化、社会的共同性についての科学を積み上げようというものでした。つまり政治や文化は経済のありようによって決定されるものと捉えられ、そのように説明されたのです。むろんマルクス主義の近代――封建制から資本制に移行してからの社会――認識も、封建社会における経済－政治－文化の未分化――政治的支配者が同時に経済的支配階級でもあり、また文化的エリートでもあるという構造――が一応は崩れ、経済、政治、文化それぞれの独立性が確立した時代、というものでした。にもかかわらず、互いに分化独立したはずの経済、政治、文化、あるいは学術、宗教といった社会の諸領域が、結局は経済という下部構造によって支配され、経済的支配階級が実際には政治権力や文化的威信をも、封建時代とは別の形で占有してしまっているのが、資本主義的近代である。それがマルクス主義の近代像です。近代社会の多元性は形式的な、見かけの上のものにとどまってしまっている、というわけです。

それに対して産業社会論は、近代社会は実際にかなりの程度多元的である、と考えます。経済的支配階級と政治的支配層と文化的、宗教的、あるいは学術的エリートは、ただ単に形式的に別々のロジックで選ばれるのみならず、実態としてもそれほど重なり合ってはいない、と考えます。経済構造はもちろん政治体制や文化など社会のほかの領域に影響を与えはするが、決して一方的に決定してしまうことはなく、政治や文化からの経済への反作用もある――社会学における産業社会論、あるいは政治学におけるそのカウンターパートともいうべき多元主義論（これらをひっくるめて「近代化論」と呼んでもいいでしょう）では、そのように考えます。

マルクス主義者たちはこうした産業社会論、近代化論に対して「**資本主義の現状を正当化するイデオロギー**」だとして批判しました。今やそうした批判の作法は、普通の人には理解することが難しくなりましたので、どういうことか説明しましょう。第一に産業社会論は、資本主義社会の現実を正しく見ていない、つまり、経済が政治や文化のあり方を決めてしまうという現実を正しく認識できず、多元論という不適切な理論で現実を説明しようとしている。つまりは実証科学のレベルでそれは誤っている。そして第二に、そのような「資本主義社会は実は多元的社会である」という誤った認識に固執するだけではなく、その誤った認識をもとに、今度は価値判断を行う――「一元的な価値基準が支配する社会よりも多元的な社会の方がよりましな社会であり、そのようなものとして現代の多元的な産業社会は悪くないものである」と人々を欺いて現状を正当化する、というわけです。それに対して産業社会論、近代化論の陣営の方からも、マルクス主義に対して「そちらこそただ単に事実認識として誤っているのみならず、人々を欺こうとするイデオロギーである」との反批判が投げつけられますから、この論争はかなりきな臭いものでした。まずその辺は確認しておかないと、論争状況を見誤ります。

しかし産業社会論の眼目を多元主義にのみ求めると、やはり大きな間違いを犯してしまいます。産業社会論の核心には、多元論と並んでもう一つの、おそらくはもっと重要な柱がありました。それはもちろん「**産業（industry）」の概念**です。ここでいう industry とは必ずしも工業、製造業のことではなく、サン＝シモンにおける industrie と同様に、産業革命以降の機械制工業経営に典型的に現れたような、科学的知見と合理的な官僚組織に基づく社会編成、そしてその一環としての生産技術、というほどのものです。この産業概念とマルクス主義的な生産力概念とは、それが指示する現実の対象においてはかなりの程度重なり合いますが、意味内容においてはかなりニュアンスを異にします。

マルクス主義の生産力概念においては、その時代ごとの生産力の社会的な組織編成の仕方（マルクス主義的にいえば「生産様式」）は、その時代の技術水準や、主導的な産業部門の違い――農業主体か工業主体か、工業主体だとしても軽工業か重工業か、等々――に応じて様々ですが、大体において一定の技術水準には一定の生産様式が対応する、と考えられています。それゆえに農業主体の時代には長らく市場経済は十分に発達せず、産業革命以降の工業化によって市場経済が社会全体を覆う資本主義が発展した、と考えられます。しかし工業化が進展し重化学工業、更に高度な科学知識に基づいた情報技術が経済を主導するようになると、それらは私有財産制度に基づいた資本主義市場経済の下では十分に発達できず、更に発展のためには社会主義への移行を必要とする、という風に論じられます。

それに対して産業社会論のヴィジョンはもっと融通無碍です。産業の発展においては多様な経路が可能であり、市場経済・資本主義から社会主義へ、という一直線の発展段階は必然ではない、と考えられます。そもそも**資本主義も社会主義も、産業化のための戦略としては機能的に等価**で、状況に応じてどちらが最適かは変化します。ただ長期的にいえば、技術の高度化は資本主義的な市場経済と、社会主義的な計画経済のどちらにも偏らない混合経済体制を要請する、とそこでは考えられています。資本主義の下でもビジネスの主役はそれ自体巨大な官僚組織である法人企業に移行していく一方で、社会主義の下でも、中央からの指令だけではなく、末端の現場でのある程度の自由裁量を許さないと、柔軟な対応、とりわけ技術革新は停滞するので、ロシア革命以降いったんは資本主義と社会主義の二大ブロックに分かれた産業社会も、双方から収斂して次第に似通った体制になる――そのような産業社会論の歴史ヴィジョンは、「**収斂理論**（**convergence theory**）」と呼ばれました。

このような歴史認識は、もちろんマルクス主義のそれとは大いに対立するものですが、共通する部分も小さくはありません。すなわち、一九世紀から二〇世紀にかけての展開についての産業社会論の認識は、マルクス主義の帝国主義段階論と共通しています。

資本主義経済の主役が個人所有の中小企業から株式会社法人の巨大企業に移り、経営組織が官僚制化して「**所有と経営の分離**」が起こり、資本家の影響力が弱まる一方、まさにその「所有と経営の分離」によって、労働者階級の上層部分は、資本家のコントロールからの相対的な独立を果たした経営の末端を担う**新中間層**になっていく。このような資本家ならぬ経営者によって運営され、市場を独占的に支配して必ずしも「みえざる手」に従わず、国家とも対等な交渉関係に入る大企業中心の体制は、**かつての自由な市場経済の社会と、完全な国家統制による計画経済との中間にある**「**混合経済**」である。そしてその間の移行には、必ずしも革命を伴う必要はなく、普通選挙制の下、民主化した政府の下で、合法的かつ漸進的に行われることも可能だし、あるいは明確な政治的決断なしの、なし崩しの移行さえありえないことではない。いやそれどころか、もはや市場経済と計画経済の間に断絶を伴うほどの異質性はないのだから、移行についてあれこれ悩む方がおかしい――産業社会論者の二〇世紀資本主義認識は、乱暴にいえばこのようなものです。これは、先に見たように、マルクス主義者たちが帝国主義＝独占資本主義段階、という概念装置を作り上げることによって抵抗しようとした、自由主義者や社会民主主義者たちの議論と基本的に変わるものではありません。

支配階級は資本家から官僚組織へ

そして「産業」の発展にとって**資本主義か社会主義か、という政治経済体制の問題はどちらかといえば二次的**である、とする産業社会論にとって、産業の、更にいえば科学技術の発展を左右する重要なファクターは、むしろ「文化」でした。そう考えると産業社会論とは、一見したところマルクス主義の「**経済中心主義**」を批判する多元主義の様相を呈しつつ、実はむしろ「**文化中心主義**」と呼んだ方がよいのかもしれません。具体的にいえば、産業を支える科学技術の発展を可能とする文化についての議論は、ほとんどかのマックス・ウェーバーの「資本主義の精神」論、西洋社会における「合理主義」をめぐる議論の継承として成り立っていました。つまりは、消費を最終目的とせずに、あたかも「生産のための生産」を目指して延々と続けられる投資、資本蓄積を軸として回る経済活動、そしてその一環として終わることなく続く知的探究を支える、特異なメンタリティ、価値観こそが産業社会の原動力であり、それは（一昔前の経済学が想定するように？）あらゆる人間が共有する「本能」でもなければ、（マルクス主義者がそう考えたように？）特定の社会体制が人に押しつける行動様式でもなく、より内面的な態度、志向性とでもいうべきものである、というわけです。

私的所有も市場経済も、人類社会を広く見渡したときにかなり普遍的な、「自然」な代物であったのに対して、自己目的的な投資を軸とする資本主義という経済体制は、近代西欧に起源を持つ極めて特異なものである、というのがウェーバーの見立てでした。そしてその資本主義の未来は社会全体の官僚制化のより一層の徹底であり、その運命は一見資本主義と対立する、ロシア革命以降の社会主義体制にとっても不可避である、という、乱暴で陰鬱な予想までをもウェーバーは提示していました。それに比べたとき、第二次世界大戦以降、冷戦下でのその継承者たる産業社会論のトーンは、もっと楽観的であるのはやや不思議です。しかしここではその問題への深入りはやめておきましょう。

産業社会論者のすべてが保守主義者であった、というわけではありません。**その重心はむしろ自由主義から社会民主主義あたりにあった**というべきでしょうし、自由主義を否定するラディカルな保守主義者は基本的にいませんでした。また社会学者アルヴィン・グールドナーや、「新しい社会運動」論の先駆者であるアラン・トゥレーヌのように、ラディカル左翼を標榜する論者もいます。しかしながら八〇年代あたりまでの西側先進諸国における社会科学とそれを踏まえたジャーナリズム、論壇においては、ラディカル左翼の重心は共産党から距離をおく西洋マルクス主義（広い意味での新左翼）にあり、その主たる批判の相手は、当時は少数派にすぎなかった「新自由主義」（主としてシカゴ学派やオーストリア学派の経済学者やその影響を受けたリバタリアンほか）よりは、産業社会論的認識に立つ論者たちだったのです。

そして西洋マルクス主義者たちと産業社会論者たちとの論争の構図は、二〇世紀前半における正統派マルクス主義者たちと社会民主主義者・自由主義者たちとの間のそれと比べたとき、意外なほどに変わっていません。ソ連東欧の「現存する社会主義」をいまだスターリンを克服できない全体主義的体制として批判する西洋マルクス主義者たちも、コンセンサス・ポリティックスに支えられた混合経済＝ケインズ主義的福祉国家を、本質的には依然として資本主義、つまりは「国家独占資本主義」とみなします。そこでは目に見えやすい支配階級としての資本家は解体しつつあり、労働者階級もその中に新中間層を抱えるまでに多様化し、企業の直接的な支配者は資本家というより経営者、それ以上に官僚組織そのものとなりましたが、官僚組織を動かしているのは依然として資本の論理です。経営者たちは企業を意のままにしているのではなく、利潤を上げて企業価値を増やすという企業目的に従属しないわけにはいきません。そして企業の所有者たる資本家たちも、自分の資本を寝かしておくことはできず、それを絶えず市場に投じて増やし続けることを強いられる点では、かつてと変わりません。国家が民主化され、労働者が豊かになり、労働組合が強大化しようとも、相変わらずそこは資本の論理——資本は常に増殖し続けねばならない——が支配する世界である。そうマルクス主義者たちは主張します。

それに対して産業社会論者たちは、もはや**主役は資本から官僚組織に移ったの**だ、といいます。財閥が解体され、株式の相互持ち合いネットワークと銀行を中心にグループ化された日本企業が典型である（このようなイメージがどれほど適切だったかにはむろん議論の余地があります）が、

産業社会論の見取り図

時代	権力の主体	労働者の中心
自由主義の時代	資本家	搾取される労働者階級
	↓ 産業化の発展・所有と経営の分離	
重化学工業化・情報化の時代	官僚	組合組織に守られた新中間層
	↓ さらなる産業化の発展	
	リベラルな混合経済体制の到来？	

今日の大企業は特定の資本家どころか金融市場それ自体の拘束からもある程度逃れ、目先の利潤に右往左往せずに済む自由度を獲得しつつあり、国家官僚制や東側社会主義の計画経済と、本質的にはあまり変わらないものになっていく、というわけです。あえていえば、**この世界の支配者・エリートは、東西、そして官民を問わず、官僚組織の中枢を支配するテクノクラートたちである**、と。ラディカル左翼の産業社会論者はこうしたエリート支配＝テクノクラシーを批判しますが、多くの穏健な産業社会論者はこうしたテクノクラシーを、伝統的な資本主義における資本の論理、市場の「みえざる手」と同様に逃れがたい運命とみなし、ニュートラルなスタンスをとります。

先進諸国の高度産業社会ないし国家独占資本主義社会の将来展望についても、両学派は対立します。西洋マルクス主義者たちは、正統派とは異なりもはや自動的に資本主義は崩壊し、革命によって社会主義に移行する、などとは考えません（そうした歴史的宿命論は人間の尊厳を否定する、という発想ももちろんありました）が、それでも国家独占資本主義＝

ケインズ主義的福祉国家はいつまでも安定した成長を続けることはできず、いずれは危機に陥る、と考えます。スタグフレーションは実際にその危機が具体化したもの——生産性が低下し、経済成長が行き詰まったにもかかわらず、惰性的なケインズ政策が行われて悪性インフレと不況が同居する——と捉えられます。しかしその危機の克服と社会主義への移行は、必ずしも暴力革命によることとなしに可能だ、と考えるあたりで、既に実質的には社会民主主義と選ぶところがないところにまで、この時代の西洋マルクス主義は到達してしまっていたのですが。

それに対して産業社会論者は先進諸国の未来に対して、マルクス主義者たちが予想するようなカタストロフィ、急性の危機は展望しません。ただ、ダニエル・ベルの『資本主義の文化的矛盾』や後述する村上泰亮の『産業社会の病理』などはその典型ですが、長期的、慢性的な、危機というより慢性的病理とでもいうべきものを、そこに見出す論者も少なくありませんでした。七〇年代の言葉でいえば「**先進国病**」ですが、高度成長の結果実現した「**豊かな社会**」、高度大衆消費社会がもたらす安逸が、人々の勤労倫理——末端労働者の労働倫理のみならず、エリート経営者レベルでの革新意欲まで含めて——を掘り崩してしまうのではないか、という不安がしばしば論じられました。「福祉国家の危機」もこうした観点から、つまりは「豊かな社会」の人々が経済的にも政治的にも、体制が供給しうる以上のものを需要し始めたのではないか、という形で問題とされることがしばしばでした。※2

資本主義社会（というより産業社会）全体の体制崩壊の急性の危機より、より長期的、慢性的な病理やその部分的発現としての、**ローカルで多様な社会問題**の方がそこでは問題とされます。

マルクス主義が資本主義体制の中心的問題とみなす富める者と貧しき者との階級闘争以外の、グローバルなレベルの先進諸国と発展途上諸国の対立は、たとえば限りある資源と環境の問題として顕現します。また、ローカルには人種・民族差別、性差別の問題等々が全面化することとなり、社会運動の焦点も体制転換をめぐる階級闘争としての社会主義政治や労働運動から、より多様な問題を、限定された戦線で争う**「新しい社会運動」**へとシフトしていきます。※3

保守本流の崩壊と新保守主義の台頭

しかし、このような産業社会論の影響力が保ったのは、いいところ一九八〇年代一杯です（その系論ともいうべき「新しい社会運動」論はもう少し生き延びますが）。ご承知の通り、**七〇年代のスタグフレーション下での「福祉国家の危機」「納税者の反乱」**の中で「新自由主義」諸潮流の影響が強まり、コンセンサス・ポリティックスを退けて強いリーダーシップで「小さな政府」を目指す潮流が保守主義の中で影響力を増し、**「新保守主義」**と呼ばれるようになります。※4

※2　いわゆる「統治能力（governability）」論です。マルクス主義側でのそのカウンターパートが、ユルゲン・ハーバーマスの有名な「正統化の危機」論です。
※3　ベルと並んで「産業社会以後」をにらんだ「脱産業社会（Post-industrial society）論」を提唱したアラン・トゥレーヌが「新しい社会運動」論の先駆者です。
※4　厳密にいうと「新保守主義（Neo Conservatism）」なる語の用いられ方も「新自由主義（Neo Liberalism）」同様もっと複雑ですが。

よく知られているように、七〇年代末から八〇年代初頭にかけ、イギリスのサッチャー、アメリカのレーガン、そして日本の中曽根と、**「新自由主義」寄りの保守政権が誕生し、現実政治の上でも思想の上でも、保守主義の思想的背骨としての産業社会論は過去のものとなった**ように見えます。そして八〇年代から九〇年代初めには、社会主義圏の地滑り的な体制転換――市場経済化が劇的に進行し、更にダメ押しが加わります。

しかしながら、産業社会論の「失敗」の理由の内在的解明はまだ十分には行われていません。外在的に見れば、「新自由主義」の台頭や社会主義の崩壊といった時流に鑑み、少なくとも後知恵的にはむしろ自明にさえ思えるのですが、それにしてもなぜそうした時流に十分に抵抗できなかったのだろうか、という疑問も湧きます。

この問題につき私が念頭に置いている仮説は「産業社会論のみならず、七〇年代、ひょっとしたら八〇年代頃までの社会科学の大勢としては、**技術革新というファクター**を社会科学的に内生変数化することがうまくできず、それゆえに技術革新の現実を見誤っていたのではないか」というものです。そしてそのことは、西側の福祉国家を支えた論理、すなわち経済における公的セクターの役割をいかに評価すべきかという点にも密切にかかわります。しかしそれについて論じる前に、産業社会論者の具体例として、日本における産業社会論を代表する論客であり、また同時に一時期の日本社会論の代表選手として国際的な影響力を持った、一人の経済学者の仕事を振り返ってみたいと思います。

これまでのまとめ

▼かつてケインズ主義的福祉国家へのコミットメントは、社会主義国から西側諸国の自由主義を守る保守本流の思想でもありえた。
▼この保守本流思想の背後には、ケインズ主義と並んで近代化論＝産業社会論が存在した。
▼産業社会論はマルクス主義の経済還元主義に対して、社会学的な文化的多元主義を対置し、収斂理論を用いて計画経済でも市場経済でもない「混合経済」の到来を予想した。
▼そこでは、支配階級の中心は資本家から官僚に移り、社会を動かすものは新中間層や官僚の間のコンセンサス・ポリティックスであるとされた。
▼しかし、こうした産業社会論の枠組みは、一九七〇年代末から九〇年代初めにかけて、新保守主義思想が台頭し、社会主義国の崩壊・自由主義市場の優位が露わになる中で衰退していくことになる。

ではそこで衰退した産業社会論とは、具体的にどんなものだったのか――？

2 村上泰亮の蹉跌

産業社会論の代表的論客としての村上泰亮

一九九三年に亡くなった村上泰亮は、現在ではその著作がほぼ品切れ絶版となってしまいましたが、少なくとも存命中は論壇においてのみならず、アカデミックな社会科学の世界でも相応の存在感を持っていました。今ではあまり顧みられなくなった「イエ社会」論、そして何より「新中間大衆」といったコンセプトは、彼によるものです。八〇年代まで、つまりはバブル崩壊前までの日本社会論をリードし、国際的な影響力をも発揮していました。

村上はもともと理論経済学者で、ケネス・アローに連なる社会的選択理論、また経済成長理論についての数理経済学的な業績を挙げていますが、一九七〇年代以降は経済学の枠から踏み出していきます。一九七五年の『産業社会の病理』(中央公論社)は政治学、社会学にも目配りした総合的な現代社会論の試みであり、そこに提示された構想がのち(一九七九年)に独自の日本史論『文明としてのイエ社会』(公文俊平、佐藤誠三郎と共著、中央公論社)、そして現代日本社会論として広く読まれた一九八四年の『新中間大衆の時代』(中央公論社)に結実します。冷戦終焉を踏まえた一九九二年の大部な著作『反古典の政治経済学』（中央公論社）はある種「総決算」を意図して書かれたものと思われますが、その翌年には亡くなってしまいます。

村上の日本社会論は「失われた二〇年」以前、まさに「ジャパン・アズ・ナンバーワン」の日本社会論を代表するものだったといえます。その基本的なモチーフは、大まかにいえば、非西欧諸国としては他に先駆けて近代化を実現した日本社会のメカニズムを、文化的特殊性などに還元せずに、経済学を含めた普遍的な社会科学の用語で説明しつつ、逆にその作業を通じて既存の社会科学それ自体をも問い返していく、というものでした。

『新中間大衆の時代』第一部の「戦後日本の経済システム」は、戦後日本の高度成長を支えた経済メカニズムを「費用逓減」をキーワードに描き出します。それによると、戦後高度成長の主役となった重化学工業には「規模の経済」（生産規模が大きくなるほど、一単位当たりの生産にかかるコストが逓減していくこと）が強くはたらくため、放任していれば勝者による独占を帰結しかねない。当時の通商産業省の産業政策には、そうした弊害を防いで「仕切られた競争」を維持するという機能があったというのです。村上によれば他の先進諸国と比較したときの戦後日本経済の際立った特徴はこれであり、ジェームズ・アベグレン『日本の経営』（一九五八年）以降広く注目された「**日本的経営**」――とりわけ「年功賃金」「終身雇用」「企業別組合」の「三種の神器」――は、むしろ**先進諸国に程度の差はあれ共通に進む労働市場の内部化の日本なりの表れにすぎません**。

第二部「戦後日本の政治システム」は戦後の自民党による長期支配の存続の理由を、その社会的基盤まで含めて解明しようとするものです。村上はここで日本の社会学者たちによるＳＳＭ調査（社会階層・社会移動調査）の第三回（一九七五年）の報告書（富永健一編『日本の階層構造』東京大学出版会）に準拠して、戦後日本社会についての「階層非構造化仮説」を提起します。これは当時の日本における世論調査などでの「中」意識の優越、「一億総中流化」を解釈しようとするもので、そこで村上はこの結果を、まとまった階級・階層としての「新中流階級」「新中間層」が増大したからではなく、人々の階級・階層意識を規定する複数の次元——経済的に豊か か／貧しいか、政治的エリートか／そうでないか、文化的に高度な趣味嗜好を有するかどうか、等々——の間の相関性が低くなっている（特に文化的次元における「中」と「下」の区別はほぼ無意味になっている）、つまり**まとまった階級・階層というものが融解して「大衆」となっているる**からだ、と解釈しています。

そして自民党一党支配の根拠も、保守的な政治イデオロギー支持者の革新的政治イデオロギー支持者に対する優越としてではなく、自民党が特定の階級・階層の支持ではなく、可能な限り広い支持基盤を得ようとし、それにふさわしい政策を採用する「**包括政党**」として機能し、この「大衆」に積極的にであれ消極的にであれ支持されていることに求めます。むろん村上によれば、こうした現象も別に日本独特のものではありません。先進諸国を広く比較してみた場合、かつて複数政党制議会政治において「典型」とされた二大政党制は実はイギリスやアメリカなど少数にとどまり、大陸欧州においては多党連立がむしろ普通です。そして実際に政権を担当する政党は、保守政党である場合がどちらかといえば多いのです。しかもいずれの場合も、かつての**保守—革新のイデオロギー対立は後景に退き**、政権獲得・維持のために広範囲の支持を獲得しようとし、総花的な政策パッケージを打ち出す「包括政党」志向は強まっている、と村上は論じます。

総じていいますと『新中間大衆の時代』における村上は、六〇～七〇年代まではまだ普通であった「日本特殊論」を否定し、普遍的な社会科学の概念によって日本社会の特質を解釈しようとしています。日本社会の見かけの「特殊性」は、決してそれが他の先進諸国の社会と異質であるからではなく、普遍的な社会科学の道具立てによって解釈可能＝普通の社会法則に従っている結果であるにすぎない、とします。それは日本社会が他の先進諸国と何ら変わらない、という謂いではもちろんなく、その違いは通常の社会科学の論理で説明可能であり、かつ見かけほど違っているわけでもない、またそもそも西洋先進諸国の間の違いもまた無視はできない、というほどの意味です。しかしながら村上はそこにとどまるわけではなく、**高度成長を支えた産業政策の論理**をも一般化しようとします。村上もそこに属する新古典派経済学の支配的潮流からは、産業政策は無意味ないし有害とみなされがちだったわけですが[※5]、村上はもっと肯定的だったわけです。のちの『反古典の政治経済学』においては村上はもう少し強気に、低開発国が重化学工業化を遂げようとする場合には、少なくともその初期局面においては競争の規制、研究開発・設備投資支援、保護貿易といった産業政策が有効である、という「**開発主義**」の普遍性を主張します。

この最後のオチだけを見ると、村上の主張はフリードリヒ・リスト以来の保護主義を新たな意

※5 当時村上の同僚たちをも含めた日本の経済学者たちによって『日本の産業政策』（小宮隆太郎・奥野正寛・鈴村興太郎編、東京大学出版会）なる共同研究が行われていますが、そこでの支配的見解は「理論的には産業政策が有意義であることもありうるが、実際にはその効果は日本を含めて限定的」というほどのものでした。

匠の下に復活させようとするもの、と見えるかもしれませんが、それだけではありません。実際にはリストの場合も、まとまった著作が商工業政策に重点を置いた『経済学の国民的体系』だったために、狭い政策論がクローズアップされ、元来ヘーゲル派の流れをくむ国家学者としての面が軽視されるのですが、村上の場合にはある程度著作がまとまっているため、彼の政策論の背景はもう少しわかりやすくなります。

　繰り返しますが、村上の日本社会論は、当時まだ残存していた「日本特殊論」を否定して、通常の経済学や政治学、社会学の枠組みで日本社会を解釈しようとするものでした。ただしその中でも産業政策への着目、そして「開発主義」の提唱は少しばかりニュアンスを異にしています。それは**「先進国としての日本」論というよりは「途上国だった（が先進国へとキャッチアップした）日本」論**でした。もちろんそれはリストを生んだドイツや、アレクサンダー・ハミルトンのアメリカ（『製造業に関する報告書』一七九一年）など、イギリス以外の先進諸国はみな「途上国だった（が先進国へとキャッチアップした）」存在であったことの再確認（『反古典の政治経済学』では社会科学における「英国モデル」の見なおしの作業に一章が充てられています）でもありますが、それ以上に、これからキャッチアップしようという途上国を念頭に置いたものでもあります。

　このようにまとめますと、新古典派のオーソドキシーからは外れる（そして実際最後の大著では「反古典」を名乗った）とはいえ、村上の議論は「異端の経済学」というわけでもありません。しかしながら、村上の日本論は以上にとどまるものではなく、そこで村上は経済学の枠から出て、社会学へと踏み込んでいくのです。

「資本主義の精神」としての「イエ原理」？

「開発主義」という終着点から見たとき、村上泰亮の構想はやや本流からは外れるとはいえ、それでもオーソドックスな経済学の枠から逸脱してはいません。「**追いつき型近代化**」の局面において、規模の経済効果がはたらく「費用逓減産業」主体の工業化を展開するに際しては、国家による産業政策、関税その他の貿易障壁による幼稚産業保護や、公的融資、優遇税制などが合理的でありうるという議論は、ジョゼフ・スティグリッツやポール・クルーグマンも取り組んでいた当時最先端の、独占的競争貿易理論、「新しい貿易理論」とも通じるものでした。しかし村上の特徴は、この範囲での狭義の経済学の枠にとどまらず、それと関連させつつ政治学的、社会学的な考察をも展開させていくところです。

村上の構想では広い意味での「開発主義」は、市場経済体制の枠内での部分的な政府介入にとどまらず、**当時のソ連・中国を含めた社会主義計画経済体制をもそのバリエーションとして理解できる**、というものでした。つまり彼の経済学は、市場の経済学、市場中心の経済学というわけではなかったのです。ただ、そこからどこへいくか、すなわち、経済学の基盤を市場に求められないのであれば、どこに求めるのか？　という点においては、今から思えば村上のとった方向性は経済学の本流からは外れたものになっていました。

七〇年代以降、経済学の本流においては、市場を相対化しつつも「合理的経済人」という概念装置はそのまま維持し、市場以外の組織や制度を、不確実性・不完全情報の下での合理的選択の結果として解釈しなおすという、**ゲーム理論的アプローチ**が発展していきます。スティグリッツや青木昌彦などは、そうしたトレンドの代表選手ともいえましょう。六〇年代には社会的選択理論に取り組んでいた村上も、そうした傾向と無縁であったわけではありません。しかし村上は、このようなある種「**経済学帝国主義**」的なアプローチとはやや違った方向での総合社会科学を目指していました。それはあえていえば「**社会学主義**」だったといえましょう。

やや踏み込んだ推測になりますが、村上が「経済学帝国主義」的な、合理的選択理論・ゲーム理論による総合社会科学を目指さなかったのは、それではマルクス主義の二の舞になってしまう、という危惧もあったのではないかと思います。マルクス主義は総合社会科学の体系を持っていましたが、それはあくまでも経済還元論で、歴史の原動力を生産力の発展に求め、社会システム全体のあり方を経済、とりわけ生産力が決定する、というヴィジョンに立脚していました。それゆえ当然それは一種の「経済学的帝国主義」でした。七〇年代以降の新古典派の自己革新の中から出てきた、ゲームと情報の経済分析に立脚した新しい総合社会科学の構想も、マルクス主義の生産力＝技術中心史観とは異なる「個人主義」だったとはいえ、別種の「経済学帝国主義」であることには変わりありません。村上はそうした経済中心主義を避け、経済、政治、文化といった社会の様々な側面の相対的自律性を重視する多元主義的な社会観に立脚した総合社会科学を作ろうとしていました。

そのような多元主義的な社会観をこの時代にリードしていたのが、先に述べた社会学の保守本流、産業社会論だったといってよいでしょう。

村上泰亮の日本近代化論、いわゆる「イエ社会」論は、今ではもう古臭いと感じられるようになったかと思いますが、非常に大きくいえば、マックス・ウェーバーの「資本主義のエートス」論を踏まえて、そのカウンターパート、つまり**近代資本主義を支えた行動様式・メンタリティとしてのプロテスタンティズムの代替物、機能的等価物を日本の歴史の中に見出そう**という試みです。この手の仕事はロバート・ベラーをはじめ内外の多くの研究者によって試みられ、石門心学など具体的な思想潮流や宗派への着目などもなされていますが、村上のグループ（村上と『文明としてのイエ社会』の共著者、当時の東京大学教養学部の同僚・公文俊平、佐藤誠三郎）が注目したのはもうちょっと漠としたものです。具体的にいえば彼らは平安時代以降の開発領主としての武家に端を発し、その後農民や商工業者にも波及した組織原理としての「イエ」に注目したのです。

村上らは「イエ」を、社会学風にいえば第一次集団ではなく第二次集団、自然発生的な共同体ではなく、特定の仕事をするために**人為的に組織された機能集団**とみなします。それは「イエ」として、つまりは血縁集団の論理を利用して組織されますが、実際にはそのメンバーは血縁者に限られることはありません。もちろん普通の血縁をもとにした家族的集団も、直接の血縁者・姻族だけからなるわけではなく、奴隷や奉公人などの形で、非血縁者の従属的メンバーを抱え込みます。しかし村上らによれば武家の「イエ」においてはこうした従属的メンバー（家の子郎党）だけではなく、その中核を担う存在、家産・家業を継承する正嫡にまで非血縁者がシステマティックに入り込みうるようになっています。すなわち、養子縁組みの仕組みです。

村上はこの「イエ」原理が中世以降の日本社会における支配的な組織編制原理となった、と考えます。すなわち、ただ単に平安時代後期以降武家が日本社会における支配階層となった、というだけではなく、武家の論理としての「イエ」原理が狭い意味での武家以外にも広く普及していった、ということです。村落の農民層や都市の商工業者の間にも「イエ」の論理は入り込んだのだ、と。軍事的・政治的集団としての武家のみならず、基本的な生産活動の単位としての農家や商家もまた、自然発生的な第一次集団としての生活共同体というより、血縁原理を擬制しつつ、有能なメンバーを適宜外部からリクルートして効率的な経営を行う機能集団としての「イエ」の論理に従う機能集団に近づいて行ったのだ、というわけです。江戸時代ともなれば中核的な農家・商家は基本的にこのような「イエ」となっており、それなりに発達した市場経済の中で活発に活動していました。そうした下準備があったために、日本社会は開国・明治維新以降の急激な変動にもよく耐え、急激なキャッチアップ型の近代化を遂げたのだ、というストーリーがそこで提示されています。つまりは**「イエ」原理が、日本における「資本主義のエートス」のカウンターパートだった**、という仮説です。

ここで一九七〇年代、というタイミングを考えてみれば、このような問題設定はなかなか感慨深いものです。一九八〇年代以降の新興国の躍進、とりわけ九〇年代以降の中国のことを考えれば、このような「後発的近代化の優等生日本」という問題設定は今となっては時代遅れの感が否めません。しかしながら一九六〇年代から七〇年代あたりのことを考えてみれば、確かにその時代は奇跡の高度成長の真っ最中ではありましたが、なおそれは欧米諸国へのキャッチアップ、後追い以上のものとは感じがたいものでした。日本が欧米を凌駕しつつある、という「ジャパン・

アズ・ナンバーワン」的狂騒は八〇年代半ば以降のものです。一九八五年のプラザ合意で世界通貨システムが本格的な変動相場制に移行し、円高が空前のレベルになったにもかかわらず、輸出企業がそれで壊滅的な打撃を受けて日本沈没——とはならずバブル景気に突入した頃が、日本ブームの最高潮でした。村上らの仕事はこうした日本ブームに乗っかったものというわけではなく、むしろその先駆けでした。**日本ブームの方が後からやってきて、彼らの仕事を持ち上げた、**という方が正確でしょう。

今読み返してみると、ともすれば村上らの「イエ社会」論は日本社会の特異な個性を際立たせようとしたものに見えかねませんが、当時の文脈に照らすならばむしろその反対であるということに気をつけてください。『産業社会論の病理』の論考が書かれたのは七〇年代前半、石油ショック前後ですから、この時代はまだ近代化の手本としての欧米社会に照らしてみたときの**日本社会の「後進性」「特殊性」が問題とされ、「封建遺制」が真剣に議論される時代**だったのです。端的にいえば「日本は欧米に比べて遅れた社会である」という枠組みがまだ影響力を持っていました。それと対比するならば村上らの議論は、日本における近代化の遅れや限界を問題とするのではなく、むしろ反対に、日本における近代化を可能とする内在的な要因を探ろうとするものでした。

近代日本社会に対する三つの立場

ちょっと込み入った話になりますので整理しましょう。産業社会論、近代化論の大枠は、乱暴にいえば**マックス・ウェーバーの比較宗教社会学的観点からの社会経済史論によって定められている**といってよいでしょう。まずウェーバーは、マルクス主義と古典派までの経済学に共通する、資本主義経済の発展の原因を、普遍的な人間本性としての利益志向や、科学に基づく生産技術の自動的な進歩に求めがちな発想をはっきりと批判し、「資本主義の精神」を、全人類がそれに適応しうるという意味では普遍的ではあっても、その歴史的出自においてはローカルで特殊なものだとしました。その一方で近代社会を資本主義のみならず揺籃期の社会主義まで含むものとみなして、その核心を市場経済体制よりも、そこにおける企業や、その外側の国家まで含めて支配的な組織編制原理となりつつある官僚制に、更にその背後に伝統破壊の合理主義を見出します。つまるところ、あらゆる伝統を普遍的に破壊していく近代合理主義を、人間本性にもともと内在していたものの発露というよりも、西欧のプロテスタンティズムという特殊でローカルな文化を出自とするものとして捉えたわけです。

村上らの発想は、西欧におけるプロテスタンティズムの対応物、機能的等価物が日本にも「イエ」原理として存在しており、市場経済の主役たる企業のみならず、国家の官僚制や教育・学術システムまで含めての、近代的合理主義に基づく社会編成の定着を可能にした、というものです。「普遍的な近代化を推し進める特殊な文化」「伝統を破壊する特殊な伝統」とでもいうものが西欧と日本には存在し、それがただ単に先行者による影響への受動的反応や模倣を超えた、いわば「**内発的な近代化**」を可能にした、というわけです。

ひねくれた話ですのでダメ押ししますと、まずもともとウェーバーの近代化論が「普遍的な近代化を推し進める特殊な文化としての西欧プロテスタンティズム」という特異な発想をとっています。村上らのイエ社会論はその応用ですから、単純な日本特殊論とも、また逆に「日本＝普通の社会」論とも異なっています。「特殊」というなら西欧圏こそが特殊なのであり、その特殊性とは伝統を自己破壊して他の社会をも呑み込む合理主義を生み出したところにあります。**その合理主義を体現するのは社会的には市場経済システムよりもむしろ官僚制的組織**です。そして日本の「特殊性」というものがあるとすれば、このような合理主義を生み出さないまでも、かなりそれにうまく適応できる似たような社会編成原理（「イエ原理」）をもともと備えていた、というところに求められます。

この村上らの議論を同時代の社会科学的日本論と比較し、整理してみましょう。この時代になお有力な枠組みとして残っていた「日本の特殊性＝固有の特性ではなく後進性」論は、日本に限らず非西洋社会では自国論として広く見られるもの――それどころか西洋、西欧圏内でも見られるものでした。そもそもウェーバーの時代まではドイツといえば「後進性」でした。「英仏に比べて市民革命も国家統一も遅れた後発国」というわけです。近代社会の基準たる西欧と日本の違いは、発展段階上の遅れとみなされる、という枠組みです。日本においてこの枠組みの代表として影響力を持ったのは、いわゆる「講座派」マルクス主義でした。

第1章でも触れたように、「講座派」とは戦前、昭和初期のいわゆる「日本資本主義論争」において、当時のコミンテルンの指導下にあった日本共産党系の研究者たち（『日本資本主義講座』に寄稿していたためこう呼ばれます）のことです。彼らは当時の日本資本主義の発展段階を、本格的な資本主義というよりは未熟な、「半封建的」な絶対主義王政（としての天皇制）の下にあるものとしました。十分に市場経済化されない封建的な農村社会が日本社会全体の基盤をなし、製造業を中心とする資本主義部門は日本の経済社会の基軸とはまだなりえていない、というわけです。そもそも先進的な重工業セクターは官営八幡製鉄所や軍工廠の存在感に見られるように、資本主義というより国家主導でさえありました。

これに対してコミンテルンと距離を置くマルクス主義者たちも存在し、彼らは「労農派」と呼ばれました（『労農』という雑誌からその名がとられたといいます）。労農派は既に日本経済は本格的な資本主義となっており、農村経済も基本的には価格メカニズムが支配する市場経済となっている、と考えます。

「講座派」と「労農派」の対立の影響は戦後にも及び、広く見ればマルクス主義の枠も超えて日本の社会科学に影を落とします。高度成長期の社会科学においては、「講座派」の影響を強く受けた論者はどちらかというと日本社会の後進性を強調しますが、「労農派」の流れをくむ論者は戦後日本経済を本格的な資本主義経済であると考えます。では彼らがそこで日本経済の「特殊性」といわれた現象――いわゆる日本的経営や、大企業と中小企業の「二重構造」、メインバンク制などをどう解釈したかというと、それらは実は二〇世紀先進諸国において普遍的な、**独占資本主義段階においては珍しくない現象のバリエーションである**、と主張したのです。マルクス主義の枠内とはいえ、オーソドックスな経済学の論理で、普通の資本主義経済の一つのありえるパターンとして、日本経済のいわゆる特殊性を説明する、このようなスタイルは既に六〇年代後半には確立していました。村上と世代が近く、最近まで健在でことに九〇年代以降は世界的な存在感を放った経済学者の青木昌彦は、非マルクス主義者（よく知られている通り、学生時代は新左翼、マルクス主義党派の活動家でしたが）ながらこの発想に立って仕事をしています。「講座派」的な発想に立つと、日本社会の特殊性は質的なもの、日本に固有な何事か、ではなく、歴史的な発展段階の遅れとみなされます。戦後のポスト「労農派」（その代表がいわゆる宇野学派です。若き日の青木もこの流れに属します）の場合にはむしろ逆に、日本社会、日本経済の特徴といわれたものの多くは実は特殊性でも何でもなく、むしろ西洋先進諸国が十分に気づいてはいない二〇世紀には普通の現象である、ということになります。しかし村上らの議論は、そうした従来支配的だった議論とも一線を画そうとするものです。この枠組みでは日本社会は「後進的」とはみなされませんし、「特殊」ともみなされません。しかしながら**村上らの理論枠組みは「労農派」・ポスト「労農派」のそれとも異なります**。「労農派」・ポスト「労農派」によれば、明治維新以降の日本の特殊性だの後進性だのの大部分は単なる錯覚の所産で、それらは普通の経済学のロジック、とりわけ市場経済のメカニズムの延長線上で十分に理解できます。[※6]

※6　付言すれば、政治のメカニズムも、マルクス主義の場合には経済的に決定される階級構造、それに由来する階級対立として理解されますし、非マルクス主義の場合にも、実は二〇世紀中葉の政治学における集団理論とは、マルクス主義的階級理論をある意味で拡張したものでした。すなわち、それは市民社会レベルでの分裂や断層は、資本主義経済がもたらす階級対立以外にも、宗教や民族など多様である、という点ではマルクス主義を修正しつつ、そうした市民社会レベルでの集団が、政党や圧力団体を介して、議会レベルでの政治勢力の基盤となる（つまり国家レベルの政治は市民社会に従属する）、という理解においては、マルクス主義と変わらなかったのです。

しかしながら村上らの枠組みは、普通の経済学を否定しないながらも、それでは不十分だとしてその外側に出ます。普通の経済学、市場中心の経済学が想定する合理的経済人の想定がリアリティを持つ社会は、決して普通ではなく、ウェーバーが「資本主義の精神」と呼んだもの、ないしはそれに似たメカニズムによって**人を「合理的経済人」へと躾《しつ》け、調教するような社会**であり、どちらかというと例外的なものだ、とします。

繰り返しますが、これら三つの立場——近代日本社会の特質についての（1）**「講座派」的後進性論、（2）ポスト「労農派」的現代性論、（3）村上らの「イエ社会」論的な、「資本主義の精神」「近代化のエートス」論の日本版**——がいずれも、普遍的な社会科学の枠組みで日本社会を論じようとしていることに注意せねばなりません。その中での村上らの議論の特徴は、一つには近代以前までを射程に入れているということ、そしていまひとつは「社会学主義」——合理的選択理論をとらず、合理的選択理論が議論の前提としてそれ自体を解明の対象とはしない「合理的経済人」の成立の社会的、歴史的基盤を問題とする、というところにあります。「普遍的な社会科学」の枠組みとはいっても、ここでは経済学的な合理的選択理論ではなく、ウェーバーなどの影響が強い社会学のそれがとられています。

身も蓋もなくいえばこの枠組みは「あらかじめ価値観や行動様式を共有するがゆえに、協同行動がとりやすい人々が、協同行動を持続していく」という仕掛けになっています。その意味では、経済学的な合理的選択理論が求めた「あらかじめ目標や価値観を共有しない人々が、「みえざる手」に導かれて事実上の協同行動をしてしまい、社会的秩序が実現する」という筋立てに比べて、発見的価値が低いように見えます。しかしながら同時代的に――一九七〇～八〇年代という時代の文脈に照らしてみれば、合理的選択理論はいまだ十分に洗練されておらず、それこそ市場という極めて特殊なタイプの社会制度の上以外では、そのような事実上の協同の実現のメカニズムを理解することができていませんでした。先述の青木が、そしてある意味では村上もまたそのパイオニアであった不確実性と情報の経済学、そしてゲーム理論に基づく新しい経済学――非常に広い意味での「**新制度派**」は、まさにこの時代に揺籃期を迎えており、経済学、更に社会科学全体に影響力を及ぼすまでには、いま少し待たねばならなかったのです。

そして、後知恵になってしまいますが、「新制度派」以降の現代的な政治経済学の枠組みと、この村上らの「イエ社会」論、のみならずより広くここまで「産業社会論」「近代化論」と呼んできたものとの間に存する微妙だが重要な違いが、「産業社会論」「近代化論」の失敗――つまりは「収斂理論」の予想の失敗、更にいわゆる「新自由主義」的潮流の台頭による「保守本流」の地位の喪失――を理解する際のポイントとなるのです。

「新自由主義」と対決する産業社会論

村上泰亮の一九七五年刊、ドルショックから石油ショックの時代に書かれた『産業社会の病理』（以下『病理』）という本はおおむね産業社会論の枠組みで、社会学的に書かれていました。そこでの議論を乱暴にまとめると、

(1)西側の市場経済も東側の社会主義計画経済も、いずれも産業社会の亜種である。そのどちらにおいても社会を動かす究極的なダイナミズムの源泉は、科学技術の産業への応用であり、その**応用の主役は官僚制組織**である。

(2)それゆえに**東西両体制はお互いにより似通ったものに収斂していく**。西側は官僚制化し、自由市場へのコントロールを増していくのに対して、東側では逆に、官僚制的統制の及ばない現場レベルで、市場をはじめとした柔軟な分権的メカニズムが導入されていくのである。

(3)この産業社会は必ずしも安定的な仕組みとは限らず、短期的には様々な変動に見舞われるとしても、大局的には持続可能性が高いと思われる。ただしそこには、かつてマルクス主義が資本主義(西側市場経済体制と言い換えてもよい)に見て取った崩壊の危機とは異質な、慢性的危機の徴候が見られる。それは非常に乱暴にいえば、**豊かさ、高度大衆消費の成熟ゆえの「勤労倫理の衰退」**である。絶えざる技術革新は科学的探究による創意工夫と、それを地道に実装する労働、更にその原資を生み出す貯蓄によって支えられる。経済成長が招いた豊かな社会の快楽主義は、そうしたメンタリティ(ウェーバー的な意味での「資本主義の精神」「近代合理主義」)を掘り崩すおそれがある。

ということになります。

それに対して一九八四年刊の『新中間大衆の時代』(以下『時代』)は、その間に書かれた共著『文明としてのイエ社会』をも踏まえて、焦点もぐっと日本社会に寄せた上で、七〇年代にはま

1970年代当時の「現代」資本主義理解

学派	現代資本主義と福祉国家の理解	直面する困難
マルクス主義	国家独占資本主義体制	資本主義の行き詰まりの糊塗による革命の阻害
新自由主義	福祉国家による市場原理の歪曲	社会主義への地すべり
産業社会論	「市場」と「計画」の混合経済の到来	官僚化による近代社会のエートスの消失

だ周辺的な存在だった**「新自由主義」が時代の前面に出てきたという状況を踏まえ、それとの対決を意識したもの**となっています。いずれにせよあからさまに党派的なイデオロギー闘争の著作というわけではありませんが、『病理』がどちらかというとマルクス主義を含めた社会主義との対決を念頭に置いていたとするならば、『時代』は「新自由主義」との対決が主要課題です。

もう少し解きほぐすならば、『病理』における産業社会論的枠組みは、一方にマルクス主義的な資本主義批判、先進産業社会の西側部分の抱える問題を資本主義の行き詰まりと捉える立場、もう一方に新自由主義的な、西側の問題をむしろ逆に福祉国家化、忍び寄る社会主義化とみなす立場という両面の敵と対決しようというものでした。それゆえそこで危惧されるのは、資本主義の崩壊でも社会主義化でもなく、西側自由主義体制と東側社会主義体制との収斂を展望した上で、その全体としての産業社会論的メンタリティの衰退、であったわけです。

それに対して『時代』においては、社会理論としての基本的枠組みはさほど変わっていませんが、焦点移動をもたらした二つの時代的ファクターを見て取ることができます。第一に、**先進諸国**

の中での日本のプレゼンスの一層の上昇。そして第二に、**東側社会主義の危機の深まりと、西側における福祉国家の危機**。それを反映してか『時代』においてはマルクス主義、社会主義との対峙というモチーフは影を潜め、「新自由主義」との対決がライトモチーフとなります。

そして主題もまた『病理』から大きく動きます。『時代』において主題となるのは、かつての**「市場 対 計画」図式ではなく、「自由放任主義 対 開発主義」の対比**です（「開発主義」が術語として確立されるのは一九九二年の『反古典の政治経済学』――以下『反古典』――においてですが）。

『病理』における産業社会論の枠組みにおいては、産業化、経済成長に際してのオルタナティヴな戦略として、自由市場中心の資本主義体制と、計画主導の社会主義体制とが対比されていました。それに対して『時代』においては、もはや社会主義計画経済は問題とはされません。八〇年代にはまだ東側社会主義圏は健在でしたが、経済的な行き詰まりは既に顕著で、市場メカニズムの部分的導入や、政治面でも情報公開、言論の自由の部分的導入など、体制改革の潮流が顕著でした。これを西側への歩み寄り、「収斂」とみなすこともできそうですが、八〇年代の西側においては東側社会主義への歩み寄りではなく、むしろその反対に、**一九世紀的「小さな政府」への回帰、福祉国家の見なおし**が盛んに論じられるようになっていて、「収斂」という発想は既にリアリティを失いつつありました。

「開発主義」の時代の終焉と「新中間層」の台頭

このような状況を反映してか、『時代』においてはあくまでも市場経済中心の体制の中での、経済政策、成長戦略のバリエーションが主題となっています。「開発主義」は社会主義ではありません。必ずしも社会主義を排除するわけではないにしても、概念的には異なります。『時代』においてはどうやら産業社会の基本的な様態はやはり市場経済中心の体制であり、あくまでもその枠内での社会経済政策のバリエーションが論じられ、社会主義計画経済は主題化されません。

「開発主義」はあくまで、市場経済体制の枠内での経済成長戦略です。

成熟した産業社会は基本的に市場経済体制をとり、それゆえ社会経済政策の主眼も市場経済のインフラストラクチャーの整備に置かれます。ただし、それはあくまで「成熟した」先進産業社会での話であり、発展途上国、貧困国、産業化以前ないしその初期局面の社会においては、必ずしもそうではない。村上の「開発主義」ではそう論じられます。もちろんこれは新しい発想などでは全くなく、非常に古典的な、少なく見積もっても一九世紀ドイツ歴史学派経済学にまでさかのぼる幼稚産業保護論にほかなりません。この発想は二〇世紀の開発経済学においても、途上国の開発戦略の正当化論としてしばしば用いられ、村上の論もまたその系譜に連なるものといってよいでしょう。

ただし、村上以前のその経済学的正当化のロジックは、いまひとつ不十分なものでした。リカードウ以降の比較優位論を前提とすれば、各国、各地域は貿易を自由化し、比較優位産業に特化して、必要な物資は貿易を通じて手に入れればよい、ということになるはずです。

対して古典的な幼稚産業保護論の背後にある理屈は、基本的には安全保障上のものでした。すなわち国防の観点からは、兵器産業その他の軍需産業、それを支えるに足る程度の関連産業や、食料供給のための農業については、完全に外国貿易に依存するわけにはいかない、という論法です。しかしこの議論はいってみれば経済外的な論法、つまり経済合理性と経済厚生の観点からは(世界経済レベルのみならず実は一国レベルでも)望ましくないが、軍事上、安全保障上いたしかたない、という論法です。従って、二〇世紀後半の冷戦体制の下で、同盟化が進展して一国単位の安全保障政策の意義が低下し、核の傘と国際協調の下で戦争自体の頻度が低下していく中では、説得力を失っていかざるをえませんでした。

これに対して村上の議論は、七〇年代以降急激に発展した、スティグリッツやクルーグマンらの不完全競争貿易論に呼応するものでした。彼らは古典的な開発経済学の知見に理論的な基礎づけを与え、幼稚産業保護的な政策にも、特に産業化の初期局面においては限定的な経済合理性があることを指摘したのです。**産業の初期局面では規模の経済が強くはたらき、そのもとでは自由な競争よりも、大規模な企業による独占の方が効率的であることもある**、というわけです。これはいうまでもなく、鉄道や通信など、公営企業として経営されることが多いインフラストラクチャー産業に典型的に当てはまりますが、二〇世紀の成長を主導した重化学工業全般にもある程度適用される理屈だ、というのです。しかし二〇世紀末には折からの福祉国家の財政危機も受けて、公企業の民営化の波が訪れます。つまり、**初期の規模の経済性が発揮される局面が終わって**

からは、自由競争に任せても構わない、いやその方が効率的になる、というわけです。

村上は二〇世紀の日本の経済政策、とりわけ戦後高度成長期の産業政策を、このような観点から合理化します。そしてこの成長戦略は日本特有のものではなく一定の普遍性を持ち、折から本格的な成長を果たしつつあった東アジアの新興工業諸国による輸出志向工業化戦略もまたそのバリエーションである、とします。彼のいう「開発主義」とはこのようなものです。

『病理』において展望された危機は、豊かな社会がもたらす勤労倫理の弛緩であり、それはどちらかというと先進諸国に共通する病理として意識されていました。それに対して『時代』の焦点はより日本一国に絞られています。そして到来しつつある危機――というより転機は、後で見るように世界レベルのそれも展望されてはいますが、まずもって日本のレベルでは、**日本にとって「開発主義」が合理的だった時代の終焉**、として意識されています。村上は当時の日本経済ブームの中心的論点としての「日本的経営」「日本型雇用慣行」についてはそれほど重視していません。そうした長期雇用化、企業内労働市場の発達は、二〇世紀の先進産業社会に共通して見られる、普遍的な事情であって、特に「日本的」とはいえない、というのが村上の判断です。

とはいえこの来るべき転換は、ネガティヴな危機としては捉えられていません。経済分析においては先に見たように『病理』から『時代』にかけて大きな変化があり、とりわけ収斂理論的な枠組みは過去のものとされていますが、政治・社会分析のレベルにおいては、『病理』から『時代』にかけてはそれほど極端な転換は起きていない、むしろ論調はよりマイルドに、危機感も低くなっている、といえます。

すなわち『時代』においては後発工業国としての日本もまた「開発主義」が合理的である局面をそろそろ脱し、いわば「普通」の市場経済に移行すると展望されているわけですが、では日本の社会や政治はどう捉えられているかといいますと、かなりマイルドです。既に述べたように、そこでは当時の自民党支配は日本のリベラル・デモクラシーの遅れなどではなく、**先進国に共通に見られる政党の「包括政党」化、中道化の表れ**にすぎない、とされます。議会制民主主義の下で、政権獲得を目指す政党は、忠実な支持者だけを票田としていては勝てないので、浮動票を獲得して選挙に勝つために中道化し、党派性を薄めていく、といういわゆるダウンズ・モデルの「中位投票者定理」は典型的二大政党制の英米のみならず、一党支配が続く日本や、多党連立政権が常態の西欧諸国まで含めて相応の説明力を発揮している、と村上は考えます。

　また、六〇年代末の大学闘争以降の新左翼の展開や、エコロジー、フェミニズムなどの「新しい社会運動」の展開も、こうした大勢を覆すものではない、とされます。**「新しい社会運動」の主役、あるいは焦点はマイノリティ**であり、それは逆説的にいえば、**多数派が社会の現状にそれほど大きな違和感を抱かなくなった**ということさえ意味する、というわけです。政治の包括化、中道化の背後には、社会全体の潮流が当然にあります。必ずしも均質化が進行しているとまではいわなくとも、経済成長とともに生活水準が底上げされ、豊かな大衆消費社会が到来すると、古典的なマルクス主義が想定した階級闘争は弱まり、格差や不平等はなくならずとも減殺され、あるいは現実にはそれほど緩和されなくとも、底上げや成長の持続のおかげで深刻な問題とはならなくなります。村上によれば世論調査で九割の人々が自分を「中流」とみなす日本社会はそうし

『新中間大衆の時代』以降の村上の産業社会論の図式

時代	経済的状況	主要産業
高度経済成長	「開発主義」による途上国から先進国へのキャッチアップの過程	重化学工業
80～90年代	「開発主義」の終焉と「新中間層」の台頭	情報産業

た先進産業社会の典型であり、そうした日本人のありようを指して彼は**「新中間大衆」**なる造語をなしたわけです。

そうした一国レベルの動向を踏まえて、更に村上はグローバルな変化にも目を向けます。マルクス主義風にいえば上部構造、国際政治のレベルでは、日本をはじめとするアメリカ以外の先進産業社会の発展、それに伴うアメリカの国際政治上のプレゼンスの相対的低下、加えて東西の緊張緩和傾向は、いまだ冷戦終了前の時代とはいえ、国際政治システムの大きな転換を予想させるものでした。村上はここで東西対立の終了までを予想しはしませんでしたが、西側陣営の構造転換、つまりアメリカ一国が突出したヘゲモニーを発揮するのではなく、EC（現EU）、そして日本との協調による安全保障体制への移行を展望します。

更に下部構造のレベルでは、案外としぶとく産業社会論的ヴィジョンが生き延びます。村上は二〇世紀末の時代を、一八世紀末～一九世紀初頭の、蒸気機関主導の第一次産業革命、一九世紀末の、重化学工業化と大企業による独占体制の成立によって特徴づけられる第二次産業革命に比肩しうる、第三次産業革命の時代と位置づけます。そこでの転換の主導力はいうまでもなく情報化、コンピュータリゼーションです（当時はまだインターネットは大衆化していませんでしたが、パーソナルコンピューターの普及とそれによるオフィス・工場の情報化は進展していました）。このいわば**産業パラダイムの革命的変化**が、長期的には最も甚大なインパクトを持つ、と村上は考えていたようです。

そしてこのグローバルなレベルは、冷戦終了後の著作となった最後の大著『反古典の政治経済学』で本格的に焦点が当てられます。

アメリカの覇権の揺らぎと変動相場制への移行による新しい世界秩序

『反古典の政治経済学』（以下、『反古典』）、そしてそのプロトタイプともいうべき論文「世紀末の保守と革新」を読んでみると、**冷戦崩壊、旧社会主義諸国の体制転換の問題は、意外なほど村上の議論においては重視されていません**。社会主義の崩壊はむしろ、七〇年代の福祉国家の危機、「小さな政府」論、つまりはいわゆる「新自由主義」の影響下での先進諸国の新しい保守主義の動向の延長線上で捉えられているきらいさえあります。つまり村上はここで冷戦の終了、米ソ二大陣営の対立の終焉よりもむしろ、いわゆる「パクス・アメリカーナ」、旧西側陣営、自由主義諸国の資本主義経済圏における**アメリカ合衆国主導の国際政治体制の揺らぎ、軋みの方をこそ重視している**ように見えます。

『病理』更に『時代』において描かれた、西側先進諸国における大衆消費社会、コンセンサス・ポリティックスの確立を支えた国際システムのありようを説明する理論として、村上はロバート・ギルピンらの「**覇権安定理論**」を高く評価します。この理論は、一九世紀や第二次大戦後の自由貿易主導の国際経済体制を支えた国際政治システムの成立基盤として、覇権国の存在を重視します。ここでの国際政治システムは、突出した一勢力が広大な地域を支配し、世界征服さえ展望する「帝国」では決してなく、複数の主権国家が併存するものですが、それは二〇世紀中葉のオーソドックスな「現実主義」の国際政治理論がいうような、対等な実力を持つ国家同士の「力の均衡」によって支えられているわけではありません。実はこの国際システムには、「帝国」として他国を征服することはなくとも、圧倒的な実力を軍事的にも経済的にも備えて他の諸国を圧倒する「覇権国」が存在し、この覇権国が国際金融システムや、場合によっては安全保障までをも含めた「国際公共財」を率先して支えることによって、初めて国際秩序は安定的に保たれる、というのです。

一九世紀には覇権国はイギリスであり、**自由市場を支えた国際金融秩序は金本位制**でした。それはイギリスの膨大な金《きん》準備によって維持されていたのです。それに対して二〇世紀後半はいうまでもなくアメリカ合衆国が覇権国であり、いわば**「ドル本位制」としてのブレトン＝ウッズ体制**――主要各国の通貨価値はアメリカドルにリンクして決まり、アメリカドル自体は金との兌換性が保持されている、という意味では**修正金本位制**とさえいえる――であり、国際通貨としてのドルの信用、それを支えるアメリカの経済力によって維持されていた、というわけです。

このパクス・アメリカーナは冷戦の重荷によって危機に陥ったわけではありません。冷戦の重荷で解体したのは東側社会主義圏の方です。パクス・アメリカーナはむしろその成功、固定為替レートの下での自由貿易の隆盛の結果、西欧諸国（特に旧西ドイツ）と日本の追い上げによってアメリカの相対的優位が揺らぎ、貿易赤字の増大の下「ドル本位制」の維持の負担にアメリカが耐えられなくなる、という形で危機に追いやられる、というわけです。

『時代』において既に危機感を以て予想されていた**変動相場制への全面的移行**は、一九八五年のプラザ合意によって本格的に実現したわけであり、『反古典』はその時代の所産です。ここで興味深いのは、今はプラザ合意から三〇年以上を経た我々にとっては何とも奇妙に移りますが、村上が変動相場制に対して否定的——ではないまでも極めて懐疑的で、非常に限定的な形で、渋々ながらの容認をしか与えていない、ということです。村上は非常にデリケートに議論を展開させていますが、乱暴にまとめるなら村上は、変動相場制は通貨価値を不安定化させることによって、貿易に足かせをはめるかもしれない、と危惧しています。為替レートの変動は貿易財の価格の安定を揺さぶり、各国の通商政策をどちらかというと不安定化させるのではないか、というのです。**各国にマクロ金融政策、国内での貨幣供給と物価コントロールについてのフリーハンドを与える、というメリットと、為替リスクの増大による貿易、更に投機的ではない実物レベルでの国際投資への障害というデメリット**とを比較考量して、辛うじて前者に軍配を上げるものの、基本的には変動相場制は、世界レベルでのグローバルな最適性を達成するというより、各国に政策的な自由度を保障することに意義がある、という考え方です。

大雑把にいうと村上の描くストーリーはこうです。パクス・アメリカーナは固定相場制の下での自由貿易体制下、その基盤であったはずのアメリカの経済的優位を掘り崩して、貿易赤字と財政赤字という「双子の赤字」にまで追い込み、ドル供給という形での国際金融体制維持の重荷を

村上『反古典の政治経済学』による国際経済秩序の変遷

時代	覇権国	国際金融秩序
19〜20世紀初頭	イギリス	金本位制
20世紀後半	アメリカ	ブレトン=ウッズ体制（ドル本位制）
1985年以降	協調体制?	変動相場制

負えなくしてしまった。その結果、世界は変動相場制に移行する。これは為替レート、通貨価値の安定を犠牲に各国の金融政策の自由、そして各国間の資本移動の自由を保障するものである。しかし為替レートの変動はそのまま対外経済活動のリスクとなり、貿易や実物投資にブレーキをかける一方、むしろ投機的な資金移動は活発化させる。このような状況下でブロック化を避けようとすれば、国際政治におけるアメリカの覇権的リーダーシップはおのずと後退し、国際協調が進む。しかし同時にそれは国内レベルでの各国の自律性・独自性をむしろ増すであろう——。

ここで興味深いのは、ついに『反古典』でその名を与えられた「開発主義」です。『病理』から『時代』、更にその中間における『イエ社会』における村上の議論の特徴は、従来、ともすれば日本社会の特性を「集団主義」に求める論調への明確な批判でした。『時代』ではいわゆる「日本的経営」「日本的雇用慣行」は二〇世紀の先進諸国の経済・経営にはむしろ共通の傾向がやや突出して目立ったものにすぎず、何ら特異なものではない、と論じられていますし、更に中世以来の「イエ」もある意味でウェーバーの「資本主義の精神」、西洋社会における近代化を支えたエートス、勤労倫理を体現した機能的官僚組織のカウンターパートとして位置づけられています。「集団主義」は何ら特異なものではない、というわけです。村上によればむしろ戦後日本の特異性は「費用逓減産業」つまりは「規模の経済」が強くはたらく、初期局面における重化学工業、装置産業、インフラ産業における、全面的な統制ではない「管理された競争」――放置すれば一社独占や共倒れになりかねない「費用逓減産業」に対して、「行政指導」といった玉虫色のソフトな介入によって適度な競争を維持する――を眼目とする「産業政策」を系統的に行っていったところにある、とされます。※7 しかしそれは『時代』でも既に、この政策体系は日本特有のものなのではなく、二〇世紀前半から戦後高度成長期にかけての日本と類似の状況におかれた国家、経済においては、同様に合理的でありうる、と示唆されていました。このメッセージが『反古典』では「開発主義」との新たなラベルの下で、より明確に打ち出されてきた、といえるでしょう。

つまりパクス・アメリカーナ以後の新たな世界秩序の下では、**各国は変動相場制の下、マクロ政策の自律性を享受するのみならず、為替リスクゆえに貿易・投資にも及び腰となり、国家による政策的介入を求めがちになる**、との予想が村上によって提示されます。そしてそのような各国ごとの政策的自律性は、各国間の協調によって維持されねばならない新たな世界秩序の下では、容認されねばならない。そうした各国ごとの政策的自律性は当然、**「開発主義」を選び取る自由**としても現れる、というわけです。

もっとも村上は際限なく「開発主義」を標榜することに対してはむろん否定的で、このアプローチの有効性は、あくまでも工業における「規模の経済」性が強くはたらく産業化の初期局面に限定される、との但し書きが付けられます。つまりは『時代』から『反古典』の執筆時期に急激に存在感を示しつつあった新興工業諸国においては、かつての高度成長期の日本と同様、「開発主義」は十分に合理的ですが、先進諸国においてはそうではない、というわけです。**「開発主義」の先駆的成功者である日本は、同時にそこからの脱却の模範ともならねばならない**、というのが村上のメッセージです。

さてこのように見てきますと、今となってみれば村上の議論の古臭さと限界が目につきます。村上のみならずピーター・ドラッカーやレイモン・アロンといった「産業社会論」的枠組みに立脚した保守思想が影響力を失い、その後いわゆる「新自由主義」の天下が来てしまったのには、相応の理由があったこともわかります。次節で詳しく述べるように、それは第一にそれは産業社会論が技術革新にとっての市場の意義を軽視していたことに起因しています。そして第二には、市場経済の基盤としての貨幣制度、つまりはマクロ経済の意義を見落としていたことに求められます。

しかしその一方で、産業社会論には「新自由主義」には欠けていた多面性や体系性があったことにも気づかされます。むろん「そうした「体系性」自体が、今や時代遅れとなったしまったのだ」といってしまうこともできるかもしれません。

ここで節を改めて、村上を含めた産業社会論の「古臭さと限界」について考えていきましょう。

※7　これが歴史学派以来の「幼稚産業保護論」の新バージョン、といえなくもないことは、既に触れました。

これまでのまとめ

- 産業社会論の代表的論客の村上泰亮は、戦後の高度経済成長を日本特殊性論を用いずに普遍的な社会科学の枠組みで位置づけようとしたが、その眼目は「先進国としての日本」論ではなく、「途上国だった日本」のキャッチアップ論だった。
- 初期の村上においては、このキャッチアップがもたらした日本の経済的発展は、「市場」と「計画」の間を行くようなものとしてイメージされていた。
- 村上の産業社会論の中心的モチーフは、一九七〇年代においては「市場」と「計画」の対立の総合であったが、八〇〜九〇年代にかけて「福祉国家の危機」が高まり「新自由主義」的な趨勢が顕著になっていく中で、市場経済枠内での「開発主義」と「自由放任主義」の対立へと移行した。
- 村上は『反古典の政治経済学』の中で、現代の国際秩序の転換を「ドル本位制」としてのブレトン＝ウッズ体制の終焉と変動相場制への移行に見出したが、そのことのマクロ経済的な意義については十分に意識されていない。
- 更に村上は、こうした新しい国際秩序の下では、途上国において政府の政策的介入、すなわち「開発主義を選び取る自由」が合理的であるのに対して、もはや「開発主義」

の合理性が失われた先進諸国は、そこから脱却の模範を示さなければならないとした。

▼しかしながら、現在の視点からふり返って見ると、こうした産業社会論の見立てにはかなりの「古臭さと限界」があるように思われる。

では、産業社会論の枠組みの限界とは具体的にどこにあるのか——。

3 産業社会論の衰退とその盲点

社会主義と資本主義のパフォーマンスを分けた技術革新

前節までまとめましたように、産業社会論には少なくとも二つの深刻な弱点がありました。本節ではまずその内の第一点、技術革新と市場経済の関係の見誤まりの問題について論じていきましょう。技術革新、技術の発展、それによる生産力の拡大は、少なくともカール・マルクス以来、そしてマルクスが『資本論』で参照しているデイヴィッド・リカードウやチャールズ・バベッジ以来、社会科学にとって重要な問題であり続けましたが、大体において**社会科学は、技術の発展を与件・外生変数としてきました**。つまり、それを使って何か別の社会科学的な課題を説明するために使ってきても、内生変数、すなわち社会科学的モデルによってその変化を説明する対象としては扱ってこなかったのです。平たくいうと、科学技術は社会の外側にあって、それ固有のリズムでもって勝手に発展してくるもので、社会はその時々でそれに対応する――このようなモデルが大勢を占めていました。

もちろんマルクス自身の議論は、技術の発展が階級闘争によって影響を受けることを示唆してはいましたが、その後のマルクス主義の全体としての展開は、「生産力と生産関係の弁証法」が云々される場合にも、両者が対等であるというよりは「生産力（技術）の変化に生産関係（社会体制）が適応できなくなると革命が起きる」という風に、**生産力（技術）の側に主導力がある**ような捉え方によって導かれてきました。

一九六〇～七〇年代にはトーマス・クーン以降のいわゆる「新しい科学論」や、大学闘争に呼応してのラディカル社会科学運動の中から「科学技術の政治経済学」的な試みが現れ、たとえば「資本主義社会の下での技術革新は、科学技術の自動的な発展によって起こるのではなく、技術を支配する資本家の階級的利益、それと対抗する労働者との闘争などによってその方向やスピードが左右される」といった問題提起も見られるようになったとはいえ、まだまだそれらは先駆的な問題提起にとどまりました。ですから、この時代のオーソドックスな経済学のモデルにおいて技術革新は、経済主体の選択行動によってそのスピードや方向が決定される内生変数ではなく、あらかじめ経済社会の外側で起きて、経済主体はそれを与えられた環境制約として受容して行動する、という風に扱われるのが普通でした。経済主体の主体的な選択行動（研究開発のための投資など）の結果として、技術変化が起きる、といった設定での経済成長モデル（**内生的成長理論**）が一定の水準に達したのはようやく一九八〇年代半ばのことです。

この「技術変化を社会にとっての外生変数として扱う」というアプローチは、社会学、政治学、経営学を主戦場とする産業社会論においても支配的な立場でしたが、経済学においてもこの事情は同様でした。その結果の一つが、この時代における、主流派経済学の枠組みを踏まえての比較経済体制論における意外な議論――自由な市場経済体制と、社会主義計画経済との間の優劣は、一概にはいえない――というものでした。有名なオスカー・ランゲの「市場社会主義」――計画当局が市場取引のシミュレーションという形で経済計画を設計し計算の負担を現場に移譲するという戦略――までをも「社会主義計画経済」のうちに数え入れてしまうならば、計画経済によっても競争的市場経済と少なくとも同程度の効率性は達成できるし、更にいえば公共財や公害、あるいは自然独占を引き起こしてしまうような大規模装置産業においては、競争的市場経済はうまくはたらかないのだから、総体としての自由市場経済と、社会主義計画経済の優劣はそう簡単につけられない、というわけです。これに社会保障やケインズ的マクロ政策の必要性を加えれば、なおのこと両体制間の優劣は不分明となります。

繰り返しますが、このような分析を行う理論モデルにおいては、技術革新が外生変数として扱われ、それ自体は分析の対象とはなりませんでした。この分析の欠如に対する言い訳としては、「現代の技術革新においては、非営利的な学術セクターその他の公共部門の貢献が極めて大きく、その意味で西側自由主義圏と東側社会主義圏の間では極端な差はない。西側市場経済における営利企業にとっても、技術革新は外生的な要因として扱ってもそれほど大きな問題はない」といったものが想定されていました。東西冷戦下で、**先端技術における軍需のウェイトが高く見積もられていた**こと、またそれが特に東側では技術革新総体の牽引車となっていたことを意識した議論です。また、科学的知識をはじめとする**情報には公共財としての性質が強くあり、私的所有制度、ひいては市場経済メカニズムになじみにくい**、という議論も引き合いに出されました。物財とは異なり知識、情報は開発者によって独占することが難しく、模倣され盗まれる危険性が高い。つまり知識生産に対しては、その費用を負担せずに利用しようとするタダ乗り行為（free riding）の誘惑が強く、結局過少供給になってしまう、というわけです。それゆえ**技術開発を含む知識生産には、市場システムは不向きで、公的な学術研究組織が必要になる**、とされていました。

しかしいつの頃からでしょうか、このような想定は現実と理論モデルとの間の乖離を到底埋められるものではないことに、実務家たちも研究者たちも気づき始めます。技術革新に占める民需のウェイトが軍需のそれを優に上回ったということなのか、あるいはもともと両者のバランスには大した意味がなかったということなのか、私にはよくわかりません。※8 ただここでいえることは、八〇年代半ばのソ連におけるペレストロイカから、急激なドミノ倒しのごとき体制転換の嵐の中で気づかれていったのは、**社会主義計画経済と資本主義的自由市場経済のパフォーマンスを決定的に分けたのは、民間の営利企業部門における技術革新能力の違いだった**のだ、ということです。

産業社会論をとる社会学者・政治学者たちも、あるいは技術革新抜きの比較経済体制論を研究していた経済学者たちも見落としていたのは、民間の営利企業の旺盛な技術革新意欲でした。確

※8　軍事セクターと学術セクターに起源を持つインターネットの民間ビジネスへの爆発的普及は九〇年代以降のことであり、「新自由主義」の流行も、社会主義体制の崩壊もそれに先立っています。

かに新技術の開発においては、非営利的な学術セクターの貢献も無視できません。しかしながら、ことに民需が期待できる産業技術の開発においては、民間企業の方が中心的役割を担っていた、ということです。知識の私有財産制度へのなじみにくさに対しては、特許権や著作権といった知的財産権制度の強化という戦略で、それを私有財産制度、市場経済に取り込み内部化するという努力が行われました。しかしある意味それ以上に重要だったのは、営利企業は市場競争の中でライバルに勝つことを目指す以上に、競争の外に出てライバルを出し抜くこと、つまりは一時的にでも独占的地位に就くことを目指すものだ、ということです。画期的な新技術の開発は、ライバルに追いつかれるまでの一時的なことではあれ、ただ単にライバルに優越するのではなく、ライバルを全く寄せつけない独占的な優位性を企業に与えることがあります。こうした新技術の特性は、タダ乗りされる不利にもかかわらず、民間の営利企業をして新技術の開発に乗りださせる刺激に十分になるのです。

ホモ・エコノミクスとホモ・ソシオロジクス

では、産業社会論者たちは、技術革新のメカニズムについてどのように考えていたのでしょうか？　少し長くなりますが、検討してみましょう。

産業社会論の主戦場は社会学、政治学、経営学ですので、経済学との関係でいえば、大雑把には以下のポイントに注目するとよいでしょう。第一には、「経済」をその部分、サブシステムと

経済学と社会学のアプローチ

学派	想定される人間のモデル	アスペクトの違い
経済学	自己利益を最大化する個人 （ホモ・エコノミクス）	人間が社会を作る
社会学	多様な関心を持つ社会的人間 （ホモ・ソシオロジクス）	社会が人間を作る ⇄人間が社会を作る

して含み込み、**「政治」や「文化」といったほかの部分、サブシステムからなるより大きなトータルシステムとしての「（全体）社会」を捉えようという志向**が産業社会論においては支配的となり、その点で経済学との差異をそのような全体性、多面性に求める傾向があります。

そして第二には、もう一つ別のレベルでの全体論志向——人間観の違いがあります。大雑把にいえば経済学においては、よくいわれるところの「**ホモ・エコノミクス**」、合理的経済人のモデルに表れているように、人間を割合単純化して「自分の利益を最大化するべく合理的に行動する」というモデルで表現します。しかしそれ以上に大切なポイントは、経済学においてはそのようなモデルで近似できる人間の性質、行動パターンがどのようにしてできあがるのか、ということについては関心を持たない——それこそ学問にとっての外生変数、所与とする傾向が強いのです。ところが社会学の場合には、まさにそこが関心の焦点だったりします。

「ホモ・エコノミクス」に対して「**ホモ・ソシオロジクス**」が置かれる場合、問題は個人的利益第一の前者に対して、仲間を大事にしたり、そもそも生の目標としての利益自体が単一ではなかったり、とより複雑であるというだけではありません。経済学においては（そして政治学や経営学においても）、分析の主眼は「想定された性質を備えた人間がどのように行動し、その結果社会がどうなるか」であって、「そのような性質を備えた人間がどのようにしてできあがるか」という問題への関心は薄いのです。

言い換えますと、経済学の場合には「**人間が社会を作る**」というアスペクトに主たる関心があるのに対して、社会学の場合にはそれに加えて「**社会が人間を作る**」というアスペクトにも同程度の関心を持ちます。更にいえば「人間が社会を作る」と「社会が人間を作る」との間の循環構造に深い関心を持っているのです。

拙著『社会学入門』（ＮＨＫブックス）ではアンソニー・ギデンズなどを意識しつつ「社会学とは近代の自意識・自己省察である」とのテーゼを提示してきたわけですが、ここで乱暴に図式化すると、

・経済学・政治学において支配的な項は「人間が社会を作る」であるのに対し、
・文化人類学・民族学においては「社会が人間を作る」というアスペクトに主たる関心があり、
・社会学においては二つのアスペクト、そして**両者の循環関係**にこそ主たる関心がある。

ということになります。

しかしこれだけでは「社会学とはどのようなものか」の話にはなっても「産業社会論とはどのようなものか」という話にはなりません。ではもう少しそこにひきつけて、第三の論点を出して

みましょう。

産業社会論は社会学に立脚していますので、社会のトータルな把握を目指します。ということは、（少なくともその時点では）経済学が実は本質的な意味では正面から取り扱わず、「外生変数」「与件」としてカッコにくくった技術をも分析対象に取り込みたい、ということになります。では、そこで産業社会論者はどうしたのか？　というところが問題です。産業社会論においては、**経済成長の最重要のエンジンとしての技術革新**を、どのような枠組みで捉えようとしたのでしょうか？

ここでそれをいってしまうと非常に拍子抜けする結論になってしまいますが、つまるところその時点での産業社会論者——職業的には、また学問分野的には社会学者のみならず経営学者や政治学者も多数いたと思われますが——が選択した暫定的な回答は、「経済」や「政治」や「宗教」などと同様に、固有の論理を持って、社会のほかの領域から相対的に独立して運動するサブシステムとして「科学技術」という世界を捉える、というものだった、といってよいのではないでしょうか？

これは今の時点から振り返ってみるならば、**「問題の先送り」「問題に答えを与える代わりに、新しい問題にすり替えた」**といわれかねないやり方ですが、実のところこのように解釈するのが案外間違っていないのではないか、と現時点で私は考えています。

新中間層を支えた学校教育という制度

学術研究セクターの全体社会システム内での地位の重視という問題は、技術革新の問題にとどまらず産業社会論の評価において極めて重要な意味を持つと思われます。というのは、市民革命・産業革命以降の近代社会においては、**学術研究セクターは学校教育という制度と不可分なものとして捉えられているから**です。そして学校教育という制度は、産業社会論にとっては、近代社会の根幹をなす仕組みとして捉えられています。すなわち、**社会移動の装置**として。

近代社会、とりわけ二〇世紀以降の資本主義と社会主義両陣営の並立という局面を主題とする産業社会論にとって、社会移動、すなわち人々がその社会的出自、つまり出身家庭や地域、その社会的環境を離れて別の社会的環境に移動することは、実は最重要テーマでした。近代社会分析としての産業社会論にとってマルクス主義はむろん最重要の仮想敵でしたが、そこでのポイントは、マルクス主義が近代社会をあくまで資本主義経済が生み出す**格差によって構造化された階級社会**と捉えるのに対して、産業社会論は近代社会を、**もっと流動的な社会**として捉えようとする、というところにありました。

マルクス主義の理解によれば、近代社会は基本的に持てる者――地主ととりわけ資本家と、持たざる者――賃金労働者との二大階級に社会全体が分極化していく社会です。自由な市場における激しい競争は、中間的な存在を許容しません。所有する資本が少なく、経営規模の小さい自営業者や零細資本家は、大半が大資本との競争に敗れて、無産労働者に転落していきます。運よく生き延びた者たちは、大資本家になっているでしょう。社会は全体として両極分解していき、中産階級、中間層というべきものは衰退していく――そのような展望をマルクスは持っていたようです。

ところがそうは問屋が卸さなかった、というのが産業社会論者の見立てです。中間層は必ずしも没落しなかった、と彼らは指摘します。そしてその理由として彼らが重視するのが、旧中間層のしぶとさというよりも、**新中間層と呼ぶべき新しいタイプの人々の出現**です。自営業者、小ブルジョワを主体とする旧中間層に対して、こちらは官公庁や大企業に雇用される職員層、ホワイトカラーを主体としています。

この新中間層（「階級」と呼ぶのはとりあえず避けましょう）の存立基盤として産業社会論者が重視するのが、**官民双方、社会全体における官僚組織の発達と、近代的な学校教育組織**です。

国家の行政システムが肥大化して官吏、公務員が増えるのみならず、民間の営利企業においても事務管理や営業部門の職員が増えていきますが、そうした職員層、ホワイトカラーは雇われて働く賃金労働者でありながら、その中のエリート層は昇進して経営管理者、高級官僚として企業や国家の意思決定を担うため、メンタリティやライフスタイルにおいては、ノンエリートの労働者とはずいぶん異なった存在となります。しかし彼らのそうしたありようを規定するのは、組織内の昇進システムだけではありません。学校教育もまた、重要な意味を持ちます。

ここでの文脈で注目すべき近代的な学校教育システムの特徴は、第一には義務化されていること、子どもに対する「読み書きそろばん」を軸とする初等教育への就学が国家によって強制され、その半面、費用負担の方は原則免除、無償化されていくことであり、第二に、元来起源を異にし、お互いの関連性も低かった初等教育と、聖職者、法律家、医師といった専門職養成を主体とする大学とが、間にのちの言葉でいう「中等教育」をはさんで、同じ一つの大きな学校教育制度の中にはめられていく（大学が「高等教育」となる）、ということです。これに加えて第三に「フンボルト型大学」の出現——大学が学術研究者の養成をも引き受け、そのことによって大学自体が教育のみならず、学術研究機関の機能を併せ持つようになる——を数え入れれば、**学校教育と学術研究の一体化**、というところにも近代の画期性を求めることができます。

原則無償の初等教育から、国家を指導するトップエリートの育成をも含めた大学までを、制度的にはひと連なりとするこの近代的な学校教育は、産業社会論の目から見ると、いわゆる「社会移動」の装置となります。すなわち、**子どもが学校教育を通じて出身階級・階層を離れて、親世代、出身家庭とは異なる階級・階層に移動すること**を可能にし、社会を流動化すること、ミクロ的に階級・階層間の垣根を低くするだけではなく、マクロ的にも、階級・階層を世代的に再生産される固定的な枠組みではなくしていくことが、近代的学校教育の、マクロ的な全体社会システムに及ぼす主要な効果である、と考えるわけです。

一八世紀以前、大雑把にいえば産業革命以前はそもそもこのような意味での「学校教育」自体が不在だったというべきでしょう。初等教育は、そもそも体系的な制度として存在するようになったこと自体がごく最近のことで、義務教育が西欧諸国で定着していくのは一九世紀後半です。大学は上流階級の子弟の社交場か、あるいはせいぜい上流階級から旧中間階級の構成員としての、世代的に再生産される知的専門職の養成機関であり、その費用負担は軽いものではありませんでした。つまり、市民社会全体を包括する学校教育制度なるものは一九世紀になるまで存在せず、それ以前にあった「学校」は、身分制によって分断された社会のセクターごとに、ローカルな制度として分散し、それぞれの身分的集団の世代的再生産構造の一部をなしていた、といってよいでしょう。これに対して近代の学校教育制度は、身分別分断社会の統一的市民社会への編成替えに対応して、これらの「学校」を一つの同じ制度の下へと統合した――というのみならず、むしろ**統一的市民社会、国民国家を生み出すためにこそ、統一的な学校制度を作り出した**、ということができます。

ここで重要なポイントは、近代的な学校教育システムにおいては、**その費用負担が大幅に社会化され、教育サービスが公的に供給されていた**、ということです。今から見ると、二〇世紀末以降の「新しい教育社会学」とでもいうべき潮流は、実際にはこの費用負担は近代的学校教育においても無視できるものではなく、それゆえに学校教育は、実際には社会移動の装置、階級・階層間の格差を緩和する装置としては十分に機能せず、むしろその再生産に加担していたのではないか、という批判を提起してきたわけです。むろんこの批判には一理あったでしょうが、かといって近代の学校教育が、全く社会移動の装置としての意味を持たず、実際には階級間格差を温存しつつそれをごまかす仕組みだった、というのも早計でしょう。

第一に、これは学校教育のみならず、福祉国家の下でのサービス全般についていえることですが、**初期局面においてはその費用は（たとえば軍備などに比較して）比較的安くついたので、社**

会化し、**公的に供給することが比較的容易**だったのに対して、二〇世紀末以降は科学技術の発展に伴い、学校教育は（それこそ医療・福祉サービスと同様に）極めて高くつくものになってきています。今日の教育における私的セクターの拡大や「受益者負担」の論理の前面化は、そうした事情を背景に持っています。そして第二に、産業社会論が想定していた一九世紀から二〇世紀半ば頃までの経済においては、東側社会主義圏はもとより、西側の資本主義陣営においても、**公的セクターの比重が生産の面でも、雇用の面でも高まる傾向にある**、と考えられていました。つまり、公的に支援された学校教育を受けた人材の供給先は、民間の市場経済だけではなく、官公庁、自治体、軍隊といった公共部門でもあった、ということです。また高等教育の世界を見たときにも、最も顕著なのはフランスの「グランゼコール」ですが、日本においても明治期においてはそれを手本としたいくつかの機関があり、今日でも防衛大学校はむろんのこと、航空大学校や気象大学校など、文部科学省以外の官庁所管の高等教育機関があります。

このようなコンテクストの下で、近代の学校教育制度は、市場経済の論理とは独立した固有の世界を形作り、そこで知識生産と人材の社会的流動性を保障する機能を果たしていた——産業社会論においてはこのような想定が支配的でした。しかしいうまでもなく今日、こうした想定のリアリティは薄れてしまっています。新古典派経済学においては「人的資本革命」以降、学校教育制度も労働市場機構の一環として捉えなおされ、そのインパクトはマルクス主義や社会学にも及んで、**学校が社会内の格差、階級構造の再生産装置としての機能を持つことが重視される**ようになってきています。

経済の中心は公的セクターに移行した？

乱暴ですが、社会学の発展の歴史を踏まえた上で、産業社会論の含意についてこのあたりで簡単にまとめてみましょう。

社会学が学問として自立するにあたって、模範であり打倒して取って代わるべき相手としては、やはりマルクス主義の社会科学体系があります。また同時に、マルクス主義の基盤には独特の経済学があり、それはずいぶん変わり種ではあれ、一九世紀古典派経済学の一バージョンと考えることが可能ですので、そう考えると**社会学はマルクス主義のみならず、それを含めた経済学（中心の社会科学体系）をもライバル視していた**、と解釈するとわかりやすいでしょう。

全面的に市場メカニズムが生産を把握し、あらゆるものが商品化していく方向にある資本主義経済においては、旧来の身分制度は解体され、すべての人が同じような所有権の主体かつ取引の主体へと変えられていきますが、全員が均質な市民（ブルジョワ）となるのではなく、財産を所有する資本家と、財産を持たず労働力を切り売りする賃金労働者との二大階級に分かれていきます。つまりそこでは、経済メカニズムが社会構造を決めていきます。資本主義経済は階級社会を生む、というわけです。そしてそれに対応して政治体制の方も、それぞれの階級を支持基盤とする政党を主役とするようになります。

マルクス主義の革命論は、階級間の格差と対立を生む資本主義経済を廃して、社会主義計画経済に取り換えよう、というものです。その際、短期的には、資本主義の下で既得権益に浴する資本家の抵抗を排するために、労働者階級による独裁が必要となるが、長期的には計画経済によって平等化が達成され、社会における階級分断は消滅していくため、独裁の問題も解消する、というのが大まかな考え方です。

マルクス主義の革命論には、もう一つ別の側面もあります。資本主義は格差を生むがゆえによくない、というだけではありません。マルクス主義の理論によれば、資本主義の下での経済の成長、生産力の発展には限界があります。資本主義は景気循環による好不況の波を解消できないし、独占は技術革新を停滞させる。科学技術の無限の発展は社会主義の下でこそ可能になる。そういう発想もまたありました。

以上のようなマルクス主義的、更にそれを含めた経済中心の近代社会認識に対して、社会学はどのようなオルタナティヴを提示しようとしたのでしょうか？　第一にはその批判は経済中心主義に向けられます。マルクス主義の発想では政治や文化も究極的には経済によってそのありようが決められます。先述のように政党の基盤は経済的階級であり、また階級ごとに人々は異なったライフスタイル、異なった価値観を持つようになります。それに対して社会学はより多元的な世界観を提示します。経済が政治や文化のありようを規定するのではなく、それぞれは一定の自律性を持ち、相互に影響し合っている、と考えます。

第二に批判の矢は、マルクス主義、というよりもその基盤となる古典派経済学の個人主義に向けられます。経済、とりわけ資本主義的市場経済の運動を支配するのは、その中で活動する人々の個人的な自己利益の追求である、と古典派経済学は考えます。それに対してマルクス主義では、そうしたメンタリティ、行動様式が資本主義の社会で支配的であるのは事実だが、それはあくまでも資本主義経済が人々にそう強いているから、そうでなければ資本主義の中で生き延びていくことは難しいからだと考えます。つまり資本主義において支配的な個人主義は、「自然」なものではなく歴史的、社会的な形成物である。このような発想を社会学もまた継承しますが、もっと強く打ち出します。つまり**資本主義のただなかにおいても、実は人はそれほど個人の自己利益を優先して生きていくわけではない**のだ、と。

このような形でのマルクス主義、更に経済学中心の社会観への批判から浮かび上がってくるのは、どのような社会像でしょうか？　まずそこにおいて、社会は必ずしも階級分裂したものとしては捉えられません。確かに社会の中には格差や不平等、断絶が存在しますが、それを導く論理は、マルクス主義が描くような経済の論理、経済的な財産を持っているか持っていないかの違いだけではありません。人々を序列づけ、引き裂くのは経済の論理だけではなく、政治の論理や文化、宗教等様々な尺度で社会の中の人々は序列づけられ、かつそれらの複数の多次元的な序列づけは、必ずしもきれいに対応しません。経済的に豊かであれば、政治的影響力が強くなる傾向はあっても、経済的には別に豊かではない政治的エリートは確実に存在します。そのような多次元的な序列構造は、マルクスが想定したような社会の二極分解をもたらさず、**階級間の質的断絶はあまりはっきりせず、なだらかで連続的で、中間層が無視できない社会**を生み出します。

第二に、そのような社会において、経済成長の究極的な動力源は何でしょうか？　古典派経済学の考え方からすれば、それは人々が個人的利益のために行う経済活動です。しかしながら、ただ単に個人的利益のためにのみ行われる活動が、未来に向けての投資に十分に振り向けられる保障は実はありません。マックス・ウェーバーの「資本主義の精神」論もここを突いたものです。必ずしも本人がその成果を享受できないような長期的で不確実な投資が安定的に行われるためには、**単なるエゴイズム以上の、より社会的、共同体的な動機が必要になる**というわけです。

更にほかならぬマルクスによれば、持続的な経済成長のためには単なる投資では不十分で、のちにヨゼフ・シュムペーターがいうところの「創造的破壊」、技術革新を伴う投資、いや技術革新のための研究開発投資が必要です。こうした研究開発投資は、その成果の不確実性が極めて高いだけではありません。通常その成果は特定の具体的な物財ではなく、新しい知識です。知識は物財とは異なり、独占的に占有し、他人の利用を排除することが非常に難しい。知識の成果を記した文書は、複製が相対的に容易です。また新知識自体がそのように文書として流通しなくても、新知識の成果である新製品を、買い手は分解解析（リヴァース・エンジニアリング）して、そこから新知識を再構成することもできます。つまり新知識という財に対しては、タダ乗り、費用を負担せずに利用することが比較的容易なのです。このような財は私有財産制度、それに基づく市場経済制度の下では供給不足を来してしまう、ということはよく知られています、それゆえに**（技術革新を促す）学術研究や（中間層をつくり出す）学校教育では、営利目的の民間企業ではなく、非営利の公共団体、とりわけ国家の役割が大きい**、とされるわけです。むろんそれだけであれば標準的な経済学的政策論ですが、マルクス主義や産業社会論の認識は、そこからもう少し先に進みます。

産業社会論の見取り図

分野	特徴	帰結	最適な担い手
技術革新	公共財としての性質（市場競争に不向き）	経済成長のエンジン	公的セクター（経済の中心は公的セクターに移動）
学校教育	社会移動の装置	官僚・エリート・新中間層の再生産	

もともと産業社会は industrial society ですから、いうまでもなくそれは工業社会でもあるわけです。語源的には industry という語は必ずしも工業、製造業のことを意味するものとして用いられてきたわけではなく、一八世紀以前ですとむしろ「勤勉」とか「勤労」といった意味合いが強い言葉（先に見たサン＝シモンの場合も同様のニュアンスです）でしたが、一九世紀以降の機械化された製造業をとりわけ industry と呼ぶことが普通になりました。科学的知見に基づき、合理的に経営される製造業について industry なる語が当てはめられるようになったわけです。更にそれが「第一次産業・第二次産業・第三次産業」といった言葉遣いに現れる通り、合理的に経営されるビジネス一般に適用される言葉になりました。

さて、二〇世紀以降の産業社会＝工業化社会においては、技術革新のための研究開発投資が経済のダイナミズムの中心となったということは、その主役が市場経済ではなくなったということだ、とマルクス主義や産業社会論は論じます。**非営利の公共セクターとしての学術研究部門がその主役であり、市場経済はむしろそこにぶら下がる**のだ、と。

マルクス主義の場合はそこから計画経済への移行を歴史的必然とし、資本主義の終わりを宣告するわけです。しかしそれに対して**産業社会論**

は、必ずしも資本主義の終わりを展望せず、いわば「混合経済」の到来を予想します。ここでマルクス主義と産業社会論の予想が分かれたのはなぜでしょうか？

第一に、マルクス主義においては、資本主義社会では経済的ファクターが政治や文化を圧して、二大階級への分極化が進行する、と予想されたのに対して、産業社会論においてはより緩やかで中間層が厚く、社会内の対立軸も経済的なそれに集約されない多元的な社会として資本主義社会が描かれ、革命的変革の必然性は否定されます。

第二に産業社会は必ずしも平等な社会ではなく、不平等や格差はありますが、その発生要因は経済的なものばかりではなく多元的です。極端な意見としては、最も支配的な格差発生要因は、個人の能力、それも知的能力である——とさえ論じられます。すなわち、学術研究セクターを下支えする学校教育制度もまた公共部門であり、人々は経済力にかかわらずその恩恵を受けることができますが、そこでの成績（知的能力）に応じて人々は労働市場の各階層に配分されることになります。かといって、社会の各部門で指導的なポジションにつく学歴エリートの地位は、学校教育のこのような公共性から、私有財産のように「相続」され、世代的に継承されるようなものではないので、学歴エリートは「階級」とはなりません。かくして資本主義が革命によって計画経済に取って代わられる、という予想は否定され、市場と計画の双方の要素が混在する社会が二〇世紀においては支配的になった、とされます。

産業社会論の衰退と「経済学帝国主義」の勝利

——と、ここまで書いてみれば、あくまでも後知恵ですが、産業社会論の挫折の理由は明らかであるように思われます。単純にいうと、第一に、やはり**技術革新投資の基盤として、競争的市場経済の役割は小さくはなかった**、ということ。そして第二に、**学歴競争は純然たる個人の知的能力のみによるものではなく、経済的な「市場の論理」による作用を強く受ける**ものだったということ。この二つの事情は、二一世紀の現時点に生きる我々には、いっそ自明にさえ見えます。

産業社会論の多面性・体系性は、ライバルとしてのマルクス主義の経済決定論の批判を目指したものでしたが、同時にそれはまた、結果的にマルクス主義が踏まえていた古典派経済学への批判にもなっていました。むろん二〇世紀においては、古典派経済学それ自体はもはや過去の遺物であり、新古典派経済学は理論的には古典派経済学から大きな転換を遂げています。それでは産業社会論は、二〇世紀経済学の正統である新古典派に対してはどのような立場をとっていたでしょうか？

産業社会論者の中には村上泰亮のような新古典派経済学者もいましたし、あくまでも経済学の枠組みとしての新古典派それ自体に対して批判的な論者はそれほど多くはなかったと思われますが、経済学の射程の広さそれ自体については懐疑的なスタンスが共有されていたといえます。すなわち、経済学の射程はあくまでも経済現象、市場経済にとどまっており、政治などのほかの領域には及ばない、またいわゆる経済現象についても、その中心はあくまで市場であり、二〇世紀の経済の中心をなす巨大な企業組織の内部の問題については、経済学よりも経営学や社会学の出番である、といった学際的アプローチの支持者がほとんどだったといえましょう。村上はそうしたアプローチの代表選手でしたし、またアメリカ合衆国におけるそのパイオニアというべき労使関係研究者のクラーク・カーやジョン・ダンロップは、経済学出身ではありましたが、やはり折衷的アプローチを旨とする（旧）制度学派の流れをくんでいました。

つまりマルクス主義に対する産業社会論の批判は、その「経済学帝国主義」にも向けられていたのであり、非マルクス主義者で新古典派経済学の信奉者であっても、経済学のアプローチであらゆる社会現象を斬ろうとする「経済学帝国主義」に対しても、産業社会論は容赦のない批判を浴びせました。いわゆる「新自由主義」の代表選手と当時みなされたシカゴ学派の経済学者（ミルトン・フリードマンやゲイリー・ベッカー）、あるいは公共選択理論を武器にした国家財政分析を行ういわゆるヴァージニア学派（ジェームズ・ブキャナン、ゴードン・タロック）などはそうした批判の格好の的だったかと思われます。

そのように考えてみますと、冷戦終了以降顕著となる産業社会論の影響力の後退と、「新自由主義」が脚光を浴びるという展開は、実はある意味では、マルクス主義の勝利であったのではないか？　という皮肉な感想さえ出てきます。つまり、産業社会論的な立場からすれば、**マルクス主義と「新自由主義」とは、社会科学の方法論においては「経済学帝国主義」という「思考の型」を共有し、同じ土俵の上で対立し合っているにすぎません。**かたや資本主義社会を否定し、かたや肯定する、とはいえ、資本主義社会を解消不能な敵対性（妥協なき階級闘争）の場として捉える点ではさほど変わりありません。違いは一にかかって、資本主義を捨てて社会主義体制に移行すべきかどうか、という判断をめぐってのものです。

それに対して産業社会論にとっては、資本主義か社会主義かという対立には本質的な意義はありません。どちらも「産業社会」というより大きなくくりの中での代替的な選択肢にすぎないわけです。ですから「産業社会である」ということが戦後高度成長期における西側先進諸国の保守本流の社会科学的バックグラウンドである」とこれまで何度も申し上げましたが、そこでの産業社会論による西側社会のある意味での正当化のロジックは、必ずしも社会主義の全否定を意味するものではありませんでした。要するに問題は**「市場と計画のベストミックス」**であり、それは西側資本主義にとっても東側社会主義にとっても等しく当てはまるものでした。つまりそこには幾分かは、東側社会の現状肯定をも含意されていたのです。

「西側でも東側でも、「市場と計画のベストミックス」を目指しての、テクノクラート（技術官僚）優位のコンセンサス・ポリティックスが優位となる社会が実現していく」という認識に立つ産業社会論と、「西側はいかに変貌しようと依然として資本主義社会であり、そこでは階級闘争が持続している。ケインズ主義的福祉国家を推し進めるコンセンサス・ポリティックスもまた階級闘争の一環にほかならず、長期的に見ればじりじりと資本主義を限界へと追いつめている」という認識に立つマルクス主義との対立が、七〇年代頃までの西側先進諸国における「現代社会論」の中心的な構図であったとするならば、「福祉国家の危機」を経ての八〇年代以降は、すっかりそれは崩れてしまいます。どのようにして崩れたのか、といえばもちろん、ケインズ主義的福祉国家が信頼性を失い、コンセンサス・ポリティックスが衰えて、「新自由主義」的政策体系を提示する新しいタイプの保守政権主導の、強力なリーダーシップを強調する政治スタイルが前面に出てくる、という形によってです。それはもちろん、産業社会論の予想を裏切るものでした。しかしながらマルクス主義的社会科学にとって、このような展開はどう受け止められるべきものでしょうか？

ある意味でそのような展開は、マルクス主義者の予言が当たったものともいえます。西側先進諸国におけるコンセンサス・ポリティックスは、石油ショック以降目に見えて行き詰まり、敵対性が前面に出てきました。しかしながら、マルクス主義者の予言、というより希望的観測が当たったのはそこまでです。コンセンサス・ポリティックスの行き詰まりの後に続いたのは、資本主義の克服と社会主義への移行――何もかつての正統派の展望するような暴力革命ではなく、社会民主主義者の想定するような平和的な、民主的手続きに則っての革命を含む――ではなく、「新自由主義」的スローガンの下、**「市場と計画のベストミックス」ではなく「計画の極小化と市場の極大化」を目指す、「小さな政府」、古典的資本主義への回帰志向**の前面化でした。

このように見てくると、非常にシニカルな言い方をすれば、思想としてではなく社会科学としては、マルクス主義は産業社会論に勝ったわけです。しかしながらもちろん、思想としては、また政策科学としてもマルクス主義は産業社会論ともども敗北者となりました。勝利したのは、社会科学的にはマルクス主義とかなり共通の認識枠組みの下にあった、いわゆる「新自由主義者」たちである、ということになります。

となればそれは産業社会論的な多面性・体系性、あるいは悪くいえば「社会学帝国主義」に対する、**マルクス主義と「新自由主義」に共通する単細胞的な「経済学帝国主義」の勝利だった、**といえなくもありません。それが思想的にはどのような効果を持ったか？

節を改めて、この点を敷衍《ふえん》していきましょう。

これまでのまとめ

▼資本主義と社会主義との間には効率性の優劣は一概にはない、という収斂理論の見取り図は、実は近代化・産業化のエンジンである技術革新を外在変数化することによって保たれていた。

▼そこでは科学技術に関する知識などの情報財は、公共財としての性質が強く市場競争には不向きで、むしろ政府や学術機関などの公的セクターの役割が重要であると見られていた。

▼また、西側の福祉国家の「保守本流」思想であった産業社会論が前提としていたのは「新中間層」という経済階層であったが、この分厚い「新中間層」は学校教育という制度によって持続的に生み出されるとされていた。そしてその担い手も、科学技術開発と同様に、公的セクターが相応しいとされた。

▼しかし、その後の社会主義体制の崩壊と西側の市場経済の優位によって明らかになったのは、技術開発市場における民間セクターの役割の重要性であり、技術革新もまた公的セクターよりは市場競争による方がパフォーマンスがよいという事実だった。

▼更に、現代では学校教育制度というシステムもまた、教育を含む公的福祉サービス費

用の拡大に伴った「受益者負担」の論理に押され、経済的格差・階層を再生産する装置という側面が露わになり始めている。

▼このように、「市場と計画のベストミックス」を掲げる産業社会論の混合経済論（収斂理論）は、経済における公的セクターの役割を過大に評価すぎてしまったきらいがある。

▼しかし、それは自明の前提ではなく、一九七〇年代の「福祉国家の危機」を経て、「計画の極小化と市場の極大化」を目指す小さな政府志向の「新自由主義」が世界を席巻していく。

▼こうして、マルクス主義の「経済中心主義」に対抗して「多元主義」を掲げてきた産業社会論は、皮肉にも「新自由主義」の「経済中心主義」に敗れ去っていくこととなる。

それでは、こうした産業社会論の衰退の後に残されたものとは何なのか――？

4

保守主義思想の屋台骨の喪失と「新自由主義」の台頭

市場均衡論の「回帰」

ここまで我々が見てきたのは産業社会論、近代化論全体の失敗というよりは、その枠内での経済学、市場経済論の失敗であるといった方がよいでしょう。経済中心主義のマルクス主義を批判して、産業社会論は多元的社会観を掲げていましたが、実際にはそこには、マルクス主義からそれほど遠くない**生産力中心主義、技術中心主義**があったといえます。社会全体を複合的システムとみなし、マルクス主義の場合のように経済セクター全体を規定する土台として特別視することはなく、経済も政治も学術セクターもそれぞれに相対的に自律性を持ちつつ相互作用する、というヴィジョンを産業社会論は提示しようとしましたが、実際にはその中でも**科学技術セクター、そしてその担い手としての公的な学術研究セクターを、近代化プロセスの主導因として特権化する**、という(後知恵的にいえば)誤りを犯してきたわけです。実際には科学技術の発展においては、市場経済セクターの貢献は無視しえないものであり、これに後れをとった計画経済体制は、結局は単なる部分的改革にとどまらない体制転換に追い込まれました。この一事によって産業社会論の中核である「収斂理論」は破綻したといってよいでしょう。

産業社会論の市場経済理解の甘さは、以上に尽きるものではありません。今日の観点からすれば、それは**ケインズ主義を——そして当然マネタリズムも、つまりはマクロ経済現象の何たるかを誤解していた**、理解していなかったところにもある、といえましょう。資本主義と社会主義の体制的相違を程度問題と理解するあたりからもほのみえていたのですが、それは結局のところ金融、貨幣経済の何たるかについての適切な理解を欠いていたのです。つまりは、市場経済における不均衡は基本的には情報の不完全性や価格の硬直性などによって起きるものであり、ケインズ政策はそうした不均衡を無理やり人為的に、かつ一時的に補完する**対症療法**である、という理解をマルクス主義と（のみならずオーストリア学派や一部の新古典派などと）共有していたといえます。

このようにマクロ的不均衡の原因を価格メカニズムの不調に求める立場をとり、マクロ経済政策を「対症療法」とみなすならば**「根治療法」は何でしょうか？** それはいうまでもなく、価格メカニズムを復調させ、不完全競争市場を「完全」にすることです。情報処理の効率が低いゆえに——経済社会の情報を収集し、それをもとに適切な決断を下すことに無視しがたい費用がかかり、失敗の可能性も高いがゆえに——市場は不完全競争となる、すなわち、価格は取引の動向に反応してスムーズに変化せず、企業や消費者も最善の結果を必ずしも目指さず、現状に安住しがちとなるわけですから、社会的な情報の流通をスムーズにし、企業や消費者の情報処理能力を上げて、教科書通りの完全競争市場のような状況へと現実の経済をどんどん近づけていくことです。このようなヴィジョンの下では、実は「市場と計画のベストミックス」とか「政府のなすべきこととなさざるべきことの区別」といった発想は根本的には成り立ちません。**理想的には計画や意図的調整などの政府介入を一切なくしてしまうことがベストのはず**です。

また、実はこの立場は裏返すならば「自由な市場と政府による経済計画との間には、その機能、はたらきにおいて根本的な違いはない、つまりどちらも経済社会内の効率的な配分という目標を達成するための手段であり、そのような手段としての優劣があるだけだ」という発想となります。つまり、この発想からは「できれば政府の介入は全廃し、すべて市場に任せた方がよい」という方向に議論が振れる可能性も、また反対に「市場がうまくいかなければ政府が誘導すればよい」という方向に振れてしまう可能性もあります。**「滑りやすい坂」は両側に開けているの**です。

先に詳しく見てきたような現代的ケインズ経済学を踏まえるならば、貨幣供給不足、流動性不足の下では、価格メカニズムが十分にスムーズでも、市場経済が全体として不均衡、不完全雇用(あるいは均衡を「市場のバランス」ではなく「人々の相互行為の落ち着く先」という意味に解するならまさしく「不完全雇用均衡」)に陥ってしまう可能性が見えてきます。しかしそのような理解はいまだ十分に確立しているとはいえません。ましてスタグフレーションの時代にはなおさら、ケインズ政策への不信が右記のような「市場均衡の徹底化」志向へと導きました。穏健でリアルだが経済理論的な根拠づけが希薄な「市場の不完全性ゆえの不均衡」論にコミットしていた経済学者の少なからずは、過激な均衡論者に転向していきました（典型は「リカードウ＝バローの等価定理」で名高いマクロ経済学者のロバート・バローでしょう）し、踏みとどまろうとするならばまさに**「滑りやすい坂」の上でふらふらする「隠れ計画主義者」**の誹《そし》りを免れなくなってしまったわけです。本論で見てきた村上泰亮の運命は、そのようなものではなかったかと私は考えます。

「産業社会論の基本構造」とは何か？

とはいえ、往時の産業社会論にこのような適切なマクロ経済理解が欠けていたことが確かだとしても、このマクロ理論は産業社会論全体の構造とは別に矛盾するものではなかったはずです。技術革新のインキュベーターとしての市場を見誤るというミスとは異なり、マクロ経済現象についての理解を付け加えたところで、産業社会論の基本構造が揺らぐということはありません。やはり、より致命的だったのは「技術革新のインキュベーターとしての市場」の看過でしょう。

では、ここでいう**「産業社会論の基本構造」**とは何でしょうか？

産業社会論における多元主義には二つの側面があります。一つは**実証科学のレベル**で、事実として社会システムを複合体、どのサブシステムが特権的な第一要因としてはたらくわけではないシステムとして捉える方法論的多元主義。これがいわゆる方法論的全体主義と絡まって、産業社会論における社会学の中核性の基盤となります。ところが実はもう一つ、**規範理論、価値論のレベル**でもそこには多元論、多元主義があります。すなわち、複合体としての社会システムのサブシステムである経済とか政治とか宗教とか科学技術とかいった諸セクターは、価値論の観点からすれば、それぞれに独自の価値——経済ならば金銭的利益、政治ならば権力、学問ならば真理、といった——を軸として編成されています。人間はそのような価値を求めて行動する主体として捉えられるわけですが、主流派の経済学においては、人間はもっぱら経済的価値を求めて行動するホモ・エコノミクスとして捉えられるのに対して、社会学においては、複数の価値を並行して追求し、時にそれらの間で引き裂かれるホモ・ソシオロジクスとして捉えられます。もちろんそうした把握は実証科学的な方法論でもありますが、同時にまたそこには、人間は本来そうした多元的存在であり、そのことを大切にすべきだ、という規範的コミットメントもあります。そのような意味において産業社会論は自由主義と親和的だ、といえます。

実証科学の枠組みとしての産業社会論には、先述の「**隠れ生産力主義**」という弱点がありました。これは既に述べたように生産力の発展、技術革新の理解において、八〇年代以降の新古典派経済学の新展開に後れをとったわけですが、それだけではなく、多元論を自ら裏切る仕組みでもあったわけです。むろん、多元論の立場を堅持し、科学技術も、経済も、政治も、どれも決定的な規定因であるということはない、と健全で中庸なスタンスをとることもできますが、そうなってしまうと産業社会論＝近代化論は社会についての単なる記述の枠組みではあっても、社会のメカニズムを説明する理論とはいえなくなってしまいます。マルクス主義の「経済決定論」の偏頗さは、少ないファクターによって多様で複雑な現実を解明する、説明の道具立てとしての説得力と裏腹です。そう考えるならばこの「隠れ生産力主義」も仕方のないことだったのかもしれません。しかしながら「隠れ生産力主義」、科学技術中心主義であったことが産業社会論の説得力の核心であったとするならば、**体制転換前後における「収斂理論」的ヴィジョンの崩壊、代替理論としての「新しい成長理論」の台頭**は、実証科学の理論としての産業社会論の説得力を失わせるには十分だったでしょう。

問題は、このようにして産業社会論の影響力が失せてしまうことが、それが暗黙の裡にコミットしていた価値レベルでの多元論、より直接にいえば**自由主義の説得力をも減退させてしまうことになったのではないか？**ということです。

もちろん二〇世紀末の展開を見るならば、ジョン・ロールズ『正義論』の上梓以降、規範理論、政治思想としての自由主義の弁証は隆盛を極めています。ただそうした政治哲学・倫理学的な自由主義論の流行は、ロールズ『正義論』の刊行自体が一九七一年であり、社会主義の崩壊や産業社会論の凋落のはるか以前、それどころか福祉国家の危機とスタグフレーションにも先立っています。『正義論』自体は、スタグフレーションに先立つヴェトナム戦争下のアメリカ財政の悪化とインフレ亢進、そして大学闘争と同時代の所産です。用いられている道具立ても哲学以外は法律学、政治学、そして新古典派経済学であり、産業社会論や社会学の影響はあまり見られません。ロールズの、そしてそのインパクトを受けての自由主義的政治哲学の隆盛は、ケネス・アローやアマルティア・センなどの規範的経済学の影響は濃厚に受けていますが、社会学の影響はさほど目立ちません。基本的にはそれは実証的社会科学中心の産業社会論の潮流とは独立に発展したものと考えるべきでしょう。

むしろやや先走っていいえば、産業社会論における、実証社会科学のレベルでの多元論の衰退が、いわばそのカウンターバランスをとるために、規範理論のレベルでの多元主義の隆盛が要請されている——そのような印象さえ受けます。

「新自由主義」は保守主義思想の屋台骨なのか

身も蓋もなくいえば、産業社会論の存在価値は基本的にはマルクス主義のライバルとしてのものでしたから、マルクス主義が破綻すれば、あるいはその影響力が減じれば、産業社会論の方もその「社会的使命」が失われてしまうのは道理です。しかし「産業社会論は所詮マルクス主義への反動形成でしかなかった」というのもいいすぎでしょう。そもそも歴史的に見ればサン＝シモンはマルクスに先行しています。

マルクス主義が生産力主義、経済中心主義の立場から総合社会科学体系を作ろうとしたのに対して、産業社会論はそれに取って代わる別の総合社会科学体系を、別の基盤、別の方法論に立脚して作ろうとしたわけです。しかしながらその第一のポイントとしての多元論は、実証科学の方法論としてみた限り「**単純なもので複雑なものを説明する（還元主義）**」マルクス主義に対して「**複雑なものを複雑なまま理解する**」ことになってしまって、認識利得が低くなってしまいかねません。それゆえに産業社会論は暗黙の裡に「隠れ生産力主義」「技術中心主義」で以て体系のまとまりと「単純なもので複雑なものを説明する」認識利得を得ようとしたわけです。しかしながら科学技術発展のメカニズムの理解において、産業社会論は、新古典派経済学に敗北します。更にいうと、マルクス主義においても、七〇年代以降の、いわゆる「パラダイム論」以降の科学史・科学哲学の影響を受けて、科学技術の発展が政治経済メカニズムによって影響を受ける、という理解が支配的になってきます。二〇世紀末ごろには、超越的な第一原因としての科学技術の発展、という理解は決定的に時代遅れになりました。

技術革新の理解は産業社会論の体系の一部分ではありますが、それでも要石となるポイントですから、そこが崩れれば全体系が揺らぎます。**社会主義の崩壊の大きな要因は急性の危機というより慢性的な技術革新の停滞であり、体制転換は収斂理論を葬ることとなりました**。収斂理論の核心は技術革新の社会経済体制からの自律性の主張ですから、社会主義体制における漸進的改革の放棄と急激な体制転換は、それへの有力な反証となったわけです。このあたりの展開は現実の歴史においてかなり急激で、ほんの数年ほどの間に予想外の激変が連続しましたので、その社会科学、社会思想へのインパクトの計測はかなり困難ですが、大体次のようにはいえるでしょう。

一九八〇年代一杯まで、西側の人文社会科学においていわゆる西洋マルクス主義、つまりは共産党の護教論ではない、**「人間の顔をしたマルクス主義」**を目指す潮流の影響は決して小さなものではありませんでした。七〇年代のスタグフレーションと福祉国家の危機は、むしろその影響力を強める作用さえあったといえます。**この時代、相対的に地盤沈下を起こしたのはいうまでもなく経済学におけるケインズ主義**であり、その批判者としてのマネタリズムやオーストリア学派などの「新自由主義」的潮流も影響力を強めたのはいうまでもありません。しかしながら八〇年代までは、まだ産業社会論的枠組みの影響力はさほど低下してはいませんでした。八〇年代は「新しい成長理論」や科学社会学の影響力が強くなっており、産業社会論の科学技術理解への対抗馬となりつつありましたが、他方この時代にはいまだ社会主義体制の転換の予感はありませんでした。ペレストロイカさえ、漸進的な体制内改革以上のものを予感させるものではありませんでした。すなわち、収斂理論はまだ滅びてはいなかったのです。

これに対して体制転換以降の九〇年代にはかなり様相が変わってきます。収斂理論が論争にではなく現実そのものに敗れたことによって産業社会論の影響力は低下していきますが、**意外なことに西洋マルクス主義の威信はそこまでは低下しませんでした**。元来、西洋マルクス主義はソ連東欧の共産党はもちろん西側の共産党からも距離を置いていただけではなく、八〇年代には実は「現存する社会主義」とは別のユートピアとしての「人間の顔をした社会主義」への展望さえ既に相当程度失っており、「現存する社会主義」が崩壊したところで今更というわけです。しかしながらおそらく、西洋マルクス主義（ネオマルクス主義）の生存の理由はそれだけではありません。産業社会論が凋落した後では、マルクス主義が唯一残された有力な総合社会科学体系になってしまったのです。ただし「人間の顔をした社会主義」が過去のものとなった九〇年代以降のマルクス主義は、近代資本主義に対するオルタナティヴを提示できず、ただその欠陥を批判するだけの、**純然たる批判理論としてのみ延命**することとなりました。そしてそれに対抗する「保守」、広い意味での現状維持の思想は、「重心」を喪失してしまいました。

それでは、産業社会論の没落の後、近代社会のありようを基本的に肯定する**保守主義思想の屋台骨はいわゆる「新自由主義」になったのでしょうか？** 今日なお残るマルクス主義者、あるいはその影響を受けた人々の少なからずはそう考えているようですが、私自身は懐疑的です。マルクス主義の立場からすれば、**見えやすい、わかりやすい思想的敵手が必要**ですから、そう考えるのも無理はありません。とりわけ、現代のマルクス主義は積極的な未来構想、オルタナティヴを失って純然たる批判理論となり、積極的な政策提言においてはかつての社会民主主義としばしば見分けがつかず、場合によっては破壊的で退嬰的なアナーキズムにも近づきます。従ってそれは、アイデンティティを見失わないためにも、強力なライバルを必要とするのです。

しかしながらいわゆる「新自由主義」のレッテルを貼られた諸潮流は、かつての産業社会論に取って代わるものとなりえているでしょうか？ それが一枚岩にほど遠いことについては先に触れました。とはいえオーストリア学派もシカゴ学派も、またフライブルク学派も、リップマン・シンポジウムやモンペルラン協会といった具体的な組織拠点を共有してはおり、全く無縁というわけではありません。むろん「マルクス主義」の方でも、各国ごとの相違を仮に無視したとしても、共産党系と非共産党系、いわゆる「旧左翼」と「新左翼」の間の相違は小さくないわけですし、すべてのマルクス主義者が結集する具体的な組織などもとよりないわけですから、「マルクス主義」をひとまとめにすることが許されるなら、「新自由主義」もそれで構わない、という考え方もあるかもしれません。しかしここで考えておきたいのは、そのような「新自由主義」のアイデンティティのことではありません。ここで問題としたいのは、とりわけそれらがどの程度、どのような意味で「保守」思想たりえているのか、です。

まず押さえておきたいのは、いわゆる**「新自由主義」の諸潮流は、マルクス主義はもとより、産業社会論に対しても、それに取って代わるようなオルタナティヴにはなりえていない、**ということです。すなわち、総合社会科学体系に、更にいえば世界観といえるほどのものはそこにはありません。もちろんハイエクやルートヴィヒ・フォン・ミーゼスの仕事には、かなり壮大な体系構築への努力が見られますが、それらはマルクス主義や産業社会論のそれに比べたとき、相当に禁欲的なものです。すなわち、市場経済、その基盤としての私有財産制度、更にそれを支える法的枠組み、統治機構——といった主題系に焦点が絞られています。常識的な言葉でいえば「政治」と「経済」の話に集中しており、それ以外の問題領域、文化や宗教、科学技術などについてはあまり主題化されていません。そもそもハイエクなどは明確に、産業社会論の源流ともいうべきサン＝シモンやコントの総合社会科学体系という発想それ自体に批判的です。いわゆる「新自由主義者」たちの多くは、むしろ戦線を経済学や法律学に限定し、私有財産制度や市場経済メカニズムにかかわる政策形成や制度設計を超えるレベルの議論にはあまりかかわらないようにし、国家論においても、社会経済政策とその基盤としての財政や「法の支配」についてはは多く論じても、安全保障や軍事については相対的に禁欲的です。文化や宗教についてはなおさらです。

非常に極端にいえば、「新自由主義者」の多くは、政策論的には**「市場経済さえちゃんと機能していれば、後はどうでもよろしい」**と考えています。もちろん市場経済がちゃんと機能するためには、私有財産制度など多くの前提が必要ですが、そのような前提を作り出す統治機構や文化は、むろんどのようなものでも構わないわけではないにしても、ただ一つのタイプに限られるわけではありません。このあたり議論の余地はありますが、「法の支配」は民主政治にしか実現できないわけではなく、開明的独裁制によっても実現可能かもしれません。いずれにしても、市場経済を支える制度的・政治的基盤は多様でありえます。また、そのような市場経済が及ぼす社会的影響も、当然に多様でしょう。つまり「新自由主義者」の多くは、事実問題として「自由な市場経済の下にある社会はみなが似たようなものになってしまうのではなく、多様であるし、それでよい」と考えています。**「新自由主義者」の多くは、市場経済の外側には無関心**なのです。

それに対してマルクス主義者は、資本主義社会はその枠内でもちろんそれなりに多様なものになっていくとしても、そうした多様性はどちらかというと些末なものであり、根本的なレベルでは資本主義社会は非常に均質な、どれも似たり寄ったりのものである、と考えます。市場経済が階級構造を決め、社会における対立関係を決め、政治構造を決め……という風に、「下部構造」としての経済が社会システム全体のありようを規定していく、と考えます。マルクス主義者はそのように、「市場経済が社会全体の形を決めていく」というヴィジョンの下で近代社会全体を見通していこうとします。このヴィジョンと真っ向から対決し、別の仕方で近代社会の全体像を捉えようとしたのが産業社会論であり、近代化論であったわけですが、俗に「新自由主義」と呼ばれる潮流に属する論者の多くは、そうした野心は持っていないようです。

「新自由主義」の台頭と同時並行して展開された、社会科学における**方法論的個人主義**の爆発的発展――悪くいえば「経済学帝国主義」の伸長は、確かにゲイリー・ベッカーなどシカゴ学派の経済学者たちをその先駆としており、「新自由主義」に対してある種のイデオロギー的説得力を与えるのに貢献してはいますが、それを「新自由主義」そのものと同一視することはできません。たとえば規範理論のレベルでは、ジョン・ロールズも、そしてもちろんもともと数理経済学者であるアマルティア・センも、徹頭徹尾方法論的個人主義的なアプローチ――合理的選択理論、ゲーム理論を用いていますが、彼らを「新自由主義者」呼ばわりするのはいくら何でも変です。また実証的な社会科学のレベルでも、経済学の枠を超えて政治学、社会学においても合理的選択理論、ゲーム理論の影響は強まっていますが、そうした議論とイデオロギーとしての、あるいは政策指針としての「新自由主義」――自由市場重視の「小さな政府」論――とは全く別物です。

このような個人主義的、原子論的社会科学の展開は、もちろんマルクス主義、そしてその対抗理論としての産業社会論などにおける全体論的システム理論を総体として克服しようという試みとしてみることは可能です。しかしそうした**個人主義的、原子論的社会科学と「新自由主義」を同一視することはできません**。確かに「新自由主義」的潮流に属する論者の多くは経済学者であるか、経済学の枠組みに強く影響された法学者や社会科学者です。それゆえ彼ら／彼女らが用いる道具立ては基本的に個人主義的、原子論的な合理的選択理論です。しかしながらそれよりはるかに多くの、同じ道具立てを用いながらも「新自由主義」的な方向へのコミットメントを行わない論者が存在しているのです。

産業社会論没落以後の知的空白

錯綜してきたのでまとめてみましょう。元来マルクス主義は規範的な「べき」論、社会変革のための巨大なプログラムと、その前提としての客観的な現実認識の「である」論、実証的社会科学との組み合わせからなっていたわけですが、社会主義の崩壊とともに変革への積極的な展望が失われ、実証科学の部分と、規範理論のレベルではネガティヴな批判理論の部分が残りました。

それに対して産業社会論は、基本的には実証的な現実認識の枠組みでしたが、それを採用する論者の少なからずは、マルクス主義の資本主義社会批判に対峙し、西側社会の基本的な枠組みを保守することにコミットしていました。つまり非常に広い意味での保守主義者かつ自由主義者が比較的多数派でした。ただ、既に述べたように産業社会論の枠組みを採用するラディカル左翼の論者も存在していたことは確かであり、産業社会論それ自体が保守主義や自由主義を含意するとはいいがたいところです。このように、産業社会論がかつての西側先進諸国の保守主義に対して果たしていた知的貢献は、ニュアンスに富んだものでした。

しかしながら冷戦終焉以降、予想を裏切る速さで進展した体制転換、社会主義の崩壊は、マルクス主義以上に産業社会論の説得力を失わせてしまいます。マルクス主義が失ったのは社会主義建設への前向きな展望であり、現実認識の枠組みの部分は無傷とはいかないまでも残されました。しかし、規範的なレベルでも純粋な批判理論としてなら延命可能でした。しかしながら産業社会論の場合には、現実認識の枠組みとしての失効宣告がなされたに等しいわけです。ここに**保守主義、自由主義にとっての巨大な知的空白**が生じました。

少なからぬマルクス主義者は、その空白を埋めて新たな保守主義、自由主義の屋台骨となったのがシカゴ学派やオーストリア学派の経済学者たちが代表する「新自由主義」である、と考えたわけですが、果たしてどこまでそういえるのか？　この点について本稿では一貫して懐疑的に論じてきましたが、その理由もそろそろおわかりでしょう。

いわゆる「新自由主義」の諸潮流は基本的には「べき」論に重点があり、実証科学のレベルにおいてのオリジナリティを主張するわけでは必ずしもありません。今日の時点でなお「オーストリア学派」を自称する経済学者の場合にはやや独自の異端的経済理論を構想する場合もありますが、シカゴ学派の流れをくむ論者の場合には、方法論的にはオーソドックスな新古典派経済学の枠内に属します。法理論家や政治哲学者の場合にはもちろん「べき」論、規範理論の方にウェイトがかかります。つまりいわゆる「新自由主義」には、マルクス主義に対抗しうる、実証科学のレベルでの独自の総合社会科学体系が欠けているのです。

それは果たしてそもそも「欠点」なのかどうかは、実のところ定かではありません。今日の保守主義や自由主義が、オーソドックスな社会科学とは別個の、**独自の「体系」「世界観」を別に必要とはしていない**、というだけのことなのかもしれません。しかしながらもう少し、このあたりについて考えてみる必要はありそうです。

これまでのまとめ

- ▼産業社会論の失敗は、マルクス主義の「経済中心主義」に対して「多元主義」を掲げながらも、実際にはそこにマルクス主義的な「生産力主義・技術中心主義」を密輸入（「隠れ生産力主義」）している点にあった。
- ▼もともと産業社会論には、実証科学のレベル（「である」論）に加えて、西側のリベラルな国家体制の擁護という規範的な価値（「べき」論）へのコミットメントが含意されていた。
- ▼冷戦崩壊後、社会主義国の崩壊という現実によって収斂理論が否定され、産業社会論は実証科学としての説得力を失ったが、それに伴い「リベラルな国家体制の擁護」という規範的価値の説得力さえも減退してしまった。
- ▼他方、社会主義国の崩壊の後も（ネオ）マルクス主義は、（資本主義に取って代わるオルタナティヴな社会主義経済のヴィジョンを描くのではなく）資本主義経済の現状を批判するという「純然たる批判理論」に特化することで延命した。
- ▼従って、社会主義国の崩壊によって相対的に地盤沈下を起こしたのは、マルクス主義ではなく、むしろ西側諸国の「保守本流」としての古きケインズ主義、およびそれと同伴してきた産業社会論であった。

- それでは、かつての「保守本流」「自由主義」の砦であった産業社会論の失効に対して、「新自由主義」と「新保守主義」が取って代わったのかといえば、必ずしもそうではなかった。
- 「新自由主義」にはマルクス主義や産業社会論に比して、統一的なイデオロギーといえるほどの実体性はなく、後に残されたのはかつての「保守主義」「自由主義」にとっての強大な知的空白であった。

第4章

冷戦崩壊後の世界秩序と「新自由主義」という妖怪

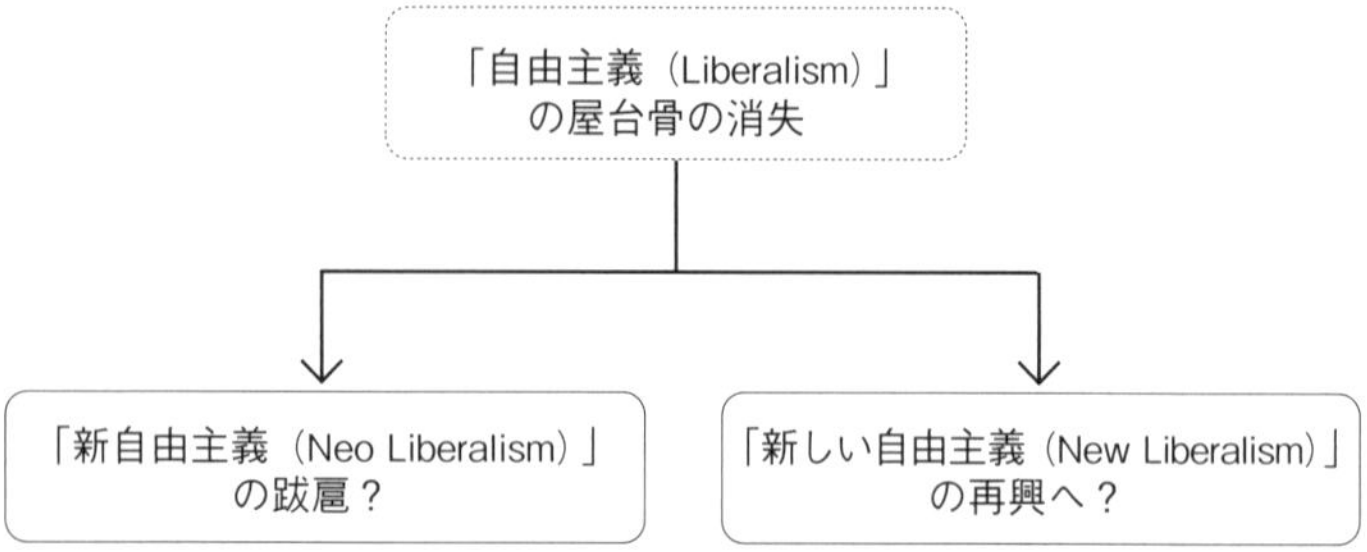

本論ではここまで、マルクス主義、ケインズ主義、産業社会論の歴史を俯瞰する中で、私たちが「新自由主義」というものを理解する際に用いている共通の「思考の型」とは何だったのかということを考えてきました。
ここからは、これまでの議論を踏まえて、私たちがこの「思考の型」から抜け出したときに見えてくる、現在の世界資本主義の姿、そしてそこに跋扈するとされる「新自由主義」という妖怪の正体とは何か、ということを論じてみたいと思います。

1　冷戦崩壊後の世界秩序

現在の国際政治学をどう見るべきか

いわゆる**「新自由主義」の全盛時代は既に過去のもの**です。日本における「失われた二〇年」はもとより、二〇世紀末のアジア通貨危機、そして二一世紀に入ってのリーマンショックやユーロ圏の危機の連続が、**ケインズ政策の復興**をもたらしたことについては、既にしつこく論じてきました（第2章）。しかしながらそれ以上に顕著な動向は、二一世紀以降の先進諸国における俗にいう「ポピュリズム」の展開です。明らかに今日の先進諸国における保守主義、右翼の展開は、もはや「新自由主義」の枠内に収まるようなものではなくなってきています。そこでは「新自由主義」は「グローバリズム」の一翼を担うものとしてむしろ批判の対象となっているかのようです。

このような状況は私には、大げさにいえば、産業社会論の失効の後の知的空白の思わざる大きさを示しているように思えてなりません。

散発的にはこの状況下において保守的な立場からの体系的な世界観提示の試みもなくはありま

せん。まさに冷戦終焉の機に立ち会う形で書かれたフランシス・フクヤマの『歴史の終わり』などはその例でしょう。我が国においては既に触れた村上泰亮の『反古典の政治経済学』などがそれにあたります。

本稿の立場からすれば最も興味深いのは、明らかに自覚的に、マルクス主義に対抗しうる総合社会科学体系としての産業社会論を練り上げて、**「新自由主義」を批判しつつ穏健な保守的自由主義の論陣を張ろうとした**村上の大著ですが、結論的にいえばその出来には大いに不満が残ります。死者に鞭打つ形になりますが、九〇年代初頭の時点での村上の未来予測の多くは、二十有余年を経た今日の目から見ると、外れてしまっています。むろん日本人の立場からすれば、村上にはその後の「失われた二〇年」への予感がほとんど見られないことが気になりますが、それ以上に重要なことは、ナショナリズムの亢進、先進諸国におけるそのポピュリズムとしての噴出について、全く予想さえしていない——むしろナショナリズムの世界的な弱体化をこそ予想していることです。

復習してみましょう。国際関係論のレベルでは村上は、穏健な現実主義者でした。特殊国際政治学的な意味合いで「**現実主義**（realism）」という言葉を用いますと、それは「国際社会は基本的にアナーキーであり、独立主体としての主権国家の行動を絶対的に統制する上位の機関もルールもない。各主権国家は自己の利益を第一に行動する」という前提をとる立場というほどの謂いとなります。しかしだからといって、とりわけ二〇世紀以降の国際社会の展開を踏まえるならば、このアナーキーな国際社会も必ずしもホッブズ的な戦争状態というわけではなく、一定の秩序が保たれています。この秩序が保たれる理由として、現実主義の国際政治学は、国家間の勢力均衡を最重要の要因とみなします。他のすべての国家を圧倒し世界を征服できる圧倒的な強国が存在せず、国家間での合従連衡が常に行われているゆえに、国際社会は一定の平和の下にある——このような理解です。

結論のレベルでは、これはたとえば「**制度主義**」やあるいは「**自由主義**」(あくまでも国際政治学限定の用法においてですのでご注意を)」とあまり変わることなく、国際社会においては一定の協調関係が成立しうる——という穏当な結論に到達しますが、出発点における考え方のニュアンスが異なります。「制度主義」の場合には、国際社会においても、必ずしも国内社会において市民を政府が拘束するほどの強さは発揮できないにしても、国家に対する一定の拘束力を発揮するルール——国際法や超国家組織が存在している、と考えますし、「自由主義」国際政治学の場合にはいわゆる「民主的平和」論、自由民主主義の国家間には戦争はそもそも起きにくい、という立場をとります。それに対して現実主義の場合には、国際平和が保たれるのは、あくまでもその下での各国家が戦争をする動機を持ちにくいためにすぎず、本性において国家が厭戦的であるとか、超国家組織が国家を圧倒する上位規範を体現するからとかではない、とするわけです。

村上が特に重視するのはこの現実主義国際政治学の中でも「**覇権安定理論**」と呼ばれる枠組みです。これはいってみれば制度主義に対する現実主義の側からの解答のようなもので、国連などの超国家組織が成立し、国際社会に一定のルールが確立する理由を、一頭地抜けた強国——覇権国がリーダーシップをとるからである、と考えます。覇権国は自国に都合のよい国際体制のルール（これも「レジーム（regime）」と呼ばれます）を他国に押しつける代わりに、その維持のためのコストを多めに引き受けます。このいわば「国際公共財」のコスト負担の重荷がしばしば覇権国の疲弊と、ライバル国のキャッチアップを招き、覇権の揺らぎと、場合によっては覇権国の交替を招きます。

この枠組みによれば、一九世紀には覇権国は七つの海を支配する海軍国であり、また「世界の工場」であり金融センターだった大英帝国ですが、二〇世紀後半はアメリカ合衆国です。二つの世界大戦は乱暴にいえば、大英帝国の停滞とドイツによる挑戦、最終的にアメリカによる覇権の引き継ぎ、という覇権国交代の過渡期の混乱として位置づけられます。ただ、二〇世紀におけるアメリカの覇権は、東西冷戦下での西側の軍事同盟の盟主としての意味合いが強く、冷戦終焉を受けての安全保障体制の変化が予想され、また経済的には日本や西欧諸国の追いつきを受けて、九〇年代には陰りが見られました。かといってそこで覇権国の交代が予想されるか、というわけでもなく、村上としてはほとんど制度主義や自由主義と変わらない、覇権国不在の下での有力国家間の協調体制の構築を展望していきます。

こうした穏当な将来展望は、二十余年を経ての後知恵になりますが、かなり外してしまっていることは否めません。村上が予想できなかったのは、日本の低迷と地盤沈下はもとより、アメリカ合衆国がそれほど揺らいでいないことであり、また中国をはじめとする一部の旧途上国の急激な躍進と国際社会へのプレゼンスの強化であり、その中でのナショナリズムの意外なほどの亢進です。しかし、なぜ彼の予想は外れてしまったのか？　それについてここで細かく論じることは避けましょう。もう少し考えたいのは、このような村上の世界社会像と、先に見てきたようなドメスティックなレベルでの、豊かな先進産業社会についての議論は、どのように組み合わさっていたのか、ということです。

そのことを考えるためにも、以下では村上を離れて、より一般的な産業社会論の枠組みで世界社会論を展開するとどのようになるか、そこにどのような限界が見られるか、について我々なりの考察を加えてみましょう。

「インドモデル」からＮＩＥｓ的キャッチアップへ

収斂理論の原点となったカー、ダンロップらの国際比較研究の含意は「**東西両体制間の差異のみならず、南北間、先進諸国と低開発国、途上国との間の相違もまた、程度問題である**」というものです。西側自由主義諸国と東側社会主義諸国とが、体制の相違を超えて長期的に収斂していくのみならず、途上国もまた、市場主導の戦略をとろうが、あるいは計画経済を採用しようが、長期的に見れば先進産業社会に追いついていくことは十分に可能である――そのような結論が、産業社会論の枠組みからは出てきます。重要なのは科学技術に基づいた産業経営を、適切なマネジメントの枠組みの下で遂行することができるかどうかです。

その上で、原理的な問題としてではなく、あくまでも実践的な政策選択の問題として考えたときに、途上国がキャッチアップするためには少なくともその初期局面においては、自由な市場に任せておくのではなく、外部、つまりは国際社会――具体的には**先進諸国からの技術・資金援助をもとに大規模な政策的介入を行うことが有効**である、という発想が、一九六〇年代までは有力でした。工業化の初期局面においてはエネルギーや交通通信などインフラ産業を中心に「規模の経済」が強くはたらくため、自由な市場に任せておくと停滞気味になったり、あるいは先発者が市場を独占したり、といった弊害が起こるため、政府主導の発展戦略が意味を持つ、というわけです。経済成長が順調に進行し、「規模の経済」があまりはたらかなくなってきたら、先進諸国に追いついたということであり、自由な市場主導に移行すべきであるとしても、そこまでの**過渡期においては部分的な経済計画が有効でありうる**、と。

このような発想は社会学者や経営学者のみならず、経済学プロパーの開発研究者においても、一九七〇年代頃まではごく普通に見られるものでした。それに対して産業社会論や主流派経済学に対して批判的な陣営においては、どのように考えられてきたでしょうか？　それは先に見たような「ローザの子供たち」（植村邦彦）としての**従属理論**などのネオマルクス主義の発想を見れば大体わかります。

戦後のラテンアメリカ諸国の経済学者・政策担当者の議論に源流を持ち、そこに合流した一部のマルクス経済学者・社会学者たちによって形成された従属理論においては、世界経済は独立性の高い各国レベルの国民経済の集合体としてではなく、その全体が一個のシステムと捉えられ、各国の国民経済は統一システムとしての世界資本主義経済の中の、有機的な連関を受け持つ特定の部分として位置づけられていきます。第1章で見たように、**旧植民地・途上国の貧困は経済発**

展の遅れではなく、世界資本主義経済システムの中心としての先進諸国にとってのバッファとしての機能を担わされているからである、というわけです。途上国は先進諸国のための原料供給地であり、製品市場であり、間接的な労働力プールである、とされました。

この枠組みにおいてはリカードウ以来の比較優位論は、先進諸国の工業・先端産業と途上国の農業・鉱業その他一次産業[※1]という国際分業を固定化し、途上国を発展性が乏しく、貿易においても不利な一次産業に縛り付けて工業化・経済発展のチャンスを奪うイデオロギーとして批判されます。比較優位という現象自体は否定されないまでも、**比較優位論を盾に自由貿易を推奨することは、結局は世界経済の現状を固定化することを正当化してしまう**、というのです。

それゆえにこの枠組みからは、途上国が発展を遂げるためには世界経済からいったん距離をとり、外国からの援助や自由貿易に依存＝従属することなく、自力更生でやっていくという戦略が導き出されます。ここで興味深いのは、**産業社会論とは全く別の発想から、それほど遠くない結論が出てきてしまう**ということです。つまり、キャッチアップの初期局面においては、自由な市場から距離をとった保護貿易や部分的な経済計画が有効である、とする産業社会論の立場と結論において大きく変わるところがなかったのです。

しかし以上のごとき枠組みは、**一九八〇年代以降に一気に崩壊**していきます。それが先進諸国

※1　この辺については「一次産品は交易条件において不利となる」という主張がありましたが、テクニカルになるので省略します。

における「新自由主義」的政権の登場とどの程度平仄《ひょうそく》を合わせた現象であったのかについては即断は避けるべきでしょうが、偶然とは思えないのも確かです。

要するに八〇年代とは、東アジアにおけるいわゆるNIEs、新興工業経済の勃興の時代であった、ということです。六〇年代における途上国の開発戦略のモデルは、社会主義計画経済にかなり近い、自力更生の色彩も濃厚な、インドにおける輸入代替工業化戦略（**「インドモデル」**）でしたが、その結果は一向にはかばかしくありませんでした。それに対して八〇年代に脚光を浴びたのが、韓国、台湾、香港、シンガポールの、世界市場に活路を求める輸出主導工業化戦略でした。またそこでは政府介入が不在だったわけではもちろんないにせよ、工業化の担い手はあくまでも民間の私企業でした。この東アジアNIEsのインパクトは大きく、やがてそれに東南アジア諸国が追随して同様のキャッチアップを遂げます。そしていうまでもなく、九〇年代以降は中国が本格的に世界市場に開かれた市場経済へと体制転換を遂げます。これは社会主義からの体制転換という側面と同時に、**NIEs的キャッチアップ**としての側面をも有する現象です。二一世紀にはインドもまたかつての「インドモデル」を捨て、俗に「韓国モデル」とも呼ばれたグローバル志向の発展戦略の下、ようやく本格的な成長軌道に乗ります。

このような事実の展開は、上述の**「自由貿易論は世界経済におけるヒエラルキー的な国際分業の現状を固定化するイデオロギーだ」という主張を一気に陳腐化**させてしまいました。考えてみれば東アジアNIEsどころか、明治以降の日本も、当初は低賃金に立脚した価格競争力を武器に、繊維産業を輸出産業として成長を開始しますが、生産性の向上とともに賃金も上昇し、もはや労働集約的な繊維などの軽工業品では価格競争力を発揮できなくなり、より資本集約的、高付加価値の重工業などに産業構造の重点がシフトしていく、という歴史をたどってきました。その間決して規制や保護貿易がなかったわけではないですが、自力更生路線ではなく、あくまでも世界市場に向けて（多少歪みはあれ）開かれた経済を作ってきました。

ここにも、産業社会論的な技術革新の理解と、現代的な成長理論における市場競争重視の技術革新理解の対比が浮かび上がってきます。産業社会論的な枠組みにおいては、かつての「インドモデル」的な輸入代替工業化、貿易を制限して国民経済レベルでの自力更生を目指す戦略には別におかしなところはありません。経済内での需給の調整は市場を通じても計画を通じてもどちらでも原理的には達成可能であり、状況に応じてどちらを優先するかはケースバイケースです。そして貿易を制限して一国内での経済循環の完結を目指す場合には、計画の優位性が多少上がると思われます。というより、貿易は海外の取引相手が絡むだけに、計画になじみません。

そして新技術の開発は知識という財の私的所有権制度へのなじみにくさ、市場化しにくさゆえに、市場セクターの民間企業主導よりは、市場の外側の、国家によって公的に支えられた研究開発セクターの方がよいでしょう。またこうした知識の移転が市場メカニズム経由によるのではなく、自由な（無料の）コミュニケーションを主体とするものであれば、仮に貿易、市場の取引において国境のハードルを高くしても、技術的知識の流通は必ずしもそれによって妨げられることはありません。つまりモノの貿易においては完全な鎖国状態にしたとしても、知識の流通においては開放的にしておけば、新技術の導入、それによる国内の技術革新と経済成長には、原理的な困難はない、という理屈が成り立ちます。

しかしながら実際には、民間企業における技術革新意欲は決して無視できませんでした。たとえ新知識が競争相手に盗まれ、タダ乗りされて追いつかれるとしても、それは一朝一夕にはいかないはずで、それまでの間にライバルを干上がらせてつぶし、市場を独占するチャンスがあれば、企業は革新に打って出る可能性があります。また新知識の開発者に対して、所有権のような独占的使用権を与える、特許や著作権などの知的財産権制度も発展していきます。それゆえにことに産業的応用技術の開発においては、公共セクターや学術セクターより、民間の営利企業の方が熱心でした。

また問題は新技術の開発だけではありません。**産業社会論は技術移転についても甘く見ていた**といってよいでしょう。産業社会論的な発想によれば、後発途上国は、経済発展の初期局面から、既に先進諸国が開発済みの先端技術を利用できるという「後発利益」があり、急激なキャッチアップが可能である、とされていました。戦後日本の高度成長過程に、先進国からの技術移転と競争規制によって後発利益を活用する産業政策のはたらきを見た村上の『新中間大衆の時代』もこの系譜に属します。しかし技術移転とは、実際にはもっと厄介なプロセスです。たとえば先端技術を用いた巨大な工場を途上国に建設したとして、すぐにそれが使えるわけではありません。現地の人材を訓練するのみならず、工場で用いられる原材料や部品などを供給する関連企業も育成していかなければなりません。つまり実際には、先進諸国から途上国への技術移転は、知識のタダ乗りには決してならず、**新技術を習得して運用できるまでに慣熟するプロセスは、本質的に**

は新技術の開発と大して変わらない困難なプロセスなのです。それもまた技術革新の場合と同様に、利益を目指しての前向きな努力によってのみ成り立つのであり、競争的市場環境がよりふさわしいのです。

アジアとアフリカの「明暗」はなぜ分かれたのか

ところで、アジアの旧途上国が世界市場志向の戦略をとって急速に成長軌道に乗っていったのとは対照的に、一向に発展しない――低成長どころかマイナス成長にさえなってしまったのがサハラ以南のアフリカ諸国です。二〇世紀から今世紀にかけての世紀転換期においては、このいわば**アジアとアフリカとの「明暗」**を解明することが、開発研究の眼目となっていきます。そこでのポイントは、アジア地域の場合にはおおむね問題なく確立した私的所有権制度と市場経済、そしてそれを支える「**法と秩序**」、つまりは政治的安定が、多くのサハラ以南アフリカ諸国ではそもそも確立しなかった、ということです。一九六〇年代以降植民地支配から脱したアフリカ諸国は、東アジア諸国と比べて圧倒的に政治的に不安定でした。

アジアの経済発展における計画主導の「インドモデル」と市場主導の「韓国モデル」の対比からは抜け落ちてしまう問題がそこにはあります。「インドモデル」か「韓国モデル」かの選択が問題となり、その優劣が問われることに意味がある状況とは、結局のところ**市民社会に対してきちんとした統治権力が確立しているような状況**です。これは先進諸国の場合もむろん同様で、そもそも「大きな政府」か「小さな政府」か、をめぐって論争が可能であるのは、特定の民間の主体から独立して、市民社会全体に向かい合う統治権力、我々が常識的に考える意味での「政府」が確立しているような状況においての話です。その「政府」がやるべきことが最低限の「法と秩序」の維持にとどまるべきか、それ以上に貧困者の救済や富の再分配まで含むべきかが、先進諸国の人間にとってなじみ深い「「大きな政府」か「小さな政府」か」の論争です。そして東アジアにおける発展戦略をめぐる対立も、その域を出るものではありませんでした。

　もちろんそれは必ずしも「アジアの方が民主化が進んでいる」ことを意味しません。八〇年代に注目されるようになってからの韓国や台湾においては、確かに民主化が比較的順調に進行していますが、成長プロセス自体の開始は本格的な民主化に先立っています。また中国やヴェトナムの場合は、共産党の一党独裁体制は揺らいでいませんし、シンガポールもよく知られている通りオーソドックスな議会制民主政が確立しているとはいいがたい状況です。そもそも西欧近代史に目を転じてみても、**産業革命は本格的な民主化におおむね先行している**、といってよいでしょう。民主化以前、政治参加の権利の普遍化・平等化以前においても、独裁や寡頭制の下でも、政府が市民社会からある程度ニュートラルとなり、市民社会のレベルでの「法の下の平等」が、つまりは「法と秩序」が確立すること自体は可能であり、現に西欧近代史の展開はそのようなものでした。一元的な統治権力によるそれなりに公平な――というより被治者にとって予測可能な、恣意的ではない支配が確立していれば、市場経済は機能するのです。

　サハラ以南のアフリカ諸国の困難は、そもそもこのような一元的統治権力がなかなか確立せず、無政府状態、ひいては内戦の危機に延々と晒され続ける国々がむしろ大勢を占めるところにあります。そこでは**「大きい」「小さい」以前にそもそも「政府」自体がまともに確立していない**のです。これがいわゆる「破綻国家」です。

どうしてサハラ以南アフリカ諸国において「破綻国家」化の危険が高いのでしょうか？　その主たる原因はやはり、植民地支配の後遺症といえるでしょう。かつてよくいわれたのは「現地の民族、エスニック集団の事情とは関係なしに、植民地宗主国の事情で勝手に引かれた境界線をもとに国境が引かれ国家の領域が確定し、国内に異質な民族集団が無理やり共存させられているからだ」といった理屈ですが、実際には状況はもっと複雑かつ悪質なようです。植民地レベルで統一されるならまだしも、複数「民族」間のヒエラルキーもろとも創出されたという側面もあったようです。

特にサハラ以南のアフリカ諸国の場合、ここに見たような意味で旧植民地の途上国の苦境の原因の少なくとも一部が、旧宗主国の先進諸国にあったのは確かだとしても、それは古典的なマルクス主義が想定するような「搾取」、途上国の富、資源を先進諸国が収奪しているからというよりも、「法と秩序」の欠如ゆえに成長ができない、そもそも人々の日々の生存さえ危ういという理由によるといえます。そして「法と秩序」がどうにか確立しているアジアの少なからぬ国々においていて、先進国へのキャッチアップが順調に進行しています。

以上のような状況を踏まえ、今日の開発研究をリードする「開発の政治経済学」とでもいうべき潮流においては、**政府による経済への介入というコンセプトそれ自体への見なおし**がなされて

途上国における開発研究のモデル

前提の違い	モデルの違い	特徴
「法と秩序」の成立	インドモデル	保護貿易／計画主導（大きな政府）
	NIEsモデル	自由貿易／市場主導（小さな政府）
「法と秩序」の成立以前	サハラ以南のアフリカ諸国	長期停滞／格差の固定化

います。古典的には、それこそ「大きな政府 対 小さな政府」といった対立構造の議論枠組みにおいては「経済への政策的介入は「法と秩序」を確保して、人々が法に従う限りにおいて自由に経済活動ができるようにするのに十分な最低限にとどめるべきだ」という古典的な自由主義、そして二〇世紀後半における「新自由主義」「ネオリベラリズム」の主張がいわばベンチマークとなり、それ以上の政府介入が果たして必要か、必要だとしたらなぜか、という風に議論が進行します。しかし**それは「法と秩序」がいわば当たり前、デフォルトである先進諸国の世界観の中で初めて意味を持つ議論**なのです。今日のサハラ以南のアフリカ諸国の状況を分析するためには、あるいは歴史をさかのぼり、産業革命以前、市民革命以前の世界について理解するためには、この先進国的には「デフォルト」であるところの最低限の「法と秩序」を確立すること、「破綻国家」ではない真正の意味でのきちんと機能する国家はいかなる条件の下で可能となるのか、それを構築するにはどうすればよいのか、という問題について考える必要があります。

しかしながらこのように論じると、国家についてのスペクトルといいますか、統治権力の強さを尺度として順番に「「破綻国家」――きちんと機能するが「法と秩序」の確立以上のことはしない「小さな政府」の国家――「福祉国家」をその典型とするところの「大きな政府」の国家」といった序列をつけてみていくことができそうに思えてきますが、実際にはそう簡単ではありません。「破綻国家」において政府機構の一部、あるいは全部が実際には民間の一部の集団によって私物化されていることはよく見られますが、先進諸国の「福祉国家」体制の下で、たとえば労働組合や業界団体などが、政府の裁量による再分配政策の受益者となると同時に、議会外チャンネルを通じて直接に政府や所管官庁に影響力を及ぼせる地位を確立しているさまを「既得権益」として公衆が糾弾するときには**「程度の差はあれ、そこで起きていることは「破綻国家」における汚職や政府の私物化と本質的には変わらない」**という感覚が強くはたらいているでしょう。実際「破綻国家」の財政を見るならば、利害関係者による行政の私物化の結果、財政赤字がほぼ構造的に定着してしまいますので、先進諸国の福祉国家財政と表面的には類似したものに見えなくもありません。

「新自由主義」が必要ない国へのその押しつけとしての「構造調整」

以上をまとめてみますと、このようになります。**世界経済には確かに先進諸国と貧困な低開発諸国との間の格差構造のようなものが存在しています。**その意味で世界経済を、質的に似通った国民経済の集合体としてではなく、異質なものたちの複合体としてみようとする(ネオ)マルクス主義の立場はそれなりに啓発的です。しかしながらネオマルクス主義者たちは、この格差構造をあまりに固定的なもの、中心たる先進諸国と周辺の途上国との格差はほぼ永続的なものと考えがちでした。実際にはこの構造はよりダイナミックなものであり、少なからぬ旧途上国が今や先進国へのキャッチアップを遂げています。

キャッチアップに成功しつつあるアジア諸国と、停滞を続けるサハラ以南のアフリカ諸国の比較から浮かび上がってくるのは、技術や資源、あるいは人材などの富それ自体よりも、社会における「法と秩序」の確立がより決定的である、という可能性です。たしかに統治が安定していても、政府の政策的対応が成長の足を引っ張ることは十分にありえます。いわゆる「新自由主義者」たちによる福祉国家批判はそのような問題意識に則っています。しかしながら、統治が安定しない限り、そもそも安定した経済成長はスタートできません。内戦ないしその危機に面した社会では、成長どころか日々の生存維持さえもおぼつかなくなります。その意味では統治の安定による**「法と秩序」の確立は、経済成長の十分条件ではありませんが必要条件**です。

このような発想に基づく開発援助戦略は、どのようなものになるでしょうか？　第一に要請されるのは、私物化されずに**市民社会から超越する「強い政府」の構築**であり、それによる安定して公正な統治、つまりは「法と秩序」の確立です。しかしながらその強力な政府は、民間のローカルな利害によって私物化されないために、ＩＭＦや世界銀行からの融資と引きかえに厳しい財政規律を要求されることになります。つまりはこれが悪名高い「**構造調整**」です。「破綻国家」ないしそこへの転落の危機をはらんだ弱い政府は、財政赤字に苦しみがちであるという一点においては、先進諸国の福祉国家財政と似通って見えてしまいます。実際それは構造化された汚職、政府の私物化の徴候であり、強い健全な政府機構を作り上げるためには克服されねばなりません。それゆえにこのような国家に対して、先進諸国、国際機関の側は援助供与の条件として財政健全化＝緊縮を要求します。それが「構造調整」です。いってみればそれは「新自由主義」がそもそも必要とされていない――「新自由主義」が敵とする**「大きな政府」はおろかまともな政府自体がない――ところに対して、「新自由主義」的な「小さな政府」のヴィジョンに基づき、財政緊縮を要求する**結果になりかねない危険をはらんでいるのです。

なお付言するならば、低開発国においては財政が赤字基調となりやすい以外に、マクロ経済上どのような問題があるでしょうか？　一九九七年のいわゆる「アジア通貨危機」などのことを念頭に置きますと、以下のようなことがいえるでしょう。

『経済学という教養』でも触れましたが、いわゆる**「国際金融のトリレンマ」**という命題が国際金融論・国際マクロ経済学ではよく知られています。開放経済下のマクロ金融政策においては一般に国家の政策目標として**「為替レートの安定」**（つまりは国際通貨市場での自国通貨の価値の安定）**「自由な国際資本移動」**（の下で必要な資本を自由に海外から調達できるようにしておくこと）**「自由な金融政策」**（つまり国際経済の動向に拘束されずに、自国の物価動向をコントロールできること）の三つが考えられます。政府、つまりは中央銀行や外国為替市場を相手にする財政金融官庁は、自国通貨や国債を発行し、あるいは外国通貨や外債を売買することを通じてこれらの目標を追求します。しかしながら厄介なことに、この三つの目標を同時に達成することは不

国際金融のトリレンマ

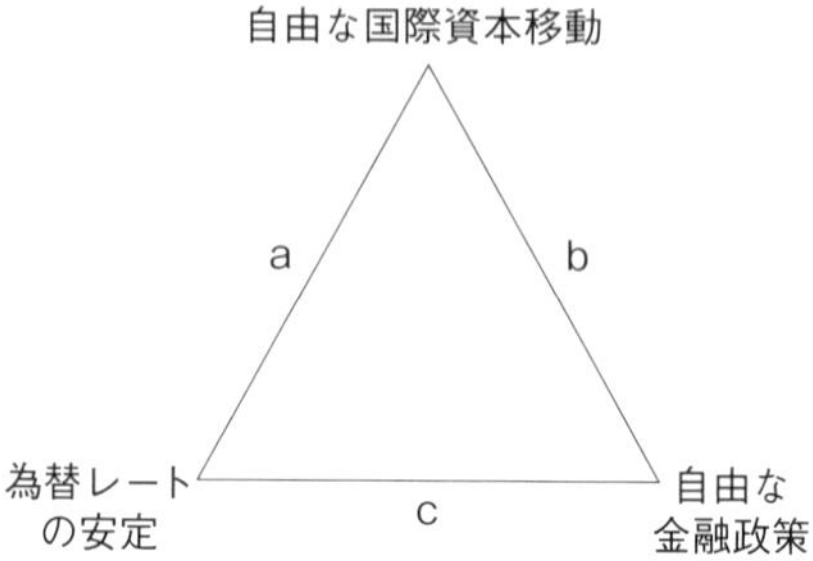

＊a,b,cそれぞれの線分の両端にある2つの政策を採用した場合、
残りの1つは実行することができない。

可能で、これらのうち二つを実現するためには、残り一つを犠牲にしなければならないのです。

たとえば国際金本位制やブレトン＝ウッズ体制のような固定相場制においては、為替レートは国際的な協定によって固定され、安定しています。この状況下で自由な国際資本移動を許すと、どうなるでしょうか？資金が国から国へと自由に移動する――投資家たちが世界中好きなところに自分の資金を貸し付ける――のであれば、各国の金利は同じ水準に収斂していくでしょう。つまり政策当局が金融政策のために金利を操作しようとしても、相殺する圧力がはたらいて無効化されてしまいます（図の線分a）。逆にある国が自由な金融政策を行うためには、金利に反応して国際投資家が自国内で勝手なことをしないように、国際資本移動を制限しなければなりません（図の線分c）。

経済、とりわけ金融のグローバル化の下で、国際金融市場の膨大な資金に自由にアクセスしつつ、なおかつ自国の金融政策の自由度も確保しようとするならば、自国通貨価値の安定――為替レートの安定はあきらめねばなりません（図の線分b）。今日多くの国が変動相場制を選択している理由がこれです。

また、ＥＵにおいて頻発する危機の原因の一つが、**ＥＵ加盟国のほとんどはユーロという共通通貨を用いており、やはり自国独自の金融政策をとることができない**ことです（図の線分a）。

ところが少なくともアジア通貨危機以前の途上国の多くも、それこそバーツ危機の当事国たるタイを含め、ＮＩＥｓとして急成長を遂げていた国々や最貧国も、ドルなど他の有力通貨に対して交換レートを固定した形で自国通貨を運用していました。なぜでしょうか？　それはこうした途上国の多くが先進諸国からの膨大な借り入れを行っていたからです。こうした国々は支払い能力が危ういため、少しでも安全に借り入れを行うために為替リスクを回避しようとします。たとえばアメリカからの借り入れをドル建てで行う場合、自国通貨安＝ドル高となってしまうと、返済負担が急増してデフォルト＝返済不能となるリスクが強まります。実際、実体経済が弱い貧困国の場合、仮に変動相場制の下で放置しておくと、そうなるリスクは高いでしょう。それどころか、政府当局がこうした結果を嫌って逆に自国通貨高に無理に誘導すると、国際資本市場で活躍する投資家たちは、この通貨高を無理押しのバブルで長続きはしないと見込んで、いずれ来るであろう通貨安への反転を見越して投機に走ります。つまり保有していたこの貧困国の国債を売り、更にこの国の通貨を売って、ドルを買うという行動に出ます。これがいわゆる通貨アタックです。これに対して貧困国は逆に手持ちのドルを売って自国通貨を買い支えて抵抗しますが、まあ勝負は時間の問題です。

以上のような問題があるため、**対外借り入れを大規模に行っていきたい途上国は、資本市場を国外に開放しつつ、なおかつ為替レートを安定させる、という戦略を長らくとってきました**。そしてこれは当然に、金融政策の自由度を強く制約します（図の線分ａ）。すなわち、ケインズ的なマクロ的拡張政策の余地がなくなってしまうのです。

とはいえ、**アジア通貨危機**以降はこのような状況もずいぶん変わりました。タイのバーツ危機をはじめとする通貨危機は、まさに右に書いたような通貨アタックによる通貨の暴落によって起きたのです。対ドル固定レートで通貨価値を安定させつつ、大量の借り入れをもとに成長を続けていたタイ経済に対して、ある時点でバブルの不安が生じてくると、投資家たちは資金を引き上げようとします。ドルに固定されていた当時のバーツは実体経済から乖離して割高となっており、いずれ切り下げられるか、あるいは変動相場制に移行せざるをえない――そう予想した海外の投資家たちがバーツ安ドル高の攻撃を仕掛けてきて、タイ当局の抵抗もむなしく陥落した――乱暴にいえばこんな感じです。**それ以降、多くの途上国、新興国は変動相場制に移行**し、更に対外借り入れも嫌って、少なからぬ国がむしろ貯蓄超過で対外貸し付けを行うようになってさえいます。またシンガポールなどこの時代を比較的小ダメージで切り抜けた国の場合には、資本移動を制限して金融政策の自由度を確保するという選択も見られました。

やや話が細かくなりましたので本題に戻りましょう。要は、**二〇世紀末ごろまでは、途上国においては元来金融政策の自由度は低く、マクロ経済政策のツールとしては財政主導になる**、という、先進諸国にとってはかつてのブレトン＝ウッズ体制を想起させる状況下にあった、ということです。しかし**そこに「構造調整」が導入されると、完全に手を縛られてしまう**わけです。対外借り入れに致命的なまでに依存する必要がない先進国の場合には、変動相場制の下で金融政策を行えば、財政政策にあまり頼る必要もなくなりますが、途上国の場合はそうはいきませんでした。このような「構造調整」のはらむ問題性は、二一世紀に入り、日本の「失われた二〇年」やアメリカのリーマンショック等、先進諸国における積極的なマクロ経済政策への見なおしが行われる世界においては、もはや明らかでしょう。

　以上の「構造調整」の動向を踏まえた上で、改めて「開発の政治経済学」について考えていきましょう。本格的な開発援助の歴史は、一つには、第二次世界大戦中の連合国に対するアメリカ合衆国からの武器供与その他の援助の戦後復興における延長としての**マーシャル・プランを淵源**としますし、いま一つには、六〇年代以降本格化する旧植民地諸国の独立ラッシュと、それを受けての**旧宗主国、先進国の側での旧植民地政策の組み換え**もまたその起源です。こうした初期の時代における開発思想は、先述の「インドモデル」に端的に表れている通り、いまだ地に落ちていなかった社会主義の影響もあり、また開発の初期局面における「規模の経済」といった「市場の失敗」への注目もあって、政府当局や海外の援助機関による大胆な政策的介入の有効性を主張するものでした。それに対して八〇年代以降は、東アジアＮＩＥｓの躍進を受け、戦後日本の高度成長までを念頭に置きつつ「**東アジアの奇跡**」が叫ばれ、市場主導かつ世界経済への強い統合を強調する「韓国モデル」の新しい開発経済学が登場してきます。

　しかし重要なことは、この新時代の開発経済学は、一方で先進諸国を中心とするいわゆる「新自由主義」の強い影響を受ける一方で、やはりなお異なったニュアンスをはらむものでした。すなわち「東アジアの奇跡」の立て役者たちは、本格的計画経済を導入した社会主義国ではなく、基本的に市場経済に立脚する社会でしたが、同時にそうした**市場重視の発展戦略は、政府主導のものであった**こともまた強調されます。民主化前の台湾、韓国やシンガポールの場合には、独裁とはいわないまでも民衆の政治参加を制限する権威主義的統治が、必ずしもサハラ以南のアフリカ諸国のような政府の私物化による「破綻国家」化に向かうのではなく、競争的市場経済への適応を社会に強制する、というプロセスがあった、とも論じられました。つまり開発経済学における「韓国モデル」は、「新自由主義」的な市場重視のトレンドに乗ったものであると同時に、先進諸国における多くの「新自由主義」論とは異なり、そうした市場の秩序を確立するための政治的基盤の重要性を強調するものでもありました。既にそこに「開発の政治経済学」は成立していたといえるでしょう。いうまでもなくこうした「開発の政治経済学」的問題意識は、「**構造調整**」**路線の見なおしとケインズ主義の復権**によって、先進諸国における福祉国家論とも通底する形で、弱まるどころかむしろより強化されることとなります

ゲーム理論による政治経済学の新しい基礎づけ

このような「開発の政治経済学」、並びにそれに影響を受け、射程を途上国に限らず先進産業社会にまで広げた現代的な政治経済学(「新しい政治経済学」)について、産業社会論との比較

を念頭において簡単に展望してみますと、以下の通りです。

この政治経済学的なアプローチは基本的には、新古典派と同様の方法論的個人主義、合理的選択理論を基礎とします。この意味で産業社会論の主流をなすシステム論的社会学のそれとは一見したところ対照的です。しかしながらそれは、伝統的な新古典派ともずいぶん様変わりしたものになっています。

伝統的な新古典派経済学においては、合理的主体が無数に存在して競争し合い、それゆえに特定の他者との具体的な関係を持てず、「市場」にただ適応するしかない状況、つまりは完全競争市場を基準としてものを考えていました。むろん現実の経済においては完全競争からほど遠い独占や寡占状況も多々起こりますが、そうした状況もあくまでも完全競争のモデルを基準として、そこからのズレとして論じられました。

新古典派経済学はマルクス主義者などから「市場経済しか見ようとしない没政治的な枠組みである」と批判されてきましたが、実際には政府・統治機構を私的所有・市場経済の枠組みになじまない公共財として分析し、それが市場になじまないのは具体的にはなぜかということをより厳密に分析してきましたので、そこに既に「新しい政治経済学」の視点は潜在していたとはいえます。更にそうした公共財の生産を決定する非市場的な仕組みとして、投票による多数決を想定してそのモデル分析にも取り組んできました。ただそうした試みは、あくまで周辺的なものにとどまってもいました。

しかし一九七〇年代頃から八〇年代にかけて、大きな転回が見られます。一九五〇年代に開発されたゲーム理論という枠組みは、経済学においてもそれまで散発的に援用されてきましたが、大体この時期により本格的に、システマティックな形で導入されていきます。極端にいえば、**ゲーム理論の考え方によってそれまでの経済学一切合切を新たに基礎づけなおそう**、という機運が高まったのがこの時代です。

この時期、経済学に導入されたゲーム理論の特徴はこのようなものです。ゲーム理論は基本的には合理的選択理論の枠組みに基づいていますが、伝統的な新古典派経済学とは異なり、少数の主体間の相互作用を陽表的に分析することを眼目とします。ただしそれまでのゲーム理論では、主体間の相互作用が落ち着く先としての「均衡」概念について様々なものが提案され、基準となる考え方が確立してこなかったのです。しかしこの時代に「**ナッシュ均衡**」が最も基準的な均衡概念であることについての合意ができていきます。ナッシュ均衡とは簡単にいえば「他人の出方(ゲーム理論的にいえば「戦略」)が一定不変であると前提した上で、誰も自分の出方を変えることによって利益を得ることができないような状況」です。この枠組みを用いれば、伝統的な完全競争市場における均衡は、無数のプレーヤーがいるゲームのナッシュ均衡(の一種)として理解できます。のみならずこの考え方を用いれば、少数の企業が互いの戦略を読み合い裏をかき合う寡占市場や、労働者と雇い主の交渉関係なども、一貫して「ナッシュ均衡」のバリエーションとして解釈できることがわかってきました。かくして経済学は市場の分析だけではなく、企業組織や下請け関係なども、合理的主体間の相互作用として分析することができるようになったのです。

当然これは政治経済学や開発経済学の領域にも大きなインパクトを及ぼします。政党間競争や、政府と企業や市民との関係へのゲーム理論的分析が盛んとなり、政治学との相互乗り入れが活発化するのはもちろんですが、何より開発経済学においては、市場経済が発展する以前のいわゆる「伝統的」な社会経済関係をシステマティックに分析することが可能となったことが大きいわけです。ゲーム理論の到来以前にも新古典派的な開発経済学は、途上国の「伝統社会」の人々を、ともすれば一部の社会学者が描いたように「合理的選択理論の枠組みでは理解できない、別の文化の下、別の論理で生きている人々」としてしまうのではなく、れっきとした「合理的経済人」として理解し分析する努力を積み重ねてきました。ゲーム理論は更に、そうした**「伝統的」な社会における非市場的な「共同体」的慣行を、システマティックに、合理的主体同士のナッシュ均衡として分析することを可能にした**のです。

またゲーム理論的革新と並行する形で、ややそれとは独立して進められてきたもう一つの革新は**「取引費用アプローチ」**というものです。完全競争市場のモデルの前提は「経済社会の情報を集めて処理する費用（すなわち取引費用）は無視できるほど小さい」というものですが、現実にはこの取引費用はしばしば無視できません。取引費用アプローチは、この取引費用に着目して、企業や下請け関係、あるいは「共同体」などの、開放的で流動的な市場とは対照的な、閉鎖的で固定的な関係の分析を進めます。このアプローチは企業理論のオリヴァー・ウィリアムソンや経済史家のダグラス・ノースらによって主導され、やはり政治経済学や開発経済学に多大な影響を与えました。

このようなゲーム理論・取引費用アプローチ以降の新しい経済学の展開は、あくまでも**合理的**

選択理論の枠組みを崩すことなく、その射程を広げることに成功します。つまり狭い意味での「経済」だけではなく、「政治」の領域にも手を伸ばしていきます。それは市場経済の基盤としてある種の政治構造が必要とされることへの自覚とも照応するものです。

もちろんこれはいまだに、かつての産業社会論――を軸とする近代化理論に、全面的に取って代わるようなものとはいいがたいでしょう。ただ、どんどんその守備範囲を広げていく傾向にあることは否定できません。そこでこの新しい政治経済学的アプローチが、産業社会論に取って代わるものになりうるポテンシャルを秘めている、と仮定した上で、その基本発想の上での両者の相違について確認してみることにします。

産業社会論の核心にあるものは何でしょうか？　ここであえて社会学の古典に回帰してみるとしましょう。エミール・デュルケムの『社会分業論』のテーマは、近代化とともに市場経済内での分業のみならず、経済と政治、学問と宗教、といった社会内の諸領域もまた専門分化を遂げていくという現状認識を前に、そのように**専門分化した社会において人々の間に連帯感を創出し、社会を統合するには相応の工夫がいる**、との問題意識でした。技術や経済の発展に人間のメンタリティや社会組織の方がついていかない可能性がある、という危惧をそこに読み取ることができます。

あるいはかのマックス・ウェーバーの「資本主義の精神」論を顧みてみましょう。ウェーバーによれば、「資本主義」をどう定義するにせよ、発達した市場経済、そこでの高度に組織された営利ビジネス活動は、歴史上珍しくなく、起源を異にするいくつもの文明圏で独立に発生し発達しています。しかしながらこれらの高度な市場経済と、西欧に発達した近代資本主義との間には、決定的な違いがある、とウェーバーは主張します。近代資本主義以前には、西欧でも豪商は土地や爵位を購入して貴族化し、営利ビジネスの一線から身を引くのが常でした。経済的利益の追求は人類社会全体にとって普遍的ですが、そうやって得た富はそれを消費して快楽なり権力なりその他の利益や目標を得るために用いられるのが普通であり、ただ使いもしない富を自己目的的に生産し蓄積するという営為は異例です。しかしウェーバーによれば、西欧近代の資本主義はそうした異常なケースであり、しかもそれが西欧列強による世界の植民地化とともにグローバルに普遍化してしまいました。

そうした西欧近代の資本主義と、発達した市場経済一般との相違について考察したウェーバーは、宗教に着目しました。宗教改革以降のキリスト教の新宗派は、脱俗的出家者=宗教エリートたる司祭の指導による官僚制ではない、俗人によって自治的に組織される教会を構築していく中で、世俗信徒の生活態度を導く倫理として「世俗内禁欲」とでもいうべきスタイルが確立していきます。乱暴にいえば修道院における修行としての労働という仕組みが、世俗の人々の経済活動の倫理に転移していく、というのです。

非キリスト者まで含めた世界中に普及した後では、人々は別に信仰などなくとも、周囲に既成事実としてできあがった社会の仕組み、風俗習慣に適応して生きていくことで、この近代資本主義はあたかも自然のごとく存続していきますが、それが出現するにあたっては異常な歴史的偶然がはたらいたのだ——そのようなイメージがウェーバーの議論からは浮かび上がってきます。

先に第3章においても触れたように、政治学や経済学など他の社会科学においては「人間が社会を作る」側面を重視するのに対して、社会学は「社会が人間を作る」という側面に注目します。更にいえばそこで**「社会によって作られる」**のが何か、**人間のどこかといえば、メンタリティ、行動様式、価値観**といったあたりです。ウェーバーの先に見たような議論は、その一例だといえましょう。イメージとしては、内面化された価値観や態度という感じです。「文化人類学（cultural anthropology）」という表現における「文化（culture）」くらいの意味、つまりは「先天的に、遺伝的に形成されるのではなく、学習やコミュニケーションを通じて後天的に獲得され、コミュニケーションをかわす集団の間で共有され継承されていく知識、振る舞い方、態度等々」といった感じです。

それに対してゲーム理論、取引費用アプローチ以降の新しい政治経済学の場合にはどうでしょうか？　そこでは「人間が社会を作る」という側面に重心がある、と先に述べましたが、特にゲーム理論の発展以降は、これを「**慣習**」とか「**制度**」といった言葉で表現することが多いようです。社会学的な「文化」とこれらの「制度」「慣習」の相違は不分明ですし、人類学的な「文化」概念とは異なり、近年のゲーム理論的政治経済学には、いまだ衆目が一致するほどの「制度」「慣習」の定義は存在していないようです。具体的に取り上げられるのは財産権とか市場、裁判や統治機構などですが、それらすべてに通じ、かつ要点を押さえた「制度」の定義はまだありません。

ただ、ここでの「制度」「慣習」はあえて「文化」と対比するならばより「外」のもの、**人間**

の内面にあるというよりは身体の外側の環境としてあるもの、しばしば物理的実体を伴う人工物※2というニュアンスが強いものです。もちろんそれは、特に「慣習」と呼ばれる場合には、意図的、計画的なデザインの所産ではない、それこそ**市場を典型として「みえざる手」によって形成された自生的秩序**です。しかし意図的に設計されたものではないからといって、それが人工物ではないことにはなりません。「制度」「慣習」は人々によって作り出された、社会的共存のためのインフラストラクチャーの一種として観念されているようです。

さて、話が長くなりましたが、「開発の政治経済学」を含めてゲーム理論以降の政治経済学（しばしば「**新制度学派**」と呼ばれます。これは当初は主として取引費用アプローチに対して用いられた呼称でしたが、最近は拡張されて用いられることも多いようです）の展開は、相応に豊かなポテンシャルを備えているといえましょう。ではそれは、産業社会論の後の空白を十分に埋めるものとなるでしょうか？

※2　極端な言い方をすれば文字言語以降の言語表現は、実体的な人工物、技術的な製品としてのメディアとともにあります。石板、パピルス、紙は物理的実体です。

これまでのまとめ

▼かつての産業社会論の枠組みは、東西の経済体制の差異のみならず、南北の経済格差の差異も程度問題だと考えた。

▼その際に、発展途上国が先進国に追いつこうとする初期局面においては、計画経済寄りの政府介入を行う「インドモデル」の開発主義が有効であるとされた。

▼しかし、一九八〇年代以降の「アジアの奇跡」において、そうした開発主義モデルよりも、自由貿易を重視するＮＩＥｓ的キャッチアップの方が有効であることが示された。

▼他方、急激なキャッチアップを遂げるアジア諸国とは異なり、サハラ以南のアフリカ諸国は固定化された長期停滞を余儀なくされているが、その原因は、「保護主義かグローバリズムか」という対立以前に、社会に「法と秩序」をもたらす公平な統治権力が未確立であるという事実にこそある。

▼こうした「破綻国家」に対して「新自由主義」的な財政緊縮を求めるような、ＩＭＦや世界銀行の「構造調整」政策は、南北の格差のより一層の固定化をもたらす。

▼現在では国際経済体系を分析する枠組みとして、産業社会論的な開発主義の枠組みも、従属理論的な世界資本主義分析もその有効性が失われている。

▼他方、新古典派経済学的な合理的選択理論を用いながら、いわゆる「新自由主義」ともかつての産業社会論とも異なった形で社会を描こうとする、ゲーム理論の試みがプレゼンスを増しつつある。

それでは、こうしたゲーム理論的諸潮流は、産業社会論なき後に世界を席巻した「経済中心主義」に対する、有効なオルタナティヴたりえるのか——？

2　空白の中の「新自由主義」

冷戦崩壊後のイデオロギー対立の行方

産業社会論は実証科学としてはほとんど失効宣告を受けたも同然です。しかしそれは社会科学として、同時に規範理論的、思想的な役目をも事実上担っていました。すなわち、**冷戦体制下における穏健な保守的自由主義の基礎づけ**という仕事です。そこでの暗黙の対抗理論は、正統派のそれとネオマルクス主義双方を含めたマルクス主義でした。しかしながら冷戦の終了とともに、マルクス主義は批判理論に純化した形で辛うじて生き延びたのに対して、産業社会論の方は影響力を喪失してしまいます。なぜでしょうか？

産業社会論の中核にある収斂理論は、事実を前に敗北しました。「市場経済を軸とする資本主義であろうと、計画経済を軸とする社会主義であろうと、体制の相違は第二義的な問題であり、いずれも産業社会のヴァリアントにすぎない」という理解は決定的に説得力を失いました。それに対して、明確に資本主義と社会主義とを区別し、対立させたマルクス主義の方がまだリアルな資本主義認識を提供してくれる分だけましだったからです。

いわゆる「新自由主義者」たちもマルクス主義者同様、資本主義と社会主義を明確に区別し、対立的に捉えます。その意味ではこの両陣営は同じ地平に立っており、産業社会論はその土俵から降りようとする試みでした。しかし冷戦の終焉、体制転換によって産業社会論の足場は消滅します。

とはいえもちろん、**「新自由主義」とマルクス主義との間の、同じ土俵に立つがゆえの対立**を無視することはできません。社会主義の崩壊以前、東側と、西側においても共産党系のマルクス主義者は、ある時点までは「資本主義は長期的には存続不可能であるのに対し、社会主義は存続可能」だと考えていました。それに対して「新自由主義者」たちは「資本主義は存続可能であり、社会主義は存続不可能」だと早い時期から主張してきました。資本主義と社会主義の両立不能なることについては合意した上で、どちらをとるかで対立してきたわけです。

社会主義崩壊以降のマルクス主義は、もはや資本主義へのオルタナティヴとしての社会主義への展望を失い、ただ資本主義の欠点を批判することしかできません。そこでもはや現実存在ではなくなり、単なる抽象概念となった「社会主義」とは、いったい何でしょうか？　少なからぬ旧（？）マルクス主義者の場合は、資本主義の欠点を指摘しつつも、その克服は社会主義革命によらず、福祉国家的改良によるしかないことを不承不承受け入れ、現実的には一種の自由主義者に転向しつつあります。それを肯んじない場合には、いわばそこで「社会主義」を資本主義の現実を批判するための**理想的基準でありつつも、実現は決してできない奇妙な観念**として無理やり守るしかなくなるでしょう。そうなると、元来人々に生きる意味を与える一種の世俗宗教だったマルクス主義は、**普通の宗教に近づいていく可能性**もあります。

それでは他方、「新自由主義」の方は安泰で、この世の春を謳歌している、といえるでしょうか？　実際にはそうではありません。むろん二一世紀現在、「失われた二〇年」やリーマンショック、ＥＵその他での通貨危機の頻発といった時代に、先進諸国においてケインズ的発想が復権し、途上国の開発援助においても「構造調整」路線が見なおされて久しい今、「新自由主義」の旗色が悪いのは誰の目にも明らかでしょう。しかしながら我々の考えでは、一九八〇年代から九〇年代、**レーガン政権やサッチャー政権の下、まさに「新自由主義」の時代と見えたまさにそのときに、既にその思想としての足腰の弱さや問題性は見えていた**のです。

繰り返しますが、一九七〇年代までは「新自由主義」は保守的自由主義サイドにおいてはマイナーな少数派であり、産業社会論の方が主流に近かったわけですが、その含意についてもう少し考えてみましょう。むろんいまでは遠い過去のものとなってしまいましたが、かつてはヴィヴィッドだった、東西両陣営の冷戦という現状を前に、国際社会においてどのような秩序を構想するのか？という問題についてです。

東西冷戦をイデオロギー対立として見たとき、長期的には資本主義か社会主義のどちらかを選ぶしかないのだとしたら、冷戦は究極的には社会主義による世界革命に終わるか、あるいはそれを拒否して革命をつぶすか、のどちらかの結果になるはずです。しかしながら冷戦期の西側のオーソドックスな国際社会構想、それを基礎づける国際政治理論は、どっちつかずの宙ぶらりん状況を甘受しての平和共存が現実であり、かつまたその現状を維持するべきである、としてきました。これはいわゆる現実主義と自由主義との間での一致した見解です。この**両体制平和共存の**

ヴィジョンと、産業社会論とは、別個のものではありますが相性がよいことは確かです。

このような宙ぶらりんを拒絶して、両体制の正面衝突を展望するのが、かつての正統派マルクス主義者でしたが、スターリン批判以降の西側のネオマルクス主義者には、六〇年代で既にそのような展望は消滅していました。辛うじて南北問題へのコミットメントが新たな世界革命への展望の支えとなりそうに見えた時代もありましたが、東アジアＮＩＥｓの台頭以降、それも潰えます。

それでは「新自由主義者」たちは、東西冷戦に対してどのような態度をとっていたのでしょうか？　理屈からいえば、平和共存などというぬるいことはいわず、誤った思想に導かれた東側社会を正常化するために（反）革命を！　となりそうな感じもしますが、そのような主張はほぼ見られませんでした。むろん「新自由主義」の発想に強く影響されたレーガン政権下での軍拡が、最終的にソ連を体制転換に追い込んだ、という考え方は成り立ちうるでしょうが、それはあくまでも軍拡の成果であって、「新自由主義」的社会経済政策とは関係ありません。レーガン政権は確かに規制緩和を進めるなど「新自由主義」的な政策を行いましたが、その一方で軍拡も含めて、デファクトなケインズ政策で景気を浮揚させた（減税の一方、軍拡など政府支出はむしろ増大し、財政赤字がこれまでになく悪化したことは周知の通り）わけですから、事情はなかなか複雑です。[※3]

ですから**冷戦下の「新自由主義」は、マルクス主義や産業社会論に比べると、圧倒的に包括性を欠き、トータルな世界観を提供できないもの**でした。つまるところ、コンテクストに依存するところの極めて大きい、ローカルな問題領域にしか対応できない思想だったわけです。産業社会論はトータルな世界観たるマルクス主義と正面から対決し、そのオルタナティヴを提示しようとしていましたが、その双方と対決する「新自由主義」は、そうしたトータルなヴィジョンを欠いていました。

もちろん「思想」としてではなく、堅実な経済学に則った政策論で終始するのであれば、いわゆる「新自由主義者」たちにトータルな思想が欠けていようが、それはそれで全く構わない、むしろ健全なあり方だったといえましょう。我々の少なからずは超俗的で宗教的なものであろうと、世俗的で政治的なものであろうと、体系的な世界観、イデオロギーなどなしに生きていけます。公共政策をめぐる議論も、多くの場合はイデオロギーを絡めることなく、関係者間の緩い暗黙の共通了解のもとに進めていくことができます。人々が平和に共存するためには、イデオロギー的な合意よりも、それをあえて問わない表層的な実践レベルでの妥協の方が重要である、とはそれこそ国際政治学の域を超えた「現実主義（realism）」でしょうし、産業社会論の「イデオロギーの終焉」テーゼにもそのような含意がありました。逆にイデオロギー的に近しい間柄でも、実践的な政策的対立が抜き差しならない紛争に陥りかねないことは、我々にとってむしろ明らかなことではないでしょうか？　だからトータリティの欠如それ自体を「新自由主義」の欠点とみなすのは、多分にないものねだりのきらいがあります。

ただし、体系的な世界観が誰にとっても、いかなる立場に置かれた人にとっても、全く不要かといわれれば、それはそれで疑わしいでしょう。何らかの宗教を信じることなくしては生きてはいけない人々はたくさんいます。世俗宗教としてのかつてのマルクス主義、あるいはファシズムやナショナリズムなどもそうした機能を果たしていたとはいえるでしょう。「イデオロギーの終焉」テーゼを持ち出した産業社会論者は、この辺につきやや見通しが甘かったといえましょう。

包括的イデオロギーなしでやっていける現代資本主義?

産業社会論の体系性は、マルクス主義という敵手と対決するためのものでした。とすれば、マルクス主義が没落すれば、産業社会論が行き場を失うのは当然である、と我々はともすれば考えがちです。しかしよくよく見れば、産業社会論の没落はマルクス主義の自滅によって引き起こされたわけではありません。それはあくまで「現存する(現存した)社会主義」の自滅によって収斂理論が失効したからこそ起きたことです。そして**「現存する(現存した)社会主義」の崩壊によってマルクス主義はダメージを受けこそすれ、完全に崩壊することはありませんでした。**何となれば、敵手としての資本主義は健在なのですから。マルクス主義の敵、批判対象は何より「現存する資本主義」であり、それを正当化する思想、イデオロギーもまた敵ではあれ、いわば二の次です。それに対して産業社会論の場合、明確な敵はあえていえば思想としてのマルクス主義であり、現実に存在する体制としての資本主義も「現存する(現存した)社会主義」も、そのどちらもそれ自体としては敵ではありませんでした。

※3 ついでにいうと、アカデミックな国際政治学の世界では、「新自由主義(Neo Liberalism)」という言葉が全く別の意味になってしまいます。国際政治学では「リベラリズム」とはリアリズム(現実主義)の対立概念で、ある種の制度主義や民主的平和論のような国際協調主義を意味します。その文脈での「ネオリベラリズム」も「ネオリアリズム(Neo Realism)」に対抗して提唱されたリベラリズム国際政治学の新潮流で、ゲーム理論を多用し、既に見た新しい政治経済学の潮流に属するものといえなくもありません。

それでは「新自由主義」は？　思想ないし学説としてのマルクス主義も産業社会論もその論敵ですが、当然に現実の体制としての「現存する（現存した）社会主義」と、西側におけるその影響を受けた福祉国家、介入国家、修正資本主義体制もまたその敵です。周り中が敵、というのはなかなかつらい状況ですが、逆に考えれば**存在意義が明確で、アイデンティティ・クライシスに陥りにくい**ともいえます。「どこを撃っても弾が当たる」のです。より明確にいうと、自己反省の必要が乏しい、ということです。と同時に注意すべきは、それには**実のところ積極的に守るべきものがない**ということです。資本主義、というより自由な市場経済体制は？　もちろん守るべきですが、「資本主義を守る」というのはあくまでもその外敵、あるいはそれを内側から腐らせるものとしての社会主義や福祉国家からなのであって、そうした内憂外患がなければ、市場経済は本質的に自律的で健全なシステムである。そのような楽観が根っこにあるのが面白いところです。そこでは資本主義は「欠陥だらけだけれども、その欠陥を正して守っていかなければならないシステム」としては意識されてはいないのです。むしろそのような意識は産業社会論の方にこそあったわけですが、哀しいかな産業社会論は資本主義市場経済の肝心なところを見誤っていました。

産業社会論はかつて保守的自由主義の社会科学的バックボーンとしての役割を果たしていましたが、実は当の産業社会（というより近代資本主義）は、必ずしも産業社会論によって、あるいはそもそも体系的な思想によって守られる必要のないものだったのではないか？　こういう問いが立てられるでしょう。もしそうだとすれば、産業社会論の思想的課題は現実の体制としての産業社会を守ることではなく、それを批判するマルクス主義や「新自由主義」との論争にある、ということになります。となると、仮にマルクス主義や「新自由主義」が何らかの理由でその威信を失い、衰退したならば、当然、産業社会論も目標を失って衰える、という可能性が考えられました。しかしながら実際には、「現存する（現存した）社会主義」の崩壊それ自体は、マルクス主義に打撃を与えはしたものの、解体するところにまではいきませんでした。少なくとも西側においてマルクス主義は、とうの昔にその主たる機能を、社会主義を支えることなどではなく、資本主義をひたすら批判することに特化させていたからです。産業社会論の衰退の理由は、繰り返しますが、それが守るべき近代資本主義の本質を見誤っていたという実証科学的な弱点からきたものなのです。

それでは「新自由主義」がその空白を埋める新たな資本主義体制の護教論になったのか、といえば、しつこいようですが、我々はそこに疑問を呈しているわけです。産業社会論とマルクス主義が健在のときには、「新自由主義」はそれらに対抗するために全体性への志向をある程度持たねばなりませんでしたが、現在は事情が異なります。

かつて、まだ「現存する（現存した）社会主義」が存在していた時代には、欠陥だらけのものだったとはいえ、社会主義は実現可能な体制と思われていました。その時代におけるマルクス主義は、東側や正統派のものはもちろん、実は暗黙の裡に西洋ネオマルクス主義までも、社会主義の実現可能性について肯定的だったわけです。つまりマルクス主義は、資本主義を批判し否定するためにその全体的認識を求める一方で、それに取って代わる社会主義についてもその全体を構想する使命を担ってもいました。また産業社会論の場合にも、マルクス主義に対抗するために、資本主義と社会主義双方に対する全体的認識を必要としましたが、それだけではありません。両体制の差を程度問題とする収斂理論を踏まえた産業社会論においては、マルクス主義的な革命論や社会主義論とは異なりますが、やはり**現実の社会をどう変えていくか、そのためにいかなる介入をなすべきか、についてのヴィジョン**（福祉国家や途上国への開発援助、東西両陣営間の緊張緩和等）もまたありました。

しかしながら社会主義の崩壊以降、産業社会論は凋落し、マルクス主義も資本主義批判の思想に純化・戦線縮小してしまった時代において、「新自由主義」は思想としてこれらのライバルと張り合う必要が低下します。そうなれば**「新自由主義」が守るべきは、現存する資本主義体制ということになりますが、社会主義とは異なり、それは思想による擁護をさほど必要としない**のです。結局のところ、「新自由主義」がある程度の射程を持った思想にならねばならない理由があるとしたら、それはもっぱら現実の敵としての社会主義体制、そしてそれ以上に思想敵たるマルクス主義や産業社会論への対抗の必要性によるものでした。従って、「現存する（現存した）社会主義」の崩壊とマルクス主義や産業社会論の凋落以降は、批判し攻撃すべき対象を喪失します。

産業社会論やマルクス主義の場合には、仮に批判して打倒すべき敵がいなくなったとしても、産業社会論の場合には現状を維持し守るために、またマルクス主義の場合には社会主義建設のために、全体的な視野を持った思想が求められました。しかしながら「新自由主義」の場合には、そのようなコミットメントの必要性が薄いのです。敵としてのマルクス主義や福祉国家思想が弱くなり、その影響を受けた政策なども展開されなくなってしまうと、批判し攻撃すべき相手がなくなります。そして批判対象がなくなれば、その思想的存在価値はなくなります。守られるべき現状としての資本主義市場経済は、それを攻撃する敵がいなくなれば、もはや思想を必要としません。**それ自体の維持には思想を必要とはしないのが資本主義市場経済**です。となると「新自由主義」には、もはや思想である必要はありません。個別的な政策論を状況に応じて行うための部分的な議論以上のものは必要としないのです。繰り返しますが、現代の一部のマルクス主義者は、ともすれば「新自由主義」を思想的な主敵として、現代の資本主義を正当化するイデオロギーとして捉えがちですが、それは**わかりやすい敵を求める願望思考**ではないかと私は疑っています。

ただもちろん問題は、守られるべき、保守されるべき現状は、資本主義体制、自由な市場経済にとどまるわけではありません。新制度学派の政治経済学が示唆するように、自由な市場経済がうまく機能するための前提としての「法と秩序」あるいは「法の支配」が必要です。むろんその程度のことはいわゆる「新自由主義」の論者もきちんと論じています。[※4] ただし「法の支配」とは何か、具体的にはどのような条件が満たされれば「法の支配」が確立したといえるのかは自明ではありませんし、それを満たす方法も多様でしょう。すなわち、「法の支配」を実現する統治機構はどのようなものであるべきかについては、様々な見解がありえます。とりわけ重要なのは、「法の支配」は普通の人々によってのみ担われうるものなのか、あるいはその実現のためには、裁判や法執行を担う専門の機関、つまり統治機構、政府が必要とされるのかについての意見対立であり、そして仮に政府が必要だとして、それはどのように運営されるべきかについての意見対

※4　代表的にはハイエク、そしてもちろん「法と経済学」の泰斗であり裁判官でもあったリチャード・ポズナーなど。

立です。こうした狭い意味での「政治」は「新自由主義者」の議論の射程から外れてしまいます。

いま一つ重要なことは、「新自由主義者」の立場からは、一貫した国際政治経済体制への展望が出てこないということです。というより、**俗に「新自由主義」と呼ばれる論者たちの間でさえ、ブレが大きすぎる**。ミクロ、実物経済のレベルではおおむね自由貿易の支持で一致していますが、マクロ経済、国際金融については一致が見られません。再三強調してきた通り、ミルトン・フリードマンはいわば変動相場制の予言者とでもいうべき存在であり、その点ではケインジアンと並ぶ存在であるわけですが、ハイエクを含めたオーストリア学派の論者の大半は、為替相場の安定性を保つために固定相場制、場合によっては金本位制への復帰を理想とします。ハイエクの貨幣発行自由化論も、政策当局から金融政策、貨幣コントロールの自由を奪うという点においては、むしろ固定相場制にその精神は近い、というべきでしょう。固定相場制をとるか変動相場制をとるかは一見テクニカルなようで、実は経済体制の根幹にかかわる問題であることは、しつこく繰り返し指摘してきた通りです。いわゆる「新自由主義者」たちはこんな重要な問題についてさえ実は一致していないのです。同じく自由貿易を重視していても、**国際金融体制についてこれほど異なる見解を持っていては、とても立場を同じくしているとはいえません**。

その上で更に外交・安全保障問題に目を転じるならば、もっと大変なことになります。仮に国際金融体制のことは脇に置いた上で、貿易の問題にのみ焦点を当てて考えるとしましょう。要するに、保護貿易とか鎖国体制を敷く国とどう付き合うか、という問題です。二〇世紀においてこれはもちろん、社会主義体制との付き合い方の問題を含みます。

一九世紀においては、古典的自由主義の自由貿易体制は、大英帝国によるいわば「自由貿易帝国主義」として「砲艦外交」とともに、自由貿易を望まない国にもそれを押しつける、あるいは植民地化する、という形で貫徹されようとした、と乱暴にまとめてしまいましょう。しかし二〇世紀においてはこの体制が破綻し、世紀後半の冷戦期にも、ブレトン＝ウッズ体制下の西側諸国はともかく、東側の社会主義圏は強大すぎて「砲艦外交」で対応するわけにはいかない。そして現実には冷戦下の平和共存ということになったわけですが、このありようは「新自由主義」にとってはむろん歓迎できるものではありません。ではどのように対応すればよいのか？「砲艦外交」の延長線上で社会主義圏に戦いを挑み、現実の戦争を通じてであれ圧力によってであれ、門戸を開放させ自由貿易体制に引き込む、というのが最もわかりやすく筋が通っていますが、パワーポリティックスの観点からすればあまり現実的ではありません。かといって産業社会論とは矛盾しないであろう穏健な現実主義や制度主義、（特殊国際政治学的な意味での）自由主義の立場をとって、保護主義や鎖国政策の採用も主権国家の自己決定権として受容するのでは、立場が一貫しません。

このように見れば**「新自由主義」の論客たちは、冷戦の終焉、社会主義体制の崩壊によって、国際政治について独自のポジションを真剣に打ち出す負担から逃れることができた**という点でも、利益を得ることができたといえます。しかしそれは逆にいえば問題の先送りということになります。そして体制転換後の旧社会主義諸国には、当然にミクロな市場・企業制度、マクロな財政金融双方のレベルで、途上国に対する「構造調整」同様の「新自由主義」的な発想が強く影響したわけですが、当然のことながらそこには、途上国の「構造調整」の場合にも似た事態が起きます。すなわち、「社会主義国家の重しをのければ、そこで抑圧されていた市場が自然に復活する」わけでは必ずしもなく、少なからぬ国々において「そもそも十分に確立していなかった市場を支えるための統治機構を新たに作り出さねばならなかった」というわけです。

社会の質的な多元性はいかにして「保守」されるのか

もう一つ重要なことは、世界社会レベルでの国家間のそれにとどまらない、国内的なレベルでの、いわば**社会の質的な多元性の問題**です。現代において保守されるべき「現状」とは、「新自由主義者」たちの多くも認めるように、自由な市場が支える、普通の市民たちの経済活動の自由であり、そこで得られた経済的自立を基盤としての、私生活の自由と、経済活動以外の公的活動、とりわけ政治参加の自由である、とまずはいえましょう。しかしながら産業社会論の系譜に連なる社会科学者たちが重視していたのは、それら様々な自由――市場に参加して経済活動をする自由、そこから一歩引いて私生活を享受する自由、また開かれた市民社会の公共圏において、利害関係から独立した社交を営む自由、そして公共の利益の実現にコミットする、政治的自由等々――の間に、「どれが一番重要で尊いか」といった価値的な序列が存在しないだけではなく、現実の作動メカニズムにおいても、それらの価値をめぐる下位社会システム、つまりは経済とか政治とか宗教とか科学とかの間に、事実としてそれぞれ互いに高度に独立して動く自律性があるという想定でした。

　ところが、産業社会論の挫折は、この後者の課題を宙に浮かせてしまいます。経済や政治といった**社会の諸領域の間の自律性は、規範的に目指されるものでありながら、それを現実的に支える基盤があやふやとなってしまう**のです。もちろん「放っておけば崩れてしまう自律性だからこそ、わざわざ努力して維持する甲斐がある」ともいえますが。ただ、今や自由主義的立場をとる論者にとって、社会内の多様な諸領域それぞれの自律性は、放っておいても自然に成り立つものというよりは、あえて目指さねばならないものへと変わってしまいました。

　先にも述べたように**その負担は規範的政治理論と、新しい政治経済学へと転嫁されつつある**ように思います。そして今日の規範的政治理論の枠組みは、そのパラダイムを切り開いたロールズの仕事に顕著なように、分析哲学の伝統に棹さし、新しい政治経済学のゲーム理論や新制度学派経済学の道具立てに強く影響を受けています。つまりは社会科学全体として、方法論的原子論、要素還元主義的なアプローチが支配的となってきているのです。今日ではたとえば価値の多元性はもとより、社会的連帯、共同性を称揚するための議論においてさえ、合理的主体から出発するゲーム理論の枠組みを避けて通ることはできなくなっています。

　それでは、この道具立てで以て、たとえば村上泰亮が構築しようとして挫折した、穏健なリアリズムと保守的自由主義のパラダイムが再建できるでしょうか？　あるいは、そんなことができたとして、何かの足しになるでしょうか？

社会における多様性の総合の問題

　産業社会論はウェーバーやデュルケム以来の、社会学の本流の問題意識を継承する枠組みである、とは繰り返し述べてきましたが、ここで改めて確認しますと、それは**近代化に伴い、社会が複雑に分化していく**ことを予想します。

　社会の複雑な分化は、それこそアダム・スミス『国富論』をメルクマールとする経済学の指摘するところでもありますが、**経済学の場合、その分析は経済、人間にとって有益なモノやサービスの生産と流通における分化、すなわち分業に集中しています**。自給自足、生存していくために必要な多種多様なものを生産するために、多様な活動——労働や経営管理——に並行して従事するという生計維持方式から、特定の事業、特定のものの生産／特定のサービスの提供に専門特化し、必要なもの、欲するものは取引を通じて他人から手に入れるというスタイルにシフトしていくというプロセスが進行し、そうした取引を組織する仕組みとして市場メカニズムが見出される。それがスミス以降の経済学の主題です。

　それに対してウェーバーやデュルケムの場合には、一つには、経済における専門分化、市場を通じての分業だけではなく、**経済と政治の分化、政治と宗教の分化、宗教と学問の分化、といったより大きな次元での社会内での専門分化・多様化が主題化**されています。たとえば祭政一致で政治と宗教が未分化であったような状態から、世俗的な権力と宗教的権威が分化し互いに独立するプロセスや、政治と経済が未分化で、自由な市場が抑圧され、生産活動や取引が政治権力によってコントロールされた状態から、政治から独立した市場システムの下で、当事者の私的利益を目的とした生産・取引活動が経済の主軸となり、政治の機能は全体としての市場の秩序の維持にとどまり、個別の生産・取引活動には介入しないようになる、といった政治と経済の分離独立のプロセス、あるいはまた宗教の一部としての教養学から、必ずしも教養に奉仕しない知的探究としての哲学や科学が分離していくプロセス……という風に。近代化はこのような「機能的分化」のプロセスとして理解されます。

そしてウェーバーやデュルケム以降の社会学の、経済学と対比したときのいまひとつのポイントは、このように**専門分化していく社会における統合への問題意識**です。スミスの場合にも『道徳感情論』などを読めばこの点についての問題意識がないわけではないことがわかりますが、それでも彼の市場分析を見る限り、複雑な分業による相互依存関係にある社会の統合は、基本的には「みえざる手」によってオートマティックに、人による意識や配慮なしに達成されていく、とされています。マルクス主義をはじめとする社会主義の問題意識は、このような市場のオートマティズム、自己調整システムへの不信にあることはいうまでもないですが、ウェーバーやデュルケムの場合にはそれとも少し異なった問題意識があります。※5 あえていえば彼らには、市場の「みえざる手」による統合は、人々の意識の介在なしに自動的に達成されるがゆえに問題となる。つまりは、それがうまくいきすぎるがゆえの問題とでもいうべきものが意識されているのです。要するに、**「みえざる手」によって調整された社会の中に生きる人々が、互いに同じ社会に属しているという帰属感、連帯感を失ってしまう**のではないか、ということです。デュルケムの「機械的連帯／有機的連帯」というタームはこの辺の危機感をちょうどいい表しています。また戦後の社会学者デイヴィッド・ロックウッドは「システム統合／社会統合」という概念化によってこの問題を捉えています。

ここからもう少し敷衍して、それこそ村上泰亮の場合に典型的に現れているような、産業社会論的な保守的自由主義のヴィジョンを大雑把に定式化してみましょう。スミス的な経済学は市場経済という領域に限定して、複雑な分業ネットワークを組織する「みえざる手」、人為によらず構築され維持される自生的秩序を見出しましたが、より大きな社会システム全体における、経済内にとどまらない政治システムや文化システム内での、また政治や経済や文化といったシステム間での「分業」、相互依存の中にまで同様の「みえざる手」を見出す社会学者は少数派です。「政治」というサブシステムがまさにそれを任としていますが、全体社会レベルにおいては、「みえざる手」による意図的な介入によらずしては秩序が保たれない、と多くの社会学者は考えます。

だからといって社会学者は、一部の社会主義者のように、意図的なコントロールによって社会全体を構築し管理できる、とも考えていません。実は彼ら／彼女らは、市場以外の領域にも「みえざる手」の、人間の意図によらない自生的な秩序と力は及んでいる、と考えています。ただスミスが市場経済に見出したような、人間たちにとって望ましい、好ましい結果をそれが自動的にもたらしてくれる、とまでは楽観しないのです。それ以上に重要なことは、なまじ「みえざる手」がはたらいて自生的秩序を生み出しているがゆえに、人々は自分が生きる**社会秩序をあたかも自然であるかのようにみなし、人間の関与、努力や創意によって変えられるものとは感じなく**

なってしまうし、それが自動的に人と人とを知らないうちに結び付けてしまうがゆえに、逆に社会が人と人とのつながりであることを忘れさせてしまう、ということです。

簡単にいえば、ことに近代以降の巨大で複雑な、専門化と分業を発展させた社会は、システムとしてうまく機能しているにもかかわらず、というよりそれゆえに、人がそれを「社会」として、つまりは自分たちが共同で作り上げる関係性として感じることを難しくしているのです。古典的な言葉でいえば「**疎外**」です。この「疎外」の問題が、実は産業社会論の（人間学的に見たときの）中心課題であるともいえます。この「疎外」を資本主義そのものを廃し、社会主義体制への移行を以て克服しようというのが元来のマルクス主義であるとするのに対して、市場を排した社会主義においても、官僚制の発展により大規模な社会において「疎外」は克服しきれずに残り続ける、という展望の下、それと付き合い続けるのが産業社会論的な自由主義の立場だといえるでしょう。その立場からすれば、市場経済はもとより産業社会における分業、専門特化に伴う「疎外」は人間的な自由と裏腹の関係にあり、個人にとっての苦悩の源泉であると同時に、自由の条件でもあるわけです。

しかしながら実証科学としての産業社会論がもはや維持できなくなった後で、規範的理論としてのこのような多元論的自由主義は、どのように維持されているのでしょうか？　既に見たよう

※5　特にウェーバーなどの場合には市場経済へのオルタナティヴとしての社会主義計画経済へのある種の不信感が見られます。

に、産業社会論の主たる難点は、技術革新のインキュベーターとしての市場を甘く見ていた、というところにあります。ともすれば「市場と計画は同じ目標のためのオルタナティヴな手段であり、市場にできることのかなりは計画にもでき、計画にできることのかなりは市場にもできるのであって、両者の差は程度問題にすぎない」という思考に流れがちで、ケインズのいうところの**「アジェンダ」**(この場合は「政府のやるべきこと」)」と**「ノン・アジェンダ」**を峻別する基準を提示することができなかったわけです。

現代の多元論的自由主義を理論的に支える仕事においては、ロールズ以降の規範的政治理論のウェイトが強くなっています。すなわち、合理的選択理論、ゲーム理論の枠組みを用いつつ、より明快な仕方で市場と計画の使い分けについて、統治権力と市民社会の関係についての基本的な議論を組み立てようとしています。

一つのポイントはいうまでもなく、「開発の政治経済学」の中で見えてきた、市場メカニズムがきちんとはたらくために必要な制度的下部構造、とりわけ中央集権的でありつつ、恣意的にではなく**「法の支配」として機能する統治権力の重要性**です。

こうした統治権力が民主的なものである必要があるかどうかについては、議論の余地があります。「開明的で公正な独裁」、民衆の政治参加は許容しないものの、一律の法に則った謙抑的な独裁政権というものは十分に想像可能です。しかしながら他方で、そうした「よき独裁」は長期的には持続可能ではなく、「法の支配」が存続可能であるためにはどうしても、特定の誰かの私有財産ではない形で統治権力がはたらく必要がある、すなわち、政権が私物化されず、ルールに則った政権交代が可能でなければならない、という考え方もあります。権力は必ず腐敗する。とりわけ、市場に介入して私腹を肥やす誘惑から権力者は逃れられない。それを防止するためには、政権が特定の誰かの私有財産となってしまう独裁ではダメで、政権担当者の地位が交代可能な単なる役割となり、革命やクーデターによらない、ルールに則った平和的な政権交代が可能となる共和政や立憲制でなければならない。このような理屈です。

いずれにせよ、民主的であれ独裁的であれこうした統治権力は、あくまでも「法と秩序」が確立し、市場が機能するための前提条件だと考えた方がよいでしょう。つまり集権的な統治権力ができて初めて、それによって「法と秩序」が押しつけられ、所有権が安定し、自由な市場経済が可能となるのであって、逆に自然発生的に市場ができ、更に市場の中から誰かが起業して統治権力ができるわけではない、ということです。**国家による政策的介入があって初めて、市場が成立しうる**わけです。

しかしこのことは、かつての社会主義が論じた如く、市場に対する計画の優越を意味するわけではありません。**政府による介入が効率的であるのは、あくまでも共通のルールとしての法を執行するところまで**であって、共通の法に従う各人が自分の資源をそれぞれどのように使い、何をするか、については各人に任さねばならない。このような形で市場と政府介入の「分業」、「アジェンダ」と「ノン・アジェンダ」との配分がなされる。古典的な自由主義（いわゆる「新自由主義」を含む）の射程はここまでは届いています。

そこに更に、市場のインフラストラクチャーとしての「法と秩序」、財産権制度の確立だけでは**なく、市場が完全雇用を実現するためのいま一つの重要な要件としての流動性の確保、貨幣の十分な供給を指摘する**のが、現代的なケインジアンとマネタリストの立場です。経済学的な言い方をすれば、市場経済が完全雇用を実現し、生産力を最大化するためには、ミクロ的な条件とマクロ的な条件の両方が満たされる必要があるのですが、この二つの次元が的確に区別されるようになったのは最近であり、マルクス主義と産業社会論においてはきちんと区別されていなかった、といえましょう。この区別をきちんと考慮に入れた上であれば、「新しい政治経済学」の枠組みは、産業社会論はもとより、マルクス主義に対しても優位を主張しうるといえます。

「疎外」の行方

しかしながら、マルクス主義と産業社会論双方にとっての暗黙の中心主題であった「疎外」についてはどうでしょうか？　あるいは、この枠組みで科学技術はともかく、文化や宗教やその他様々な領域についてどこまで論じられるのでしょうか？　結論からいえば「新しい政治経済学」においては、こうした課題に応えられるような理論的枠組みはいまだありません。

ちょっと迂遠なようですが、我々にこうした「疎外」をもたらす近代社会の展開について復習してみましょう。フランス革命前後の時代には、私的な利益を自由に追求する権利を求める**経済的自由主義**と、意見を自由に表明し公的討論に参加できる権利を求める**政治的自由主義**との間には、ほとんど緊張が見られなかったわけですが、現実の歴史では「法の支配」の確立による経済的自由の保障に対して、「民主化」による政治的自由の実現は遅れました。一九世紀から二〇世紀にかけて、経済的自由主義は体制維持的な保守思想の枠内に取り込まれていきましたが、政治的自由主義はなかなかそうはなりませんでした。マルクス主義を含めた社会主義の勃興はこの隙間を突いたもので、経済的自由は実現しても政治的自由は実現せず、封建時代とはその構造を変えたとはいえ、自由な市場経済の下でも相変わらず格差、不平等が継続していることを批判し、政治的自由の平等な実現のために、経済的自由の基盤としての市場経済を捨てることを提唱しました。

そして自由主義者も、こうした社会主義の主張に対抗して自由な市場経済に立脚した社会を守るためにも、政治的自由の平等な保障のために、所得・富の再分配やその他の社会経済政策によって市場経済に介入する新しい自由主義（当時のイギリスなどでの言葉遣いでは「New Liberalism」）、つまりは社会民主主義と並ぶ福祉国家論の源流を提唱するようになりました。ただ、当初この**「新しい自由主義（New Liberalism）」**は、いってみれば「市場と計画のベストミックス」、つまり中庸をいく折衷論以上のものにはなかなかなりえなかったのであり、それがのちの「新自由主義（Neo Liberalism）」による反動を食らった遠因といえましょう。

社会学という学問の確立は世紀転換期であり、この「新しい自由主義」とおおむね並行した現象です。そう考えると**産業社会論の消長と、「新しい（New）自由主義」と「新（Neo）自由主義」の対決とは、符合した現象**であることがわかります。では多元主義との関係はどうでしょうか？　二〇世紀前半は英米を中心に多元主義的政治学が興隆した時期であり、それらはとりわけドイツ国家学的、あるいはヘーゲル的な国家論や、むろんマルクス主義への批判として形成されてきたという側面があります。こうした動向は社会学における展開と時代精神を共有しているといえなくはないでしょう。政治学における多元主義は、一方では政治分析における国家中心主義を批判し、国家以外の主体、政党など政治団体はもとより労働組合や宗教団体などの市民社会レベルの主体の重要性を主張するものですが、他方ではそれはマルクス主義の経済決定論、階級闘争一元論に対して、政治主体の形成の論理が階級関係、経済的利害対立以外にも多様でありうることの主張でもありました。

既に我々は、マルクス主義における、資本主義社会での資本家と労働者の二大階級への分極化と非妥協的な階級闘争の激化、という予想に対して、旧中間層や旧支配者層（地主貴族）の残存と新中間層の勃興、労働組合や農民組合の確立や、普通選挙制、国家レベルでの再分配政策の定着による階級闘争の制度化、という産業社会論の展望について見てきました。これはまさに、社会における（マルクス主義流にいえば）主要矛盾、主たる対立軸が経済的利害を中心とする階級対立にあるとみなし、それ以外の対立や紛争をこの中心的対立に従属するものとするような考え方に対して、経済的階級対立が緩和された分、他の対立軸、経済的利害に改称されない固有の意味での政治的対立や、文化的・宗教的対立が同程度の重要性を以てせり出してくる、という多元主義政治学の発想へとつながります。

こうした社会における対立軸や価値序列の多元化という認識は、市場における私的利益の追求の自由や、政治活動の自由、またそうした公共領域から保護された私生活における趣味嗜好の自由（近代においては宗教もこちらに追いやられます）を軸とした**古典的な自由主義とはやや異**

なった**人間観**をもたらします。すなわち、古典的な自由主義においては、本来の理想的な人間とは、自分の私的利益にせよ、公的な理想にせよ、それらの実現を合理的に追求する自由な主体的個人だったわけですが、二〇世紀的自由主義においては、多様な価値の間で引き裂かれた迷える個人こそが典型的な存在として想定されます。ただ**この宙ぶらりんに引き裂かれた「疎外」こそは、自由の裏返しでもある**わけです。

マルクス主義の立場からすればこのような「疎外」は二重三重の意味で克服の対象です。第一にそれはまさに資本主義の生み出した苦悩であり、資本主義を否定して社会主義に移行しなければならない理由の一つです。のみならず、第二にこの「疎外」感覚は一種の錯覚の裏返しでもあり、実際には多元的な価値の葛藤の背後に、すべてを圧倒する経済の論理が貫徹しているという身も蓋もない世界の真実から、人々の目を逸らさせている、等々。

では、産業社会論の没落は、多元主義や「疎外」論に対してどのような影響を与えたでしょうか？　実証科学としての多元主義政治学や、あるいは規範理論としての多元主義的政治哲学自体は衰退していませんが、そこにはある興味深い転換が起きています。現代社会は相変わらず多元的価値の並立する場として捉えられています。しかしそこで前面に出てくるのは、産業社会論の場合には近代社会における分業、専門分化の結果生じた様々な機能的セクター間の対立だったわけですが、二〇世紀末以降せり出してくるのは、かつてむしろ「前近代的」「伝統的」価値軸とみなされていた宗教であるとか、民族的伝統文化、風俗習慣の相違によって引き起こされる対立です。明らかに**「多元主義」の内実が変容**してきています。

また「疎外」の場合にはなお厄介です。産業社会論のようにはマルクス主義は一気に没落することはなく、純粋な批判理論としてどうやら生き延びていますので、その中で「疎外」論も命脈を保ってはいますが、**「社会主義革命による資本主義の克服」という展望が解体した以上、「疎外」もまた単純に克服可能な対象とはみなされなくなりました**。それは今や資本主義社会における問題の所在を暗示する一種の「徴候」、批判のテコとみなされています。「新自由主義者」の代表とみなされることも多いハイエクはかつて「社会主義を目指すメンタリティは、市場経済化、資本主義的近代化がもたらす伝統や共同体の解体に耐えられないという感傷がもたらす、後ろ向きの反動的なものだ」と言い切りましたが、このように「疎外」を「徴候」とみなす立場は、実際のところこのハイエクの見解とごく近いところにいるといえましょう。

ハイエク的な立場からすれば「疎外」はまさに「自由」と表裏一体であり、その苦しみは自由の喜びのためには支払われねばならないコストであり、疎外を克服し本来的人間性に還ろうなどという発想は、前近代社会の抑圧の中に再び沈み込むことに帰結せずにはいないわけです。その意味でハイエクにとっては、社会主義は（全体主義もですが）反動なのです。もちろん現代のマルクス主義者は、こうしたハイエクをはじめとする一部の「新自由主義者」とは異なり、資本主義がもたらす「疎外」を単に自由を得るために耐え忍ばねばならないコストとしてのみ見るわけではなく、克服せねばならない問題の可能性をそこに認めます。それでも、既に資本主義を総体として捨ててしまう展望が失われた限りにおいて、そこにある違いがどれほど大きなものなのかは疑問なしとはできません。

とりわけ西洋マルクス主義の流れをくむ現代のポストモダン左派の批判理論は、資本主義的近代を「疎外」と受け止め苦しむ感受性が、その反対に疎外が克服された人間本来のあり方を夢想する境地について、ハイエクらがそれを「反動」と断じるのよりもある意味一層厳しい批判的吟味の目を向けます。つまりそれはそこに還ること、回復することができない失われた過去であるどころか、かつてどこにも存在したことのない捏造された過去、純然たる虚構にすぎない、とまで追いつめるのです（いわゆる「疎外論批判」です）。これは極めて洗練された批判的議論ですが、「ではどうすればよいのか？」という積極的展望にはつながってくれません。

そして、既に述べたように、かつての産業社会論やマルクス主義とは異なった形でその理論を育ててきた「新しい政治経済学」においても、この問題に対する積極的な展望は存在しないのです。

マルクス主義の鏡像としての「新自由主義」

かつての、冷戦期の西側の自由主義的保守主義のバックボーンの一部をなしたのが産業社会論だとしましょう。この産業社会論は社会学をベースとしつつ政治学における近代化論や経営学、経済学における比較経済体制論などをも踏まえた、総合社会科学体系となっていましたが、そのような総合性への志向は主としてマルクス主義への対抗の必要性から来ていたといえるでしょう。すなわち、独特の経済学と歴史哲学を踏まえた総合社会科学体系としてはマルクス主義が既に先行しており、産業社会論は実証科学としてのみならず、マルクス主義とのイデオロギー的対決の必要から形成されてきたものです。

とはいえ、それは同様にマルクス主義との対決を意図して形成されてきたいわゆる「新自由主義」とは大いに異なるものであることも確かです。産業社会論も「新自由主義」もマルクス主義を批判し、西側の資本主義経済体制と自由民主政を守ろうとするイデオロギーとしての側面を持ちますが、**「新自由主義」と産業社会論との間にも妥協しがたい対立があります。**

産業社会論の一部をなす収斂理論においては、市場経済と計画経済は、共に産業社会を実現するためのオルタナティヴな選択肢であり、資本主義社会と社会主義社会は、産業社会のありうべきバリエーションにすぎません。西側自由主義圏においても福祉国家化が進行し、公共部門のウェイトが高まり、恒常的に政策介入がなされる混合経済化が進展するのに対して、東側社会主義圏においても、現場の経営者や労働者のイニシアティブを引き出すための市場原理の部分的導入が進み、両体制は長期的には互いに似通ったものになっていく――このように産業社会論は展望します。産業社会論に立脚した保守主義は、社会主義を全面否定はせず、東側社会主義への批判の重点を独裁や人権抑圧に置き、むしろ**東側のマルクス＝レーニン主義に対抗するためにこそ、西側における福祉国家化を進めねばならない**、と考えます。

それに対して「新自由主義」は収斂理論的ヴィジョンを拒絶し、福祉国家論を社会主義、ひいては全体主義への「滑りやすい坂」の上にあるものとして厳しく批判します。ある意味でその認識は、マルクス主義の資本主義理解と似通ってさえいます。産業社会論的な立場からいえば、西側資本主義体制と東側社会主義体制の相違は大したものではないし、そもそも二〇世紀の資本主義はマルクスが描いたような古典的な資本主義とは異質な、社会主義と混じり合った混合経済と化しているわけですが、マルクス主義者はそれを認めず、変質したとはいえ相変わらず西側の体制を資本主義として拒絶します。そして「新自由主義者」もまた、西側の体制をあくまでも社会主義体制とは異質な、自由な市場経済を軸とした体制であることを強調します。むろん「新自由主義者」にとってもまたマルクス主義者にとっても、二〇世紀の西側資本主義は一九世紀的なそれとは変質しており、とりわけ社会主義的な要素によって汚染されています。しかしそれは産業社会論が主張するような、いわば合理的な混淆ではなく、不純物による汚染として捉えられています。マルクス主義者によれば福祉国家（古い言葉でいうと「国家独占資本主義」）は**資本主義の腐朽化であり断末摩**であり、「新自由主義者」によれば**不純化であり堕落**です。

こう考えると**マルクス主義と「新自由主義」は案外似通っており、共通の土台を踏まえている**ように見えます。もちろんそのような理解は誤りではないのですが、それについてはもう少し措きましょう。全体としてみればやはりまず対比されるべきは産業社会論とマルクス主義の方です。

産業社会論の特徴は、マルクス主義とイデオロギー的に対決し、それと拮抗しうる世界観、少なくとも総合的な社会認識を樹立しようとするところです。マルクス主義が総合的な世界観を作ろうとするのは、それが社会総体の変革をもたらそうとする革命思想であるというところによるところが大ですが、産業社会論を踏まえた保守的自由主義者たちは、マルクス主義に対抗するために、それと同等のスケールを持つ世界観、社会認識を打ち立てようとしていたのです。

このような問題意識は必ずしも自明なものではありません。トータルな社会認識、トータルな世界観を備えたイデオロギーと対決するために、こちら側もそうしたトータルなイデオロギーを作り上げよう、という発想は、それほど不自然ではありませんが、既に述べたようにそれは不可避の必然的なものというわけでもありません。ここに注意しておく必要があります。

マルクス主義の批判対象、攻撃目標は、何より現実の、現存する社会経済体制としての資本主義であり、思想としての保守主義や自由主義の方は、むろん敵であるとはいえ本来は二次的な意味しか持たないはずです。社会主義の場合には、実体に理論、思想が先行していたのかもしれませんが、資本主義の場合には違います。**実体としての資本主義が思想としての（スミス以降の）経済学を生んだ**のであり、経済学はむろん部分的には現実存在としての資本主義経済に対して政策提言などの形で介入しますが、資本主義だの市場経済だのを設計し創造したわけではありません。ですからマルクス主義による正統派の経済学への批判も、主としてそれが現状を正当化するイデオロギーとしてはたらくことに対してであって、現状の資本主義そのものを動かす生産的で積極的な力として経済学を批判しているわけではないのです。**資本主義それ自体は経済学なしに成立し、経済学なしでも動く**。そんな感覚がマルクス主義にはあります。

マルクス主義は資本主義を克服しなければなりませんから、実体としての資本主義と、その歴史的来歴やそれを取り巻く環境まで含めた総体を認識しなければなりません。しかしながら、資本主義を弁護する側はどうか？　ここが問題です。既に資本主義社会は確固として存在しており、改めて作り出す必要などないのですから、その総体的な認識という作業は、いってみれば「趣味」の問題であって、マルクス主義における「革命」ほどの切実さを持たないのではないか？

ということです。**資本主義を守るためには、資本主義の総体に対する包括的な認識は、本来必ずしも必要がない**。もし必要だとするならば、それは、資本主義を敵視する思想、たとえばマルクス主義がそのような総体的、包括的な体系を作っていた場合に、それと対決するためである――こんな風に考えることができるのではないでしょうか。

実際、いわゆる「新自由主義」と呼ばれる潮流に属する論者の大半は、マルクス主義者や産業社会論者と比べたとき、そこまで包括的な社会科学体系を持ってはいません。ミーゼスやハイエクなどは顕著な例外でしょうが、当のハイエク自身は、「オーギュスト・コントの流れをくむものとしての、社会の包括的認識を目指す学としての社会学とは、本来成り立ちえない不可能なプロジェクトではないか」と発言しているところが面白いところです。狭い意味での経済学から飛び出し、法哲学・政治哲学、更に心理学の方にまで越境したハイエクの発言だからこそ、逆に重みを持つとはいえないでしょうか。つまり、社会総体を意図的に設計しようという社会主義のみならず、「経済学や政治学のような断片的認識にとどまらない包括的社会科学」を目指すような社会学も「致命的な思い上がり」である。ハイエクにはそのような問題意識があったように思われます。

このように考えますと、産業社会論の没落という事態は、非常に興味深いものです。既に本論で指摘した通り、産業社会論の没落の最もわかりやすい至近要因は、何といっても社会主義の崩壊であり、それによる収斂理論への致命的な反証ですが、ここでの文脈で更に興味深いのはその副次的効果というか、二次的帰結です。すなわち、**産業社会論の没落によって、ある種の思想的空白が生じたはずなのですが、それを埋めるものはいまだ登場していない**、ということです。すなわち、保守的自由主義を社会科学的に基礎づけるようなスケールの大きな構想が、いまだ登場していないのです。

「新自由主義」がその空白を埋めることはありません。個別の論者の資質や志向はどうあれ、全体としての知的な運動として、産業社会論、近代化論の没落後の空白をそれが埋めることは期待できません。ハイエク――その中ではやはり鋭敏で深い思索家だといえましょう――の示唆を深読みするならば、いわゆる「新自由主義」は総体としては体系を志向せず、あえて表層や部分にとどまり、政策論を志向する潮流にとどまるであろうし、自覚的な論者はむしろそれを意図的に目指してさえいるかもしれない、というべきです。資本主義はそれ自体としては思想によって支えられる必要はない、とりわけ明確な敵がいないのであれば、というわけです。

「新自由主義」は体系的イデオロギーであることを必要としてはいません。むしろ**「新自由主義」に体系的イデオロギー、世界観であることを望み、「新自由主義者」たちに世界を支配する党派であってほしいのは、産業社会論という敵手を失ったマルクス主義者たち**ではないでしょうか。マイケル・ハートとアントニオ・ネグリの『〈帝国〉』以降の一連の著作は、まさにそういう願望をみっともないほどに露わにしています。

「資本主義的市場経済はもはや思想的な正当化や基礎づけを必要とはしていない」。そのような気分が今や蔓延しています。批判理論に純化したマルクス主義は、資本主義の個別具体的な問題を指摘し批判することはできても、総体としてのオルタナティヴをもはや提示できませんから、実質的には資本主義体制の補完物としてしか機能しえません。その意味では、皮肉なことにマルクス主義的批判理論こそが、産業社会論の没落以降、保守的な自由主義を基礎づける思想としての役割を担わされているのかもしれません。そのこと自体は別に構いません。問題はそのような自己の機能を正面から朗らかに肯定することができずに、暗い恨みつらみをため込んでいることです。

もちろん事態は本当はもう少しデリケートです。「資本主義市場経済はもはやそれを正当化するイデオロギーを必要としていない」というのは本当かどうかは、軽率にいえるものではありません。かつての、オルタナティヴを提示できていた頃のマルクス主義のような力強い基盤は欠けていたとしても、いや欠けているからこそ、資本主義経済に対する不信や恨みつらみは、とりわけ「グローバリズム」への呪詛とともにかえって内訌《ないこう》しつつあるのではないかという解釈も成り立つでしょう。あるいは既に見た「新しい政治経済学」とケインジアンの復権という動向を見るならば、古典的な「自由放任」への信頼ももはや解体しています。**我々は市場経済なしにはやっていけないが、市場経済は堅固な基礎工事や、精妙なチューニングなしにはうまくいかない仕組みである**、という認識は定着しつつあります。ただ単に難点や欠点を批判するのではなく、かといってかつての社会主義計画経済におけるような、上から構想した「正しい結論」を一方的に押しつけるのとも異なる、前向きの建設とメンテナンスのための、しかも単なる個別的な政策科学のレベルにとどまらない、体系的思想とでもいうべきものが、そこにはいまだ存在しないのです。——とこう締めくくってしまえば何とも後ろ向きとなってしまいますが、見方を少し変えてみるならば、そこには何ほどかの前進がないわけでもありません。最後に、章を改めてそれについて少し論じておきましょう。

これまでのまとめ

▼産業社会論が代表していた穏健な保守的自由主義思想の「空白」状況を受け、その後に台頭した「新自由主義」は、かつての産業社会論に比べて包括的な世界像を提示できるようなまとまりを欠いていた。

▼そもそも資本主義経済というものは、それを裏づける思想がなくても問題なく回るシステムである。従って、「新自由主義」には資本主義を支える包括的イデオロギーである必要性がもともとなかった。

▼そうした状況の中、「新自由主義」を「現代の資本主義を正当化するイデオロギー」であると位置づけることには、「社会主義への移行」という積極的な展望を失い、資本主義の矛盾を指摘し続けることをアイデンティティにした、批判理論としてのマルクス主義による、「わかりやすい敵」を求める願望思考が投影されているのではないか。

▼産業社会論の凋落後、それが実証科学の水準とは別に持っていた規範的な含意、つまりリベラルな社会の多元性をいかに維持するのか、という問題が宙に浮いてしまった。

▼「経済学的自由主義」と「政治的自由主義」との間の緊張を乗り越え、それを総合しよ

うとした産業社会論の試みは、「規範的政治理論」や「新しい政治経済学」へと引き継がれているが、いまだその「空白」を埋めるには至っていない。

それでは、この宿題に私たちはどのように向き合っていけばいいのか——。

エピローグ

対立の地平の外に出る

マルクス主義と「新自由主義」との共通の土俵

我々は本書の後半で、二〇世紀末から現在に至るまでの先進諸国を中心とした社会経済思想の構図を描こうとしてきたわけですが、それが**かつての冷戦時代のようにきれいでわかりやすい対立構図となってくれない**ところが厄介です。冷戦期においてはマルクス主義という資本主義経済とリベラル・デモクラシーへの批判者が厳然として存在して対立していました。それに対抗して西側の資本主義とリベラル・デモクラシーを擁護しようという側には、実際にはかなりの多様性と内部対立があったわけですが、マルクス主義という主敵の前にはそうした差異は小さなものに見えたわけです。マルクス主義サイドでも、実際には多様性が、ことにスターリン批判後の西側においては無視しがたいものとなっていましたが、やはりそうした対立は二次的なものとされてしまいました。

冷戦の終焉はそうした対立構図をひっくり返しますが、その意味は必ずしも明瞭ではありません。マルクス主義の権威が失墜してみれば、西側自由主義内部での、**いわゆる「新自由主義」、一九世紀的な「小さな政府」への回帰を目指す勢力が相対的に影響力を強め、マルクス主義との対抗のためにも福祉国家を、と論じてきたかつての保守本流は影響力を減じます**。しかしながらオルタナティヴから純然たる批判思想へと純化する形でマルクス主義は生き延びましたし、本論では触れませんでしたが、マルクス主義的な社会主義計画経済とは別のオルタナティヴ思想としてのエコロジズムの台頭も無視することはできません。

ただ、本論で提示しようとしたのは、二一世紀に入ってようやく見えてきた、**ケインズ主義の予想外の懐の深さと複雑性**です。冷戦体制の下ではケインズ主義は、それ自体は単なる経済政策思想として、保守本流や社会民主主義の福祉国家路線、混合経済体制の一翼を担うだけのものとして、「新自由主義」の側からは、社会主義計画経済と五十歩百歩の「滑りやすい坂」の上にあるものとして、そしてマルクス主義の側からは、資本主義を延命させようとする悪あがきとして、いずれの陣営からも矮小化されてきたわけです。しかしながら二一世紀に入って見えてきたのは、ある側面から見れば、マルクス主義と「新自由主義」、更にいえば福祉国家論者の大半でさえ、「思考の型」を共有して、同じ土俵の上で綱引きを演じていたにすぎず、**その土俵の外に出ていたのはケインズ主義だけだった**——とさえいえることです。もっとも冷戦時代においては、ケインズ経済学の研究者たち、ケインズ的政策論にコミットしていた人々自身、そうした自覚を持っていなかったわけですが。

「同じ土俵に立たない」という自負は、むろん本来はマルクス主義者のものであったはずです。正統的なマルクス主義の立場からすれば、保守的な「新自由主義」であれ、社会民主主義であれ、結局は資本主義の枠から逃れることができずにその枠内で対立しているにすぎないのに対して、マルクス主義こそはその土俵自体をひっくり返して、資本主義とリベラル・デモクラシー双方の限界を克服するはずでした。しかしながら実際には、マルクス主義はソ連などの独裁政権にたどり着き、市民革命それ自体の成果を台無しにしてしまうほかはありませんでした。

二一世紀の新しいケインズ主義にはるかに先立って、マルクス主義とオーソドックスな自由主義とを「同じ土俵」の上で総括しようとしたのが、いうまでもなく産業社会論、近代化論であり、それに則った二〇世紀中葉局面での「新しい保守主義」、高度成長期までの保守本流であったわけですが、そのスタンスはこの「土俵」――すなわち、近代化、産業化――を相対化するものではなく、あくまでもこの「土俵」を踏まえつつその中で最適な中庸路線をいこうとするものでした。しかし残念なことに近代化、産業化のための長期的な最適経路は、産業社会論が想定したような**「市場と計画のベストミックス」よりはもう少し市場側に寄っていた**ようです。

ところが二一世紀において、いったんは「福祉国家の危機」以降の「新自由主義」的な規制緩和と緊縮マクロ政策の下で忘れ去られようとしていたケインズ政策が、再び影響力を増してきたことはいうまでもありません。にもかかわらず、産業社会論的なヴィジョンが復興したわけではない。このことの意味を深刻に受け取る必要があります。

繰り返しますが、そもそもケインズ政策の歴史的な起点たる両世界大戦の戦間期、一九二九年のアメリカ恐慌以降の世界大不況における経済政策思想の対立構図を見るならば、そこには二一世紀におけるケインズ政策の復興を既に予感させる三つ巴の対立構図が成り立っていた、という解釈も無視できません。アドルフ・シュトゥルムタール『ヨーロッパ労働運動の悲劇』（岩波書店）や長幸男『昭和恐慌』（岩波現代文庫）といった著作が浮かび上がらせるのは、当時のマルクス主義者たちによるこの時代の大不況に対する分析や処方箋が、実は**意外なほどに反ケインズ主義陣営、当時のオーソドックスな合理化・緊縮路線の支持者たちのそれと似通っていた**、ということです。

この時代には大不況の意味をめぐって、オーソドックスな自由主義的経済政策思想に立ち、財政金融政策においては緊縮路線をとり、一刻も早く「正常」な国際金融体制である金本位制を再建し、民間企業には一層の合理化によって不況を切り抜けることを求める路線と、それに対して政府の機動的政策介入、特に大胆な財政出動と金融緩和、ことに金本位制の放棄を求めるのちのケインズ政策につながる路線とが対立していた以外に、無視しがたい立場としてマルクス主義の路線がありました。マルクス主義者たちは当然のことながら、世界不況を資本主義の断末摩とみなし、社会主義への移行こそが差し迫った課題である、と主張していたわけですから、ある意味ではまさに保守派とケインズ派の対立を、資本主義体制を維持しようという無駄な努力という意味では「同じ土俵」の上で争っているに過ぎない、と冷淡に突き放していたのですが、実は細かく見るとそれだけには終わってはいませんでした。ことに西側世界のマルクス主義者たちは、もちろん究極的には資本主義を排する革命が必要である、と主張はしましたが、革命という遠大な課題の前に目の前の現実の解明と、とりあえず「一時しのぎ」「対症療法」ではあっても、資本主義の放棄ではなく、その枠内での可能な最善の手について論じることを強いられました。そしてその結果マルクス主義者たちが下した診断と処方箋は、第2章でも触れましたが、ケインズ的なそれよりははるかに古典的な、守旧派の方に近いものだったのです。

改めて確認しておきますと、マルクス主義者たちには、本来の健全な資本主義についての彼らなりのイメージというものがあり、それは彼らのいうところの自由主義段階の資本主義の姿でした。自由主義段階から独占資本主義、帝国主義段階への移行はマルクス主義によれば必然であり、時計の針は逆転しえず、本来あるべき自由主義段階への復帰は不可能である、というのがマルクス主義者たちの診断であり、それゆえ彼らは革命による社会主義への移行を主張したわけです。しかし、他方では資本主義の枠内にとどまろうとするのであれば、**市場の競争を歪める独占を排し、金融秩序を歪める管理通貨制を排して金本位制に復帰することが、よりましな戦略である、**と提言したのです。後世、二〇世紀後半のマルクス主義者からは、ケインズ経済学に対しては「マルクスほどではないが資本主義経済の本質に対する深いレベルでの理解を提供した」と高く評価され、ケインズ政策に対しては「対症療法によって資本主義を延命しつつ、長期的にはよりその問題を内訌《ないこう》させる」という屈折した評価が下されましたが、一九三〇年代においてはもっとストレートに否定的な評価がなされることが多かったようです。そして実際、戦後における高評価も、多分に誤解に基づくところが大きかったといえましょう。

すなわち、のちのいわゆる「新自由主義」にも継承される伝統的な緊縮主義とマルクス主義とは、実体面、ミクロ面に偏した経済認識、「思考の型」が共有されていたといえます。そしてそうした偏りは、のちの産業社会論にも継承されました。経済のマクロ的側面、貨幣的な側面への軽視、軽侮がそこにはあったのです。経済とはつまるところ生産力のことであり、金融とはそのせいぜい補助的媒介にすぎず、マルクス主義の場合にはむしろ虚妄とみなされました。そう考えると**ケインズ経済学には、マルクス主義、「新自由主義」に引き継がれた古典派経済学的発想、そして産業社会論＝近代化論の同位対立の地平から抜け出している側面もあった**わけです。しかしながらそれが判明するには長い時間がかかりました。そもそもこの観点からすればマネタリズムもそれ自体としてはケインズ経済学と矛盾するものではないのですが、二〇世紀末のイデオロギー対立の構図の中では、マネタリズムはオーストリア学派やヴァージニア学派の緊縮主義とひとくくりに反ケインズ陣営の中にはまり込んでしまい、ケインズ経済学自体の解釈も歪んで、独占資本主義論の亜種のように解釈されることが多くなってしまいました。**ケインズ経済学のマネタリーな側面**が重視されるようになったのは比較的近年のことです。そしてこの経済のマネタリーな側面の持つ意味は、いまだ十分に理解されているとはいえないでしょう。

「市民社会と国家」「計画と市場」の二分法

二〇一七年初めに刊行した拙著『政治の理論』(中公叢書)は、マルクス主義とオーソドックスな自由主義や保守主義との同位対立の地平の外に出る作業を、また別のアングルから試みたものです。

ユルゲン・ハーバーマスが『公共性の構造転換』(未來社)で描き出した「市民的公共性」の原像、カントやジョン・スチュアート・ミルを範例とした、自由な市場経済と、自由なジャーナリズムを基盤とした議会政治の両輪からなる近代市民社会、というイメージは、**近代市民社会と近代国家の理念型**です。そこでは市民の活動は、私有財産を用いて、市場を通じて行われる自由な取引と、公共財を管理する国家の意思決定＝政治への議会を通じての参加という、**私的領域**と**公的領域**とに明確に分かれます。私的領域としての競争的市場において、人々は「**みえざる手**」

以外の何物にも従うことなく自由に行動します。「みえざる手」ならぬ国家の「**みえる手**」による強制的な権力の行使は、議会を中心とし、民間のジャーナリズムをインフラストラクチャーとする公的な討論を通じた決定を通じてのみ行われます。この世界での「政治」とは、この、国家の公共政策の決定のための自由な討論と、決定された政策の強制的な執行との二つの局面のことを指します。

そしてこのような、国家をハブ、あるいは蝶番《ちょうつがい》として、制約がない自由な、しかしそれ自体では具体的な行為に直接つながることのない討論と、一方的な強制力の行使とがつながっている、という政治観は、リベラル・デモクラシーと自由市場経済のセットを支持する自由主義のみのものではなく、かつての正統的なマルクス主義や産業社会論にも受け継がれています。それらの間の違いは要するに強制力の及ぶ範囲がどこまでかの違いにすぎません。自由主義の場合にはそれが市場経済の「みえざる手」を歪めないようにミニマムに制限されるのに対して、社会主義計画経済においては市場を駆逐して、ときには市民の私生活にまで入り込み干渉しかねないわけですが、いずれにせよ討論による決定を経て以降の統治の作用の圧倒的な一方性、強制性は変わらず、それは両極の「中庸」を目指す産業社会論の場合にも変わりません。そうした「**コミュニケーションに限定された自由**」と「**国家による一元的な統制**」とのセットとしての政治観は、いうまでもなく、スミス以降の経済学の完全競争市場が含意する私人の「自由」――競争的市場のおかげで、国家を除けば誰も他人に対して強制力を及ぼすことができず、そのような他者からの強制から解放されているという意味で「自由」である――という市場経済・市民社会観と表裏一体をなしています。**政治的自由は純然たるコミュニケーションに限定されることによって、経済的自由は競争の力によって、それぞれ無害化されている**のです。産業社会論的な混合経済のヴィジョンも、そこで市場に介入する政治的な運動が、もっぱら国家によるものとされてしまえば、この議論の地平を出ることはありません。

『政治の理論』における共和主義の復興、「**リベラルな共和主義**」の提唱は、こうした政治観の外に出ようとするものであり、ハンナ・アレントや木庭顕を参照しつつ、このような近代的政治観は、その原点たる古典古代のポリスやレス・プブリカの「政治」とは質的に異なるものであり、あえていえばそこからの頽落形態である、と主張するものでした。近代的な市民社会観、あるいは**市民社会と政治の二分法と、そこにおける自由の二重化**――コミュニケーションに純化されて実行から切り離された「政治的自由」と、競争による無力化と表裏をなす「経済的自由」――は、古典古代的な都市国家において成立した「政治」「自由」の理念と比べるとき、いかにも矮小なものです。

古典古代的な意味での市民の自由とは、財産所有に立脚した経済的自立と、武装の自弁、更に教養に裏打ちされた知的自律をもとに、他人による強制に屈することなく生きていけることを意味します。そして政治とは、こうした自由人同士の交流、その中での交渉や紛争のことです。それぞれが自律して自由であるため、理念的な、理想の政治においては、誰かが誰かを暴力や利益誘導で以て強制的にコントロールすることも、欺瞞を以て操作することもできません。理想の政治においては、ただ討論を通じた説得によってのみ人は他人を動かすことができます。古典古代的な市民社会とはそのような場であり、市場における取引もまたその意味では政治です。ただいうまでもなく、**このような市民社会は、自由で自立した人にしか開かれていません**。人口の多数派は、むしろこうした自由市民に従属する不自由民（家の子郎党）や無産者の方が占めているでしょう。

しかし市民社会が大規模になり、市民間の取引ネットワークが巨大かつ複雑となってくれば、一人一人の市民の存在感は極小となっていきます。それが「市場が競争的になっていく」ということの意味です。その中で経済的自由は「他者による強制を受けることがない」という**消極的な側面に偏ったもの**となり「説得を通じて他者にはたらきかける」ことはどんどん意味を失っていきます。むろんこうした矮小化には正の側面もあります。すなわち、無産者が市場への参加を通じて経済的な自立のチャンスをつかめるようになります。もとより無産者には自分自身が主導するビジネスを行うことができず、「説得を通じて他者にはたらきかける」意味などないわけですが、競争的市場によって「他者による強制を受けることがない」ようになる、つまり特定の雇い主やその他取引先の恣意に振り回されずに済むようになる、というわけです。

むろん「説得を通じて他者にはたらきかける」営為としての政治が全く消失するわけではありませんが、それがもっぱら国家に向けて集約されていき、かつ**人々に残されているのは説得のコミュニケーションだけで、説得を通じて獲得された合意の実行は、国家機関に独占されていく**、というのが近代の一般的傾向です。ここでも、実行と切り離されたコミュニケーションの領域の確立は、ジャーナリズムや選挙を通じての政治過程への参加チャンネルを人々に開放しますが、実質的な決定と執行への参加のチャンスは、相変わらず、いやより一層エリートに集中することになるでしょう。

対立の地平の外に出る

改めてまとめますと、近代的な市民社会と国家の二分法は、政治なしで「みえざる手」によって自生的秩序を保つ市場経済と、それが作動するために必要な前提としての「法と秩序」を供給し、更に市場には手に負えない公共財の供給や、市場の誤作動への対応を担う政府の二分法でもあり、マルクス主義は一見その外側に出ているようでいて、実際にはこの二項対立における国家の側にすべてを集中させようという戦略しか提示できていませんし、かつての産業社会論も、その同じ平面の上での「中庸」を目指すものでしかありません。では、先にある意味ではこのマルクス主義と反マルクス主義の同位対立から抜け出している、と評価したケインズ主義はどうでしょうか？　ケインズ主義は確かに、マルクス主義も、古典的な自由主義経済学も、また産業社会論もそこに足をとられていた生産力主義の地平からズレたところにいます。しかしながらそれが強調する市場の秩序、そのインフラストラクチャーとしての貨幣・信用の供給についても、現代的なケインズ政策において支配的な――そしてそれは実践的な政策論としては否定しようがない――中央銀行による貨幣コントロールという形においてのみ理解されるのであれば、それもまたここで見た市民社会と国家の二分法から出るものではありません。

『政治の理論』における**共和主義的モメントの再評価**という問題提起は、この市民社会と国家の二分法からはみ出すところに、「政治」の本義を見ようとするものです。たとえば市場の失敗、たとえば不完全競争や情報の流通不全などに対して、上からの国家の政策介入による対応だけではなく、現場における取引当事者のコミュニケーション、顔の見える範囲での紛争や交渉を通じた解決を重視する立場です。**会社組織や組合をそのようなミクロ的な「政治」として解釈しよう、**というわけです。

こうしたミクロ的な市場の現場での「政治」は、市場の欠陥を下支えする「後衛」としてのみ重要なわけではありません。そもそも馬鹿正直に経済学的に考えれば、完全競争市場の下での最も合理的な経営戦略は、ただ相場に、現在の市場に受動的に追随すること、つまり個性を殺して順応することになってしまいます。つまりわざわざ新しい試みを行うことは、最適戦略ではない、非合理な行動となります。にもかかわらず実際には多くの事業者が日々技術革新に取り組むのは、おろかで非合理だからというわけではありません。実際には市場はそこまで完全ではなく、相場に追随して個性を殺すことより、差別化によって個性を際立たせることによって競争相手に先んじ、利益を獲得することが少なくとも短期的には可能となるからです。そうした革新の試みは、ある意味では一時的に、部分的に競争から抜け出し、革新的技術・商品に競争相手が追いつけないその間だけでも市場を独占しよう、という志向でもあります。

このように経済成長の最大の源泉たる技術革新に着目するとき、相場に追随する完全競争よりも、そこから抜け出して独占的地位を得ようという競争の方が重要な意味を持つものと見えてきますし、**市場それ自体を出し抜こうというよこしまな欲望を刺激（して革新を促進）すること自体までも、市場における競争の機能なのではないか、**と思われてきます。そしてこのような不完全競争、独占的競争においては、企業、事業者たちは、市場に埋没し受動的に適応するのではなく、反対に己のアイデンティティを際立たせ、顔の見えるライバルと争う存在となるわけです。つまり**それは我々のいう本来的な意味での「政治」になっている**といえましょう。

更にいうと、こうした革新の実現にあたっては、独占的利益の追求だけではなく、短期的かつ私的な利益を度外視した理想、大きなヴィジョンまた重要な意義を持ち、そうした理想をファイナンスするにあたっては、営利的な金融セクター以外の、非営利的な資金調達チャンネルもまた重要な意味を持ちます。具体的な技術革新においては、利益の追求よりも、新しい技術の開発それ自体が、少なくとも短期的な利益を度外視して自己目的的に目指されてきた、という事例を我々は多数知っています。これについても『「公共性」論』で触れましたが、インターネットのみならずそれに先行する多くのネットワーク・インフラストラクチャーに関連する技術の開発は、私益を度外視して技術それ自体の開発を目標とし、そのために自発的に協力する人々、事業体の連携を通じて確立してきました。ネットワーク外部性が大きく、「規模の経済」がはたらくモノ・サービスの生産においては、公共財と同様、競争的市場において各人、各企業の私益を目指した自由な行動に任せていては、各人・各企業にネットワーク全体、他人の努力にタダ乗りするインセンティヴが生じてしまい、供給不足が生じることについては、『不平等との闘い』（文春新書）でも触れた通りです。従って、ネットワーク技術の発展においては、市場に任せた場合よりも、こうした無私の理想家たちによる自己犠牲や連帯、あるいは軍事技術の場合には国家権力による強制があった方が、初期局面ではうまくいくことが多いのです。

しかしながらこれもまたネットワーク技術史・産業史の例に見る通り、技術が一定程度確立し、市場も確保されてくると、利益が見込めるようになり、自己犠牲や連帯に頼らずとも、利潤目的の企業だけで十分に産業が存続できるようになります。しばしば「市場の成熟」といったあいまいな表現が用いられますが、経済学的にいえば**ネットワーク外部性、「規模の経済」がはたらかなくなる**、と考えていただけばよいでしょう。

ライバルを突き放して独占的利益を切り開くべく、あるいは新技術そのものの実現に理想を見て、短期的な利益を度外視する果敢な挑戦者によって、新しい技術や新しいビジネスモデル、あるいは新しい産業は形成されます。ここに我々は『政治の理論』で論じた本来的な意味での「政治」を見出します。それは競争的市場における価格受容行動のような、環境への一方的適応、追随ではなく、かといって強大な権力者による一方的な市場への介入、操作でもありません。それは未知の新しい領域への挑戦、それこそ**アレント的にいえば「始まり」**であり、それが連帯を通じて行われたり、あるいは厳しい食い合いの競争であったとしても、お互いの存在を認知し合っての闘争であればまさに「政治」なのです。このような次元は「市場か計画か」というスペクトル——これがつまり「思考の型」というやつです——の間で終始するマルクス主義、その裏返しとしての「新自由主義」、そしてその中庸をいこうとする限りでの産業社会論の三者の射程外にあります。

このいわば産業技術と市場経済における「政治」の次元、『「公共性」論』の言葉遣いでいえば**「公共性」の次元**は、早晩縮退して、競争的市場や権力による一方的統制へと転化してしまう傾向にあります。技術や産業が確立し、成熟するとはそういうことでもあり、それ自体は避けがたいことなのだ、と『「公共性」論』では論じました。ハーバーマスは前掲の『公共性の構造転換』で、マルクス主義的な段階論でいう「自由主義」段階から「帝国主義」段階への転換をそのようなものとして見出した、と解釈できます。ただ我々はハーバーマスとは異なり、そうした「構造転換」を近代史を画する一回性の大変動としてではなく、**たびたび反復されている現象**と考えているわけです。ネットワーク・インフラストラクチャー技術や、汎用技術など、経済社会全体に及ぼすインパクトが強い技術革新は、とりわけその揺籃期においてはこうした「政治」への依存度が高い。しかしそうした技術も普及し成熟し、陳腐化してしまえば当たり前のルーティーンと化し、競争市場や行政管理の領分に入る――そのような展望を『「公共性」論』では提示しました。このようなヴィジョンは『政治の理論』で提示された、経済学がベンチマークとする完全競争市場ではない市場、開かれてはいるが参加者の個性が見えてしまう程度には不完全な市場というものの肯定的意義についての議論とも矛盾はしません。

むろん、本書でそのポテンシャルを探ろうとしてきたケインズ政策と、『政治の理論』で検討してきた共和主義との間にどのような関係があるのかは、まだ開かれた問いです。しかしそのいずれも、かつての**「マルクス主義 対 反マルクス主義」**、**あるいは産業社会論**、**そして今日いわゆる「新自由主義」が共有してしまっている地平をずらし、その外に出ようとする試み**であることを確認しておきましょう。

もちろん、いうまでもないことですが、両者がイコールというわけではありません。ケインズ政策それ自体はあくまで「政策」であり、その実現にとって自由なコミュニケーションを通じた本来の意味での「政治」は必ずしも必要ではありません。「開明的独裁政権によるケインズ政策」という概念には、何の矛盾もありません。

またマクロ経済政策が保障するのはせいぜい、市場における競争が限られたパイを奪い合うゼロサム、ネガティヴサムゲームになることを防ぐところまでです。技術革新が活発化する市場の条件について、我々はまだ十分に理解していません。しかしながら、かつてのマルクス主義の単純な独占停滞論が誤っていたことはどうやら確実です。寡占的競争は必ずしも停滞を引き起こさず、場合によってはむしろ技術革新を促進する可能性もあります。ただしシュムペーターが主張した、不況期における創造的破壊の活発化という仮説については、まだ十分な合意はとれてはいないでしょう。『経済学という教養』でも紹介したごとく、一方にはリカルド・カバレロらの「不況期には貸し出しが滞るので、技術革新投資も停滞する」という研究結果がありますが、他方、災害の経済分析においては「巨大災害後の復興プロセスにおいては、成長が加速する可能性がある」といった結果が報告されています。つまるところ、ケインズ政策は「マクロ経済全体を成長させることを通じて競争を促進する」とまではいえても、「その競争は単なる相場への追随ではなく、卓越を目指す革新者同士の闘争である」とまではいえないのです。

また『政治の理論』においては市民社会のただなかにおけるミクロレベル、メソレベルの政治として、労使関係やコーポレート・ガバナンス、あるいは業界団体の重要性について強調してきました。しかしそうした中間組織とマクロ経済政策の間にも、必然的な関係はありません。『経済学という教養』においては、それらが不況期におけるセーフティーネットとなる可能性を指摘はしましたが、その程度のことです。技術革新に対してもこれらの組織は、どちらかといえば死荷重としてはたらきます。「政治」が市場経済における革新に対して常にプラスにはたらく、とはいいがたいのです。

付論

現代日本の政策論議

最後に、蛇足の感もありますが、現代日本の状況を踏まえた簡単な政策論を付論として展開してみましょう。

第二次安倍晋三内閣の下でのいわゆるアベノミクスには俗にいう「三本の矢」があります（正確には新旧二組の「三本の矢」がありますが、「新三本の矢」の方は後述の通り無内容なレトリックに堕しています）が、本書でこれまで議論してきた枠組みを踏まえるならば、**第一、第二の矢はマクロ経済政策**であり、**第三の矢はミクロ経済政策**です。第一の矢は「大胆な金融政策」、第二の矢は「機動的な財政政策」で、本書で論じてきた新しいケインジアン、マネタリストの考え方を踏まえ、金融政策を主軸とし、緊急対応として財政政策を位置づけるものです。

これに対して**第三の矢の「民間投資を喚起する成長戦略」はいまひとつその内容が不明確で、経済理論的な根拠もあいまい**です。すなわちそれは俗に「新自由主義」的とみなされる規制緩和政策と、「選択と集中」という言葉に表れる、競争力のある成長産業を積極的に育成しようという「産業政策」との一貫しないハイブリッドです。前者についてはそれなりの経済理論的根拠は見て取れなくもありませんが、後者については、仮に村上泰亮の「開発主義」的な枠組みに一定の根拠があったとしても、とうに途上国的局面を抜け出した日本においては、正当化の余地はありません。日本企業の国際競争力の乏しい製品については、さっさと輸出をあきらめて国内需要に特化する、更に海外から輸入するのが基本的に正しい戦略です。

第一の矢と第二の矢については、第三の矢とは異なり本質的な誤りは見出せません。しかしながら現下の状況を見る限り、安倍政権の下でのマクロ経済政策は、ある種の不整合を抱えているように見えます。

金融政策の主体は基本的には中央銀行たる日本銀行であり、安倍政権下における黒田東彦総裁以降の日本銀行は、デフレ脱却を目標とすることを明言し、具体的にはインフレ率を引き上げることをベンチマークとして目指して拡張的な金融政策に取り組みました。その結果として、少なくとも厳密な意味でのデフレーションからは日本経済はおおむね脱却し、株価も上がり、雇用も改善しました。デフレとはいいがたくなり、円高も終わりましたが、しかしながら**ベンチマークとしてのインフレ率の引き上げには、いまだに成功していません**。全般的な物価が上がり、それを追いかける形で賃金が上がり、更にその賃金上昇による労働コスト上昇を相殺するための技術革新投資が進展し――というような本格的な成長軌道には、日本経済は乗っていないのです。

いま一つの問題は、あくまでも主軸としての金融政策に対するいわば「従」としての立場ではあれ、それと整合的に展開されて景気刺激を行わねばならないはずの**財政政策が、それほど積極的には行われていない**ことです。財政政策の主役は日銀ではなく、内閣であり財務省ですが、財務省自体は拡張的財政政策によって財政収支が悪化することを嫌忌しており、積極的ではありません。内閣、政権はとりあえず消費増税を延期することはできましたが、回避することはできていません。この点、「何もしないよりはまし」ではあっても不十分であると、かつてのアベノミクス支持者の一部からも落胆を買い、厳しい批判を受けています。

また、財政政策が緊縮的であるということは、国債の発行が抑制的であるということでもあります。拡張的金融政策の主要な手段の一つは、市中に流通する国債を日銀が買い上げ、そのことによって市中の円の総量を増やすことですから、これは**金融政策に対して財政政策の側から制約がかけられている**ことを意味します。もちろんいわゆる「ヘリコプター・マネー」[※1]などの手段に訴えれば、日銀はこの制約から逃れることもできますが、前例がなく、そう簡単に行われそうもありません。

　このような、拡張的な金融政策に対して、謙抑的な財政政策がその足を引っ張る、という組み合わせはいかにもちぐはぐで中途半端であり、そのことが景気回復を不十分にしている――このような批判が現在のアベノミクスに対しては寄せられています。また「新三本の矢」も先に述べたように抽象的で内容が希薄です。具体的には「（1）希望を生み出す強い経済　（2）夢をつむぐ子育て支援　（3）安心につながる社会保障」となっていますが、二本目と三本目は経済政策というよりは社会政策であり、積極的な財政支出を必要とする以上、緊縮的財政政策とはかみ合いません。そして一本目は単純な規制緩和論とも「開発主義」ともつかず、無内容なレトリックです。

　以上、全体としてのアベノミクスの評価は、積極的なマクロ経済政策によって、日本経済をデフレからとりあえずは脱却させ、完全雇用に近づけたという点において功績が大であるものの、マクロ経済政策の中に謙抑的な財政政策というブレーキ要因を抱え込み不十分であることと、ミクロ経済政策は根拠が希薄で不合理なものであること、という点においては、マイナス点をつけないわけにはいきません。

　以上のように見てくるならば、我々は**アベノミクスに対して「新自由主義」なるラベルを、肯定の意味でも否定の意味でも貼り付けることは到底できません。**そもそも「新自由主義」のラベル自体が、空虚で内実を欠くものであることは今更いうまでもありませんが、たとえばそこにはハイエク的な貨幣民営化論の発想はみじんも見られませんし、金融政策についての考え方もフリードマンよりもっと繊細なものです。

それでは、ハイエクとフリードマン双方に共通する、規制緩和志向、公共事業の民営化志向についてはどうでしょうか？　これ自体は、もちろん、特に労働政策や教育政策において懸念されるごとく、社会政策とコンフリクトを起こす可能性には警戒しなくてはなりませんが、全体としては必ずしも否定すべきものではありません。むしろ安倍政権において——それどころか、もっとわかりやすく「新自由主義」的なスローガンを連呼し、実際、郵政民営化を成し遂げた小泉純一郎内閣においてさえ**真に問題とすべきは、スローガンとしての規制緩和志向の陰に隠れた「開発主義」的発想の根強い生き残り**ではないでしょうか。「選択と集中」なる掛け声にはそれが如実に表れています。村上泰亮の本来の「開発主義」に即してさえ、産業政策が正当化されるのは、先端産業の育成においてではなく、後発国、途上国において、国民経済全体への波及効果、ネットワーク外部性が期待できる素材産業やインフラ産業の場合でした。現状の日本においてそのような効果が期待できる分野があるとは思えません。

大学人としてはややポジショントークの誹《そし》りを免れませんが、**教育政策、科学技術政策**についてもう少し踏み込んで考えてみましょう。教育政策は、人々の生存や社会参加を保障する社会政策としての側面と、人々の能力を高め、生産性を上げる経済政策としての両面性を持ちますが、ここでは後者の側面について検討してみます。

経済学の教科書通りに考えるならば、ネットワーク外部性が極めて高い初等中等教育は義務教育として公的に供給されるのが適切であるのに対して、外

※1　返済不要の永久債の発行とその中央銀行による買い取りといった手段で、財政の制約を受けることなく、中央銀行が一方的に貨幣を増発すること。

部性が低く、その便益が主に費用負担者に限定されがちな職業教育や高等教育については、民間の市場に任せても構わない、となります。ただし厄介なのは高等教育でも大学院、ことに専門職業教育ではなく学術研究、研究者養成に眼目がある博士課程の場合です。こちらについては再びネットワーク外部性が高くなるため、公的な財政支出が必要となると考えられます。ただし初等中等教育とは異なり、先端的な学術研究とそのための教育は、その内容が高度に専門的かつ多様となります。そこで学術研究に対する公的支援を、経済政策として、すなわち将来的に経済的な成果を生む公共投資として考えた場合には、分野間の優先順位について考えたくなります。初等中等教育であれば、すべての学生に対して公平に、同一の教育機会を提供すればよい、と割り切れますが、先端的な学術研究とそこにおける人材育成に際しては、どの分野が将来成果を上げ、利益をもたらすかを判断した上で、有望な分野に投資したくなるでしょう。すなわち「選択と集中」の発想です。

ただ問題は、学術的基礎研究であれ産業の現場における応用においてであれ、先端的な領域においては、どの部門のどのような研究が、将来有意味な成果を上げ、更に実用的な技術を生み出すのか、ということは事前にはわかりようがない、ということです。第3章第3節でも見た通り、産業の現場における技術革新のインキュベーターとしては、集権的な計画経済ではなく、分権的な市場経済の方が長期的には有利だった、という事実は動かしようがないということは、確立された法則的知見といってよいでしょう。むろんこのことは非営利的な学術研究や、芸術制作についてもいえることです。

ただし学術研究や芸術制作においては、必要な設備投資が膨大であったり、それ以上に、その意義が理解されて多くの追随者や応用を生んで具体的な成果を生むまでに極めて長い時間がかかり、短命な人間にはその利益を回収できないことが普通です。問題は、学術研究や芸術制作においては、その実際の運用に際しては、基本的には分権的なシステムがふさわしいにもかかわらず、費用を自己負担に任せると、どうしても成果が上がらなくなるということです。いわば**ここにはある種のトレードオフが発生**します。つまり先端的な学術研究や芸術制作においては、当事者にのみ費用負担を求めるのではなく、見返りを求めない**公的支援があった方がよい**。しかしその一方で公的支援はスポンサーたる政府、納税者を納得させる政治的正統性を必要とし、それは**ともすればスポンサーによる口出し、干渉を招きかねない**。成果が上がることが約束された部門への「選択と集中」を求める現代日本の政府や納税者のありようも、このメカニズム所以である、と考えられます。

いずれにせよそこには、単純な正解はありません。研究者が具体的な成果を確実に上げる責任から解放され、自由を与えられるとともに堕落する可能性にもさらされることのリスクと、投資に見合う成果を上げるべく研究者を締めつける納税者・政府のプレッシャーが、全体としての研究活動を委縮させ、成果を挙がらなくさせるリスクとを天秤にかけ、バランスをとっていかねばなりません。すなわち、支援を受ける研究者や芸術家の方では、具体的な研究や制作活動への干渉を排除しつつ、一定の説明責任を果たすことも要求されますし、納税者の方では、あらかじめの成果が約束されない事業への投資を引き受ける意味についての理解が求められます。ただ当面のセカンド・ベストの選択肢としては、総枠としての公的支援全体のレベルについては政治的な決定の対象として納税者の意思を尊重しても、その具体的な分配に際しては、どの研究分野が成果を上げるかなど、事前にはわかりようがない（そうでなければ先端的研究とはいえない）のだから、ある種の「悪平等」、ランダムなばらまきが一番リスクが低い、といえるのではないでしょうか。

本題に戻りますと、一歩引いてみるならば、全体としてのアベノミクスに対しては、以下のような評価を下すことができます。

いわゆる「新自由主義」は既に見たように互いに

対立するところも多い理論潮流、思想潮流のごった煮であり、体系的な政策思想とはいえませんが、それでも「福祉国家の危機」以後、ケインズ政策の機能不全（と当時は見えたもの）と財政危機を克服すべく、「新自由主義」にインスパイアされた規制緩和・民営化・行財政改革を掲げて乗りだしてきた新しいタイプの保守政権――具体的にはイギリスのマーガレット・サッチャー、アメリカ合衆国のロナルド・レーガン、日本の中曽根康弘、等々――はいずれも、「小さな政府」を掲げつつも決して「弱い政府」は目指さず、むしろ強いリーダーシップを発揮する政治を志向していました。つまりは「福祉国家の危機」を戦後の福祉国家体制下での行政優位、包括政党主導のコンセンサス・ポリティックスの行き詰まりと捉え、入念なコンセンサスの形成よりも、反対者（抵抗勢力）を押し切っての果断な決定による政治を志向しました。このような発想はサッチャー、メージャーの長期保守政権を襲って返り咲いたトニー・ブレアの労働党政権にも、また日本の民主党政権の「政治主導」にも継承されていたといえましょう。

政治の眼目を「**利害関係の調整**」よりも「**調整がつかない場合の果断な決定**」の方に求めるこのような考え方は、繰り返しになりますが、逆説的にも、かつて産業社会論を批判して、先進諸国も依然として抜き差しならない階級対立を抱えた資本主義社会である、と主張したマルクス主義の議論と共通しています。妥協を許さない抜き差しならない対立、それを克服する果断な決定、という政治観が共有されているのです。ただしそうした果断な決定としての政治を通じて獲得されるべき目標、実現されるべき政策の内容が、厳しくいえば空虚であること、より強くいえば「政治の自己否定」、政治を否定する政治になりかねないものであった点においても、マルクス主義といわゆる「新自由主義」はひどく似通っています。「新自由主義」的政治は「小さな政府」を目指して政策の領域をどんどん縮小していきますし、マルクス主義の場合も、行き着くところはコンセンサス・ポリティックスさえ排した一方的な行政府の独裁です。「**政策を実現するための政治**」ではなく「**政策を否定するための政治**」という逆説性が「新自由主義」的政治にはあり、それはちょうどマルクス主義的独裁の裏返しです。

そう考えたとき、アベノミクスはそれなりに内容のある政策構想を提示し、ある程度まで実現している以上、「福祉国家の危機」以降の政治の歴史の中で見たときに、実は相対的には決して悪くない成果を上げている、とはいえましょう。そこに見られる問題の過半は、アベノミクス、第二次安倍政権固有の問題というよりは、もう少し長期的かつ普遍的な問題群であると考えた方がよいと思われます。その中でも最大の問題は、自民党政権どころか安倍政権に対してさえ、一貫した政策構想を以て対峙する対抗勢力が不足していること、それは大きくいえば、『政治の理論』でも主題化した通り、政党政治を支える草の根の市民社会レベルでの「政治」が弱体化していること、かつての労働組合や農協、経済団体等、自民党や社会党を支えた旧タイプの利益団体が弱体化し、それに取って代わるべき草の根の市民団体が、動員力においても政策構想力においても貧寒であること、でしょう。しかしこれについて本格的に論じるには、稿を改めねばなりません。

参考文献（邦語文献に限定します）

全体について関連する私自身の著書としてまずは、
『経済学という教養　増補版』ちくま文庫
『「公共性」論』NTT出版
『社会学入門』NHKブックス
『不平等との闘い』文春新書
『政治の理論』中公叢書
を挙げておきます。

第1章

マルクス以後のマルクス主義の展開について本文中には、

レーニン『帝国主義論』岩波文庫、光文社古典新訳文庫他
ローザ・ルクセンブルク『資本蓄積論』岩波文庫、御茶の水書房他
を挙げましたが、日本における独自の展開としての宇野理論については、
宇野弘蔵『経済政策論　改訂版』弘文堂
をまずは挙げておきましょう。
宇野理論の背景となる日本資本主義論争については、「講座派」の原点となる、
山田盛太郎『日本資本主義分析』岩波文庫
を挙げるにとどめます。
日本資本主義論争の問題意識を引き継いだ非マルクス派、新古典派の日本経済研究者の業績の
中村隆英『日本経済』東京大学出版会
安場保吉『経済成長論』筑摩書房
あたりを読んだ方が、今となってはこの論争の意義がかえってわかりやすいかもしれません。
二重構造論と戦後の開発経済学まで踏まえてのまとめとしては、
速水佑次郎・神門善久『農業経済論　新版』岩波書店
の議論が役に立ちます。
ローザ・ルクセンブルクの二〇世紀（異端）マルクス主義へのインパクトのまとめとしては、
植村邦彦『ローザの子供たち、あるいは資本主義の不可能性』平凡社

が便利です。

また本文中に挙げた近藤康男の著作は以下となります。


『農業経済論』農山漁村文化協会（『近藤康男著作集』）

カレツキについては、

ミハウ・カレツキ『資本主義経済の動態理論』日本経済評論社

の第13章「ツガン-バラノフスキーとローザ・ルクセンブルクにおける有効需要の問題」をご覧ください。

このあたりの、ルクセンブルク的な視点、あるいは従属理論・世界システム論を継承するマルクス派国際経済学・開発経済学のテキストとしては、

本山美彦『世界経済論』同文館出版

森田桐郎『世界経済論の構図』有斐閣

山崎亮一『農業経済学講義』日本経済評論社

が挙げられます。

ことにごく最近刊行された山崎のものは、ルクセンブルクと近藤を強く意識しています。この他に、

平野克己『アフリカ問題』日本評論社

が従属理論を含めたマルクス派の開発経済学と主流派のそれとを統一的なパースペクティヴの中で総括しており、有益です。また、

小田中直樹『ライブ・経済史入門』勁草書房

は、マルクス経済学とウェーバー社会学を踏まえた伝統的な経済史学の知見を、新古典派、新制度学派のそれと統合する試みとして参考になります。

「福祉国家の危機」前後の展開については、

加藤榮一『現代資本主義と福祉国家』ミネルヴァ書房

武川正吾『社会政策のなかの現代』東京大学出版会

山口定『政治体制』東京大学出版会

石見徹『世界経済史』東洋経済新報社

田中拓道『福祉政治史』勁草書房

あたりをご覧ください。

第2章

ジョン・メイナード・ケインズについては、

『貨幣改革論』東洋経済新報社（『ケインズ全集』）、講談社学術文庫他

『雇用・利子および貨幣の一般理論』東洋経済新報社（『ケインズ全集』）、講談社学術文庫他

を挙げましたが、ケインズの全貌を手っ取り早くつかむためには、『平和の経済的帰結』『貨幣改革論』等からの抜粋を含む以下のアンソロジーがよいでしょう。

『説得論集』東洋経済新報社（『ケインズ全集』）、日本経済新聞出版社他

個人的には、高価で分厚いですが、東洋経済新報社からの全集版を薦めます。
ここでのケインズ解釈は、『一般理論』学術文庫版のポール・クルーグマンによる序文の他、
岩井克人『不均衡動学の理論』岩波書店
小野善康『貨幣経済の動学理論』東京大学出版会
ピーター・テミン『大恐慌の教訓』東洋経済新報社
テミン／ヴァインズ『リーダーなき経済』日本経済新聞出版社
テミン／ヴァインズ『学び直しケインズ経済学』一灯舎
安達誠司『脱デフレの歴史分析』藤原書店
長幸男『昭和恐慌』岩波現代文庫
あたりを参考にしています。
フリードマンについては、
フリードマン／シュウォーツ『大収縮1929−1933「米国金融史」第7章』日経BP社
ハイエクの貨幣発行自由化論に関しては、
『貨幣発行自由化論』東洋経済新報社
「貨幣の民営化」『貨幣論集』春秋社（『ハイエク全集』）
となります。

第3章

本章で検討素材とした**村上泰亮『産業社会の病理』『新中間大衆の時代』『反古典の政治経済学』**はいずれも中央公論（新）社から刊行されており、現在では同社の**『村上泰亮著作集』**に収録されています。

ピーター・ドラッカーのものとしては、

『経済人の終わり』ダイヤモンド社

『産業人の未来』ダイヤモンド社

二部作が好適です。また、

アルヴィン・グールドナー『知の資本論』新曜社

は「ラディカル左派の産業社会論」という比較的レアな例を示しており貴重です。

国際政治学の覇権安定性理論については、いくつかの教科書に解説がある他、少し古いですが始祖ロバート・ギルピンの次の著作を挙げておきましょう。

『世界システムの政治経済学』東洋経済新報社

技術革新と社会主義の弱さについては、かつての社会主義経済研究の泰斗、ハンガリーのコルナイの、

コルナイ・ヤーノシュ『資本主義の本質について』NTT出版

がよいでしょう。

内生的成長理論については、拙著『不平等との闘い』の他、

デイヴィッド・N・ワイル『経済成長』ピアソン

エルハナン・ヘルプマン『経済成長のミステリー』九州大学出版会

を参照してください。

第4章

「韓国モデル」「構造調整」その他戦後の開発経済学については、平野『アフリカ問題』の他に、

絵所秀紀『開発の政治経済学』日本評論社

をご覧ください。

この他、新しい政治経済学の成果としては、

ダロン・アセモグル／ジェームズ・ロビンソン『国家はなぜ衰退するのか』早川書房

を参照してください。

新しい制度派経済学の開拓者ノースの代表作は以下となります。

ダグラス・ノース『制度原論』東洋経済新報社

ハイエクの総合社会科学体系批判については

『科学による反革命』春秋社（『ハイエク全集』）、木鐸社他

をご覧ください。

エピローグ

芸術の経済学については、さしあたり次を参照。

ハンス・アビング『金と芸術』grambooks

災害の経済分析については、たとえば、

澤田康幸編『巨大災害・リスクと経済』日本経済新聞出版社

あたりをご覧ください。

＊本書はウェブマガジン「あき地」
（二〇一五年九月三〇日～二〇一七年六月一日）の
連載を大幅に加筆・修正したものです。

「新自由主義」の妖怪
資本主義史論の試み

著者　稲葉振一郎

発行　2018年9月13日　第1版第1刷発行

発行者　株式会社　亜紀書房
東京都千代田区神田神保町1-32
TEL　03-5280-0261（代表）　03-5280-0269（編集）
振替　00100-9-144037

装丁　水戸部功

編集協力　柳瀬徹

印刷・製本　株式会社トライ
http://www.try.sky.com

ISBN978-4-7505-1547-2 C0030
乱丁・落丁本はお取替えいたします。

好評既刊

そろそろ左派は〈経済〉を語ろう——レフト3・0の政治経済学

ブレイディみかこ・松尾 匡・北田暁大 著

日本のリベラル・左派の躓きの石は、「経済」という下部構造の忘却にあった？ いまこそ「経済にデモクラシーを」求め、バージョンアップせよ。これが左派の最新型だ！「「誰もがきちんと経済について語ることができるようにするということは、善き社会の必須条件であり、真のデモクラシーの前提条件だ」欧州の左派がいまこの前提条件を確立するために動いているのは、経世済民という政治のベーシックに戻り、豊かだったはずの時代の分け前に預かれなかった人々と共に立つことが、トランプや極右政党台頭の時代に対する左派からのたった一つの有効なアンサーであると確信するからだ。ならば経済のデモクラシー度が欧州国と比べても非常に低い日本には、こうした左派の「気づき」がより切実に必要なはずだ」（ブレイディみかこ／本書より）

真実について

ハリー・G・フランクファート 著
山形浩生 訳

そもそも、なぜ「真実」は大切なの?――よろしい。わたしが教えてしんぜよう!

世にあふれる屁理屈、その場しのぎの言説が持つ「真実」への軽視を痛烈に批判した、『ウンコな議論』の著者による「真実」の復権とその「使いみち」について。「ポスト真実」の時代に、立ち止まってきちんと考えてみよう。

「ぼくたちは改めて、事実とか真実を重視しなくてはならない理由を、きちんと考えねばならないのだ」(山形浩生/本書より)

性表現規制の文化史

白田秀彰 著

「えっちなのはいけません！」という社会規範は、いかにして生まれたのか？　気鋭の法学者が、性表現規制の東西の歴史を読みとき、その背後にある政治的な力学を鮮やかに描きだす、必読文献！

東浩紀さん、宮台真司さん 推薦！「表現規制に関心のあるすべての読者、必携の書」（東浩紀）、「本書は猥褻を規定する社会の力を徹底解明した」（宮台真司）

リスクと生きる、死者と生きる

石戸諭 著

数字では語れない、あの日の出来事。「リスク論」からこぼれ落ちる生を探し求めて、東北、そしてチェルノブイリへ——。若き記者による渾身のノンフィクション。

岸政彦さん、星野智幸さん、推薦！　「「被災地」は存在しない。「被災者」も存在しない。土地と人が存在するだけだ。「それでも生きていこうとする人々」の物語が、胸を打つ」（岸政彦）、「ここには、あなたを含め、この本に書かれていない被災した人すべての物語が、ぎっしりと詰まっている。その見えない言葉に目を凝らして、読んでほしい」（星野智幸）